中国国情调研丛书·企业卷
China's national conditions survey Series · Vol enterprises

主　编 陈佳贵
副主编 黄群慧

U0682701

同昌保险经纪股份有限公司考察

Investigation on Tongchang Insurance Broker Co., Ltd.

黄阳华　罗仲伟 / 编著

经济管理出版社
ECONOMY & MANAGEMENT PUBLISHING HOUSE

图书在版编目（CIP）数据

同昌保险经纪股份有限公司考察/黄阳华，罗仲伟编著 . —北京：经济管理出版社，2017. 6

ISBN 978-7-5096-5156-8

Ⅰ.①同… Ⅱ.①黄… ②罗… Ⅲ.①保险公司—研究—中国 Ⅳ.①F842. 3

中国版本图书馆 CIP 数据核字（2017）第 126705 号

组稿编辑：陈　力
责任编辑：杨国强　张瑞军
责任印制：黄章平
责任校对：王淑卿

出版发行：经济管理出版社
　　　　　（北京市海淀区北蜂窝 8 号中雅大厦 A 座 11 层　100038）
网　　　址：www. E-mp. com. cn
电　　　话：（010）51915602
印　　　刷：三河市延风印装有限公司
经　　　销：新华书店
开　　　本：720mm×1000mm/16
印　　　张：15. 5
字　　　数：246 千字
版　　　次：2017 年 12 月第 1 版　　2017 年 12 月第 1 次印刷
书　　　号：ISBN 978-7-5096-5156-8
定　　　价：49. 00 元

《中国国情调研丛书·企业卷·乡镇卷·村庄卷》

序　言

　　为了贯彻党中央的指示，充分发挥中国社会科学院思想库和智囊团的作用，进一步推进理论创新，提高哲学社会科学研究水平，2006年中国社会科学院开始实施"国情调研"项目。

　　改革开放以来，尤其是经历了近30年的改革开放进程，我国已经进入了一个新的历史时期，我国的国情发生了很大变化。从经济国情角度看，伴随着市场化改革的深入和工业化进程的推进，我国经济实现了连续近30年的高速增长。我国已经具有庞大的经济总量，整体经济实力显著增强，到2006年，我国国内生产总值达到了209407亿元，约合2.67万亿美元，列世界第四位；我国的经济结构也得到了优化，产业结构不断升级，第一产业产值的比重从1978年的27.9%下降到2006年的11.8%，第三产业产值的比重从1978年的24.2%上升到39.5%；2006年，我国实际利用外资为630.21亿美元，列世界第四位，进出口总额达1.76万亿美元，列世界第三位；我国人民生活水平不断改善，城市化水平不断提升。2006年，我国城镇居民家庭人均可支配收入从1978年的343.4元上升到11759元，恩格尔系数从57.5%下降到35.8%，农村居民家庭人均纯收入从133.6元上升到3587元，恩格尔系数从67.7%下降到43%，人口城市化率从1978年的17.92%上升到2006年的43.9%以上。经济的高速发展，必然引起国情的变化。我们的研究表明，我国的经济国情已经逐渐从一个农业经济大国转变为一个工业经济大国。但是，这只是从总体上对我国经济国情的分析判断，还缺少对我国经济国情变化分析的微观基础。这需要对我国基层单位进行详细的分析研究。实际上，深入基层进行调查研究，坚持理论与实际相结合，由此制定和执行正确的路线方针政策，是我们党领导革命、建设和改革的基本经验和基本工作方法。进行国情调研，也必须深入基层，只有深入基层，才能真正了解我国国情。

为此，中国社会科学院经济学部组织了针对我国企业、乡镇和村庄三类基层单位的国情调研活动。据国家统计局的最近一次普查，到2005年底，我国有国营农场0.19万家，国有以及规模以上非国有工业企业27.18万家，建筑业企业5.88万家；乡政府1.66万个，镇政府1.89万个，村民委员会64.01万个。这些基层单位是我国社会经济的细胞，是我国经济运行和社会进步的基础。要真正了解我国国情，必须对这些基层单位的构成要素、体制结构、运行机制以及生存发展状况进行深入的调查研究。

在国情调研的具体组织方面，中国社会科学院经济学部组织的调研由我牵头，第一期安排了三个大的长期的调研项目，分别是"中国企业调研"、"中国乡镇调研"和"中国村庄调研"。"中国乡镇调研"由刘树成同志和吴太昌同志具体负责，"中国村庄调研"由张晓山同志和蔡昉同志具体负责，"中国企业调研"由我和黄群慧同志具体负责。第一期项目时间为三年（2006~2009年），每个项目至少选择30个调研对象。经过一年多的调查研究，这些调研活动已经取得了初步成果，分别形成了《中国国情调研丛书·企业卷》、《中国国情调研丛书·乡镇卷》和《中国国情调研丛书·村庄卷》。今后，这三个国情调研项目的调研成果还会陆续收录到这三卷书中。我们期望，通过《中国国情调研丛书·企业卷》、《中国国情调研丛书·乡镇卷》和《中国国情调研丛书·村庄卷》这三卷书，能够在一定程度上反映和描述在21世纪初期工业化、市场化、国际化和信息化的背景下，我国企业、乡镇和村庄的发展变化。

国情调研是一个需要不断进行的过程，以后我们还会在第一期国情调研项目基础上将这三个国情调研项目滚动开展下去，全面持续地反映我国基层单位的发展变化，为国家的科学决策服务，为提高科研水平服务，为社会科学理论创新服务。《中国国情调研丛书·企业卷》、《中国国情调研丛书·乡镇卷》和《中国国情调研丛书·村庄卷》这三卷书也会在此基础上不断丰富和完善。

中国社会科学院副院长、经济学部主任

陈佳贵

2007年9月

《中国国情调研丛书·企业卷》

序　言

　　企业是我国社会主义市场经济的主体，是最为广泛的经济组织。要对我国经济国情进行全面深刻的了解和把握，必须对企业的情况和问题进行科学的调查和分析。深入了解我国企业生存发展的根本状况，全面把握我国企业生产经营的基本情况，仔细观察我国企业的各种行为，分析研究我国企业面临的问题，对于科学制定国家经济发展战略和宏观调控经济政策，提高宏观调控经济政策的科学性、针对性和可操作性，具有重要的意义。另外，通过"解剖麻雀"的典型调查，长期跟踪调查企业的发展，详尽反映企业的生产经营状况、改革与发展情况、各类行为和问题等，也可以为学术研究积累很好的案例研究资料。

　　基于上述两方面的认识，中国社会科学院国情调查选择的企业调研对象，是以中国企业及在中国境内的企业为基本调查对象，具体包括各种类型的企业，既包括不同所有制企业，也包括各个行业的企业，还包括位于不同区域、具有不同规模的各种企业。所选择的企业具有一定的代表性，或者是在这类所有制企业中具有代表性，或者是在这类行业中具有代表性，或者是在这个区域中具有代表性，或者是在这类规模的企业中具有代表性。我们期望，通过长期的调查和积累，中国社会科学院国情调查之企业调查对象，逐步覆盖各类所有制、各类行业、不同区域和规模的代表性企业。

　　中国社会科学院国情调查之企业调查的基本形式是典型调查，针对某个代表性的典型企业长期跟踪调查。具体调查方法除了收集查阅各类报表、管理制度、文件、分析报告、经验总结、宣传介绍等文字资料外，主要是实地调查，实地调查主要包括进行问卷调查、会议座谈或者单独访谈、现场观察写实等方式。调查过程不干扰企业的正常生产经营秩序，调查报告不能对企业正常的生产经营活动产生不良影响，不能泄露企业的商业秘密，"研究无禁区，宣传有纪律"，这是我们进行企业调研活动遵循的基本原则。

中国社会科学院国情调查之企业调查的研究成果主要包括两种形式：一是内部调研报告，主要是针对在调查企业过程中发现的某些具体但具有普遍意义的问题进行分析的报告；二是全面反映调研企业整体情况、生存发展状况的长篇调研报告。这构成了《中国国情调研丛书·企业卷》的核心内容。《中国国情调研丛书·企业卷》的基本设计是，大体上每一家被调研企业的长篇调研报告独立成为《中国国情调研丛书·企业卷》中的一册。每家企业长篇调研报告的内容，或者说《中国国情调研丛书·企业卷》每册书的内容，大致包括以下相互关联的几个方面：一是关于企业的发展历程和总体现状的调查，这是对一个企业基本情况的大体描述，使人们对企业有一个大致的了解，包括名称、历史沿革、所有者、行业或主营业务、领导体制、组织结构、资产、销售收入、效益、产品、人员等；二是有关企业生产经营的各个领域、各项活动的深入调查，包括购销、生产（或服务）、技术、财务与会计、管理等专项领域和企业活动；三是关于企业某个专门问题的调查，例如企业改革问题、安全生产问题、信息化建设问题、企业社会责任问题、技术创新问题、品牌建设问题，等等；四是通过对这些个案企业的调查分析，引申出这类企业生存发展中所反映出的一般性的问题、理论含义或者其他代表性意义。

中国正处于经济高速增长的工业化中期阶段，同时中国的经济发展又是以市场化、全球化和信息化为大背景的，我们期望通过《中国国情调研丛书·企业卷》，对中国若干具有代表性的企业进行一个全景式的描述，给处于市场化、工业化、信息化和全球化背景中的中国企业留下一幅幅具体、生动的"文字照片"。一方面，我们努力提高《中国国情调研丛书·企业卷》的写作质量，使这些"文字照片"清晰准确；另一方面，我们试图选择尽量多的企业进行调查研究，将始于2006年的中国社会科学院国情调研之企业调研活动持续下去，不断增加《中国国情调研丛书·企业卷》的数量，通过更多的"文字照片"来全面展示处于21世纪初期的中国企业的发展状况。

中国社会科学院经济学部工作室主任

黄群慧

2007 年 9 月

目　录

导　言

　　保险最初的本意是安全可靠，后来随着人们生产生活的发展演进，逐步进化成为现代经济的一项重要产业和人们风险管理的基本手段。保险业和国家命运密切相关，由于中国近代命途多舛，以及中华人民共和国成立后经济的探索式发展，导致我国保险业发展历程曲折。中华人民共和国成立之后，很长一段时间是中国人民财产保险公司一家独尊。20世纪80年代，平安保险和太平洋保险陆续成立，之后大地、阳光、中银、永诚、华泰、永安、华安等保险公司相继进入市场，中国保险业渐渐进入百花齐放的时期。虽然现在中国保险业规模已世界第三，但仍存在保险市场不成熟和发展水平不高的特点，与中国经济高速发展要求不相适应，也不能满足人民群众生活水平日益提高对保险的需求。因此，如何服务国家经济建设，如何满足人们生活中的保险需求，已经成为当前及未来的保险业必须思考的现实命题。

　　保险中介伴随着保险业的产生而产生，伴随着保险业的发展而发展，是保险市场细分的结果，其肩负着优化保险产业资源配置、降低保险交易成本的功能，是保险产业链中不可或缺的重要一环。从保险行业的专业特点来看，保险市场存在着明显的信息不对称现象，造成了保险公司和消费者之间互不信任及诸多矛盾纠纷，保险产品的复杂性和长期性则对消费者的专业能力提出了很高的要求，作为消费者不可能很专业地去理解保险，加之大量的行政事务、讨价还价耗费了消费者和保险公司大量的时间精力，增加了交易成本。保险中介的出现恰好可以解决这些问题，让客户和保险公司各得其所，这就是保险中介存在的价值！

　　在世界保险大家庭中，保险从业人员70%以上是保险中介人员。在一些发达国家，保险中介已经是一个非常成熟的市场，在世界财富前500强的企业当中，95%以上企业都引进保险经纪人作为他们的保险顾问。由此可见，保险中介属于保险产业链中的重要一环节。

保险中介的"三驾马车"——保险经纪、保险代理和保险公估，在保险发展的历史中同样扮演着不可或缺的重要角色。中国保险业的发展历史，关键节点都有保险中介的影子：大中华区保险的起源可追溯到1805年，是广州诞生的建大保安卡，它的中国名字叫广东保险会社，这家机构经考证是一家保险代理机构，由此推断中国保险业起源于保险中介；对中国保险业、世界保险业产生巨大影响的是1919年，当时有一个美国年轻人只身来到上海，成立了一家名为AIG（即目前世界最大保险企业"美国国际集团"的前身）的保险代理公司，可见中国保险起源于保险中介。

在200年后的2006年，中国南疆边陲春城诞生了"云南同昌保险经纪有限公司"①（以下简称"同昌保险"），之后这个团队创立出"及时赔"优质服务品牌，震动云南乃至中国保险江湖。在董事长范吉智带领下，同昌保险十年一路走来，从无到有从小到大，虽然路途坎坷不乏雨打风吹，但始终初心不改，从未停止过前行的脚步。同昌保险十年的发展史，折射出的是我国保险中介中小企业在我国经济建设大潮中蹒跚前行的身影，其敢为人先、勇于创新的勇气令人赞叹，十年如一日的诚信服务和坚持让人动容！十年来，同昌保险累计经手保费逾15亿元，服务个人客户超过50万人，企业客户近千家。近百个分支机构及服务网点遍布全省，并开始辐射全国。十年来，同昌保险累计向国家上缴税收超过3600万元，直接或间接创造就业岗位超过2000个，公司的注册资本也从创业初期的100万元滚动发展到5000万元，同时形成了多元化的股权结构。经过十年的快速发展，公司已形成以同昌经纪为中心，以同昌代理及同昌公估为两翼的保险中介集团雏形。2015年，同昌保险各类员工近500人，保费规模3亿多元，售后公估队伍近百人，发展势头强劲，公司已具备较强的保险销售和售后服务能力。

同昌保险从成立之初即建立了合理的公司治理结构，形成了独具特色的全员持股制度。这个制度与保险中介"人才密集型"的行业特点相适应，

---

① 后来经历两次更名：2015年1月更名为"云南同昌保险经纪股份有限公司"，2016年4月又更名为"同昌保险经纪股份有限公司"。

激励员工对企业做出最大投入，同时也保证员工最大限度地分享公司的经营成果。公司多年来形成了极具人性化的管理氛围，倡导"公平、透明、和谐、共享"的价值观，奠定了"以感情为基础，以股权为纽带，以价值为核心"的文化基础，以"让每位员工拥有自信而有尊严的幸福生活"为最高理想，定位"中国优质保险服务践行家"，致力于全面为全国范围内的企业和个人提供专业高效、全面周到的保险经纪服务。

一直以来，国内保险业的社会地位不高，但这一现状将逐渐改善。2014年8月13日，国务院发布《加快现代保险服务业发展意见》，业内称为"新国十条"，以"顶层设计"的形式，明确了保险业在国家经济社会中的地位，保险业终于摆脱了自说自话的尴尬局面。保险业的发展，从行业意愿上升至国家意志，地位得到全面提升。

身处大不同于往昔的历史新阶段，保险中介将如何实现跨越式可持续发展？保险经纪人如何成就自己的未来？保险如何与时俱进？普通老百姓如何让自己及家庭"稳妥可靠"？同昌又如何认识自身所处的外部环境和时代使命、如何更好地提升自己助力行业发展服务国之大局？所有这些命题的答案，都需要大家共同来探讨、共同来回答、共同来书写。因此，本书不仅仅是同昌保险的成长足迹记录，也希望为保险中介从业人员提供经验分享，与保险公司同人进行交流探讨，为被保险人了解保险并维护自身权益提供实用指南。希望读者通过阅读此书能对保险和保险中介有所了解，能对自己生活有所裨益。

第一章　行业背景

保险的产生和发展，与人类生产生活息息相关，正是因为人们的现实需求，才有了保险的诞生。保险业的发展有几个分野：有关保险的原始思潮、世界范围内保险的诞生和发展轨迹、中国保险业发展概况。保险中介伴随着保险的产生而产生，伴随着保险的发展而发展，为保险业的繁荣发展作出了不可磨灭的贡献。本书考察云南地区保险中介企业，对云南保险市场进行介绍和描述。

第一节　保险的起源及发展情况

正如火的诞生，当时不过是人类为了改变茹毛饮血的原始野蛮状态，提升食物味道而作出的一个尝试。保险的诞生也一样，人们在进化发展过程中，因为一些自然灾害和人为意外，造成无法承受的打击和损失，致使人们正常的生产生活受到影响。为规避这种灭顶之灾的侵袭，人们慢慢琢磨出一种转移分散风险的方法，这就是保险的原始雏形。跟众多其他行业一样，保险业也有其产生、发展、完善的一个过程，在这过程当中又形成了关于保险的相关概念、性质、服务流程、法律法规等，下面就让我们来对保险作个浮光掠影式的梳理。

一、寻根溯源话保险

在中国古代，早就有了关于保险的思想萌芽，以及原始保险的一些做法。

人类社会从一开始就面临着自然灾害和意外事故的伤害，人类每前进一步都在与大自然进行着艰苦卓绝的斗争。在这个过程中，古代人们萌生了原始的保险思想和方法。由于天灾人祸不断，我国历代王朝都非常重视积谷备荒，春秋时期孔子就提出了"拼三余一"的做法：每年将收获粮食的三分之一积储起来，这样连续积储3年，便可存足1年的粮食，即"余一"。如果照此方法不断地积储粮食，经过27年便可积存9年的粮食，就可达到温饱无忧的太平盛世。这就是有据可查的最早的中国保险思想雏形。

长江是一条横贯中国东西的河流，在其上游地区，山高路险，交通不便，因此，长江自古就是我国主要的交通要道。2000多年前，大批的货物源源不断地从四川、云南、贵州等地运往下游。由于当时造船技术有限，加上长江水急浪高，经常发生船只倾覆、货物损失的事故，商人们都在思考着用什么办法避免这种损失。有一个年轻的四川商人刘牧，提出了一个办法，要改变过去那种把货物集中装载在一条船上的做法，而把货物分装在不同的船上。开始时很多商人都反对这种做法，因为如果采取这种做法，就要与别的商人打交道，还增加了货物装卸工作量。但经过努力说服，刘牧成功了。采取这种办法后的第一次航行，果然发生了事故，船队中有一艘船沉没了。但由于采取了分装法，使损失分摊到每个商人头上后，个人的损失就变得很小了，大家都避过了灭顶之灾。这种分散风险的方法在长江运输货物的商人们中被广泛地接受，进而得到了发展。其分散危险或由整个船队分担损失的做法，其实就是现代海上保险的原理与基础。

世界范围内保险起源于海上，意大利是海上保险的发源地，共同海损的分摊原则是海上保险的萌芽。

公元前2000年，地中海一带就有了广泛的海上贸易活动。为使航海船舶免遭倾覆，最有效的解救方法就是抛弃船上货物，以减轻船舶的载重量，而为使被抛弃的货物能从其他收益方获得补偿，当时的航海商就提出一条共同遵循的分摊海上不测事故所致损失的原则："一人为众，众人为一。"公元前916年在《罗地安海商法》中正式规定："为了全体利益，减轻船只载重量而抛弃船上货物，其损失由全体受益方来分摊。"大约在14世纪，海上保险开始在西欧各地的商人中间流行，逐渐形成了保险的商业化和专业化。1310 年，在荷兰的布鲁日成立了保险商会，协调海上保险的承保条件和费率。1347 年 10 月 23 日，热那亚商人乔治·勒克维伦开出了迄今为止世界上最早的保险单，它承保"圣·克勒拉"号船舶从热那亚至马乔卡的航行保险。1384 年，在佛罗伦萨诞生了世界上第一份具有现代意义的保险单。这张保单承保一批从法国南部阿尔兹安全运抵意大利的比萨，在这张保单中有明确的保险标的、保险责任，如"海滩事故，其中包括船舶破损、搁浅、火灾或沉没造成的损失或伤害事故"。在其他责任方面，也列明了"海盗、抛弃、捕捉、报复、突袭"等所带来的船舶及货物损失。

继海上保险制度之后形成的是火灾保险制度，火灾保险起源于德国。1659 年，德国汉堡市的造酒业者成立了火灾合作社，至 1676 年，由 46 个相互保险组织合作成立了火灾合作社。其后，合并成第一家公营保险公司——汉堡火灾保险局。但真正意义上的火灾保险是在伦敦大火之后发展起来的。1666 年 9 月 2 日，伦敦城被大火整整烧了 5 天，市内 448 亩地域中 373 亩成为瓦砾，占伦敦面积的 83.26%，13200 户住宅被毁，财产损失 1200 多万英镑，20 多万人流离失所，无家可归。次年牙医巴蓬独资设立营业处，办理住宅火险，并于 1680 年开办了一家 4 万英镑资本金的火灾保险公司；巴蓬的火灾保险公司根据房屋租金和结构计算保险费，并且规定木结构的房屋费率为 5%，砖瓦结构的房屋保费的费率为 2.5%。这种差别费率被沿用至今，因而巴蓬被称为"现代火灾保险之父"。

人身保险起源于海上保险，15 世纪后期欧洲的奴隶贩子把运往美洲的非洲奴隶当作货物进行投保，后来船上的船员也可投保；如遇到意外伤害，由保险人给予经济补偿，这些应该是人身保险的早期形式。17 世纪中叶，意大利银行家洛伦佐·佟蒂设计了"联合保险法"（简称"佟蒂法"），并于 1689 年正式实行。佟蒂法规定每人缴纳法郎，筹集起总额 140 万法郎的资金，保险期满后，规定每年支付 10%，并按年龄把认购人分成若干群体，对年龄高的，分息就多些。"佟蒂法"的特点是把利息付给该群体的生存者，如该群体成员全部死亡，则停止给付。英国著名的数学家、天文学家埃蒙德·哈雷，在 1693 年以西里西亚的布雷斯劳市的市民死亡统计为基础，编制了第一张生命表——哈雷生命表，精确表示了每个年龄的死亡率，提供了寿险计算的依据。18 世纪 40~50 年代，辛普森根据哈雷的生命表，做成依死亡率增加而递增的费率表。之后，陶德森依照年龄差等计算保费，并提出了"均衡保险费"的理论，从而促进了人身保险的发展。

责任保险是针对第三方无辜受害人的一种经济赔偿。尽管现代保险已有300多年的历史，但责任保险的兴起却只是近100年的事。1855年，英国铁路乘客保险公司首次向铁路部门提供承运人责任保障，开启了责任保险的先河。1870年，建筑工程公众责任保险问世。1875年，马车第三责任保险开始出现。1880年，出现雇主责任保险。1885年，世界上第一张职业责任保单——药剂师过失责任保险单由英国北方意外保险公司签发。1895年，汽车第三者责任险问世。1900年，责任保险扩大到产品责任，承保的是酒商因啤酒含砷而引起的民事赔偿责任。进入20世纪，责任保险迅速兴起和发展，大部分的资本主义国家都把很多的公众责任以法律规定的形式强制投保。

最早的海上再保险可追溯到1370年。当时，格斯特·克鲁丽杰的保险人，承保自意大利那亚到荷兰斯卢丝之间的航程，并将其中的一段经凯的斯至斯卢丝之间的航程责任转让给其他保险人，这就是再保险的开始。17世纪初，英国皇家保险交易所和劳合社开始经营再保险业务。1681年，法国国王路易十六曾公布法令，规定"保险人可以将自己承保的保险业务向他人进行再保险"。18世纪，荷兰鹿特丹的保险公司1720年将承保到西印度的海上保险向伦敦市场再保险，丹麦的皇家特许海上保险公司1726年成立后从事再保险，德国1731年汉堡法令允许经营再保险业务，1737年西班牙贝尔堡法律和1750年瑞典的保险法律都有类似的规定。随着保险形式的多样化和保险公司之间的竞争加剧，逐渐出现了专业再保险公司，推动了再保险的发展。

二、中国保险发展情况

1805年，英国东印度公司经理戴维森（W. S. Davidson）在广州发起成立了广州保险会社（Canton Insurance Society），又称谏当保安行和谏当水险行，这是外商在中国最早开设的保险公司，也是中国成立的第一家保险机构，中国现代保险历史从此开始。1841年总公司迁往中国香港。1865年5月25日，上海华商义和公司保险行成立，这是我国第一家民族保险企业，打破了外商保险公司对中国保险市场的垄断局面，标志着我国民族保险业的起步。1949 年 10 月 1 日前，中国保险业的基本特征是保险市场基本被外国保险公司垄断，保险业起伏较大，未形成完整的市场体系和保险监管体系。

1949 年 10 月 1 日，中华人民共和国成立，翻开了保险事业的新篇章。中华人民共和国成立的 60 余年间，中国保险事业几经波折，经历了四起三落的坎坷历程：从中国人民保险公司成立到 1952 年的大发展是"一起"，1953 年停办农业保险、整顿城市业务是"一落"；1954 年恢复农村保险业务，重点发展分散业务是"二起"，1958 年停办国内业务是"二落"；1964 年保险升格，大力发展国外业务是"三起"，1966 年开始"文化大革命"几乎停办保险业务是"三落"；1979 年恢复国内保险业务，我国保险事业进入一个新时期是"四起"。目前，我国保险业正逐步走向成熟和完善。

（一）保险机构不断增加，逐步形成了多元化竞争格局

1985 年 3 月 3 日，国务院颁布了《保险企业管理暂行条例》，为我国保险市场的新发展创造了所需的法律环境。1986 年，中国人民银行首先批准设立新疆生产建设兵团农牧业保险公司（2002 年改为中华联合保险公司），专门经营新疆生产建设兵团内以种植和牧养业为主的保险业务，这预示着中国人民保险公司独家经营的局面从此在我国保险市场上消失。随后，1987 年，中国交通银行及其分支机构开始设立保险部，经营保险业务，1991 年在此基础上组建成立了中国太平洋保险公司，成为第二家全国性综合保险公司。接着，1986 年深圳成立了平安保险公司，并于 1992 年更名为中国平安保险公司，成为第三家全国性综合保险公司。进入 20 世纪 90 年代后，保险市场供给主体发展迅速，大众、华安、新华、泰康、华泰等十多家全国性或区域性保险公司进入保险市场。同时，外资保险公司也逐渐进入中国保险市场，从 1992 年美国友邦保险公司在上海设立分公司以来，已有多家外资保险公司在我获准营业或筹建营业性机构。截至 2006 年底，我国保险市场上共有保险公司（包括保险集团公司）98 家、保险资产管理公司 9 家、专业保险中介 2110 家。保险公司中，外资公司占了 41 家，来自 20 个国家和地区的 133 家外资保险公司在华设立了 195 家代表处。

（二）保险业务持续发展，市场规模迅速扩大

随着国民经济的发展，保险市场主体的增加，我国保险业务持续发展。

就保险险种来说，包括信用保险和责任保险在内超过了千个险种。就其业务发展规模而言，保费收入连年增加，同比增长大多在20%以上，远远高于国民经济发展的同期速度。保监会最新统计数据显示，基本上每一年，保险业内都有大事件发生，或是新的保险公司和中介机构成立。特别是进入21世纪中国"入世"后，国民经济进入高速发展期，保险业也得到日新月异的发展。最明显的就是保险公司和保险中介如雨后春笋般在中国神州大地上遍地开花，蓬勃发展。然而在发展中，也出现了很多问题：如无序竞争、高返点、打价格战、承保容易理赔难，甚至违规违法等。所以2006年，国家发布"国十条"①，对相对混乱的国内保险市场加以约束规范，以保证保险业的持续健康发展。2014年8月，国务院印发《关于加快发展现代保险服务业的若干意见》，即"新国十条"，从经济社会发展战略全局的高度，明确了保险业的战略目标，提升了保险业的行业定位，并从拓宽服务领域、丰富政策体系、深化改革开放等方面对保险业发展进行了系统部署，是中国保险业发展的里程碑事件。

截至2014年底，我国保险市场共有财产保险公司67家（中资45家，外资22家），人身保险公司73家（中资45家，外资28家）；再保险（集团）公司1家，专业再保险公司9家；专业保险中介机构2546家（专业代理机构1764家，保险经纪机构445家，保险公估机构337家）；共有15个国家和地区的保险公司在我国设立了56家外资保险公司，外国保险机构在华设立代表处140家。② 国内保险市场逐渐与国际保险市场并轨，我国保险市场的开放程度日益提高，保险业呈现出"百花齐放，百家争鸣"的繁荣发展局面，多元化竞争格局已经形成。

（三）保险市场监管逐步走向规范化

随着中国保险市场体系的建立及保险业务的发展，一个以政府监管为主、行业自律为辅的市场监管体系也在逐步建立和完善。1985年3月3日颁布的《保险业管理暂行条例》是中华人民共和国成立以来的第一部保险法规。1989年2月16日，针对当时保险市场的形势和存在的问题，国务院

---

① 《国务院关于保险业改革发展的若干意见》。
② 数据来源：《2015中国保险市场年报》。

办公厅下发了《关于加强保险事业管理的通知》，提出了整顿保险秩序的措施和办法。1992年中国人民银行公布了《保险代理机构管理暂行规定》，同年9月颁布了《上海外资管理保险机构管理办法》；1994年上海市保险行业协会成立；1995年6月全国人民代表大会颁布了《中华人民共和国保险法》（后在2014年及2015年进行了修订）；1996年2月中国人民银行公布了《保险经纪人管理规定（试行）》；1998年11月18日，我国成立了专门的保险监督管理机关——中国保险监管委员会，取代了中国人民银行专门监管中国的商业保险，各省、市、自治区等设立保监会分支机构，从而为保险监管提供了组织保障；1999年中国保监会公布了《保险机构高级管理人员任职资格暂行规定》、《保险公司管理规定》（2004年5月修订并公布该规定）；2000年11月16日，中国保险行业协会在北京成立，在成立大会上通过了《中国保险行业公约》，同年中国保监会公布了《保险公估人管理规定（试行)》，其后，修订并公布了保险代理机构、保险经纪公司、保险公估机构管理规定，同时与此相关的法律法规业已颁布；2002年颁布了《中华人民共和国外资保险公司管理条例》，2004年5月保监会公布了《外资保险公司管理条例实施细则》，2002年10月28日九届全国人大常委会修正并颁布了《保险法》，从而初步形成了以保险法为核心的法律法规体系；2006年，国务院发布《机动车交通事故责任强制保险条例》和《国务院关于保险业改革发展的若干意见》（俗称"国十条"）；……2014年《国务院关于加快发展保险服务业的若干意见》（俗称"新国十条"）出台；2015年中国人民银行及保监会等国家十部委联合发布《关于促进互联网金融健康发展的指导意见》。由于保险业在我国的发展呈现越来越繁荣的趋势，基本上每一年，保险业都有相关的法律或法规出台，不再一一详述。由此可见，通过一系列保险法规和文件的制定出台，我国的保险监管已走向制度化和规范化。

（四）保险发展呈现以下趋势

近年来，随着我国保险发展的深入，呈现出以下趋势：

1. 我国保险业处于重要的战略机遇期

可以预见今后很长一段时间，中国保险业仍然处于重要的战略机遇期。这是因为：第一，中国经济基本面仍然较好，保险作为国民经济的一个子部门连带受益。第二，在"十三五"以及今后很长一段时间内，中国保险业增长潜力巨大。第三，从保险与经济的关系规律看，中国的保费收入弹性仍处于上升通道。第四，加强政策性农业险、地震保险制度层面建设，将改变财产险市场车险独大的单一局面。

2. 大金融、大资管、大网络和大数据的发展趋势

随着现代经济社会发展的变化，保险的功能也在不断丰富。我国大金融趋势最好的案例是中国平安集团，平安的未来目标是将保险、银行、投资进行融合，形成集团发展的三大支柱，打造"大金融"合一发展趋势，这也是目前保险业发展的一个趋势。

我国保险业的转型发展经历了两个主要阶段：一是从传统保险到现代保险的转变；二是从非金融到金融的转变。现代保险的基本特征是风险管理与财富管理的结合，以及社会保障与现代金融的结合。进入 21 世纪后，国内保险公司陆续成立资产管理公司，对保险资金的运用进入了专业化时期，保险资产逐步实现了从分散管理到集中管理、从内部管理转向外部专业管理、从单一渠道运用到多渠道运用、从境内市场运作到境外市场运作的多层次全方位的立体转变，这一趋势未来仍将继续。

随着计算机和网络的发展，集中汇总某一方面信息成为现实，于是大数据应运而生。大数据的核心是通过各类相关数据之间的相关性推断某种发展和改进的可能性，从而服务于企业的经营发展。现在大数据已成为企业的核心资产，是许多企业不可或缺的战略基础平台。

现今互联网在大数据和云计算的支撑下日益走向移动化和智能化，这将对保险业发展模式产生颠覆式变革。随着保险行业触网成风，网络营销已经是保险销售的不二法宝。

3. 未来保险公司将改变传统发展形态

保险发展到今天，较其传统形态已经有了翻天覆地的变化。加之社会的深度变革，跨界竞争大行其道，保险企业的发展面临着前所未有的危机，未来只有机制与模式创新才能保证保险企业可持续发展。大体说来，未来保险公司可分为三种类型：专业型、平台型与资源型。

专业型的保险公司是指掌握了某行业的核心技术，可以凭借核心技术建立核心竞争力，在细分市场上拥有绝对竞争优势的保险企业。如上海安信农业保险股份有限公司、天平汽车保险公司等。

平台型的保险公司是指凭借自己力量创立平台，并进行保险模式革新的企业，平台又可分为专业性平台和混合性平台。如众安在线、中国人保等。

资源型的保险公司是指有政府背景、与政府有密切合作关系的公司，例如中石油、中石化之类大额股东业务、掌握大股东资源的企业，此类保险公司如具有南方电网股东背景的鼎和保险公司等。

保险企业的发展模式也可以是三种类型的大融合，如平安集团具备专业型与平台型为一体的整合发展模式。

4. 互联网保险呈加速发展趋势

目前，绝大多数人认为通过互联网销售保险就是互联网保险，这是对网络保险的错误认识。根据互联网对保险的影响，保险发展经历了三个阶段：一是传统保险模式，二是保险互联网模式，三是互联网保险模式。

传统保险模式指业内所熟悉的运行了多年的保险经营方式，主要是依托保险公司人员、保险中介、个人保险营销员等渠道，面向社会开展保险销售行为；保险互联网模式指的是在传统保险经营中某几个环节上引入互联网技术，以提高客户的便利性和保险公司效率。比如，客户在网络上对比保险产品价格、支付保险费、通过手机客户端或公众账号了解和参与活动等，是保险业借助互联网作为经营工具的模式；而互联网保险模式是完全基于互联网思维重新改造甚至创造整套保险经营理念的全新模式，其要求保险从业企业从最初的保险费率精算、保险产品设计研发，到保险产品营销、推广，再到全套售后服务，均以互联网思维的方式进行运作，类似于小米手机的经营模式。

1997 年我国开始出现"保险互联网"，人保、中国人寿、平安、太平洋、泰康人寿等各财产及人寿保险公司陆续建立电子商务平台，绝大部分保险公司都已拥有自己的网站，并能通过其网站进行算价、下单等部分保险消费环节的操作。但多年以来，由于用户消费习惯、保险公司营销渠道、售后服务环节方面的原因，通过互联网保险消费保险产品一直都处于缓慢发展阶段，甚至不如简单的电话车险那般大行其道地风光四五年。因此，在很长一段时间内，各保险企业仅仅将互联网作为一种外部营销和内部管理的工具进行使用。

互联网的信息对称功能，让消费者地位上升，服务要求越来越高，且保险消费意愿由隐性变为显性，消费主动性、频次和金额提升，带来了更广泛的保险产品创新空间，"保险生活化"成为重要的创新方向，"服务即产品"从隐性理念上升为显性指标。另外，昂贵的销售渠道被互联网吞噬，保险代理人生存空间遭遇严峻挑战，代理人在价值链中的地位和话语权将被弱化；数以万计客户黏度高的兼业经代和以法人业务为主的专业经代，暂不会受制于互联网，但面向大众市场的经代中介市场份额太小，人才沉淀、资金实力不如保险公司，如果没有充裕的资源投入转型，在"金融脱媒"的大趋势下将被无情洗牌出局。

5. 强化保险社会服务职能趋势

目前，中国经济基本面向好的同时，也面临诸多风险和挑战，保险业自身积累的深层次问题和矛盾正在逐步显现，形势比较严峻。但是，今后一段时期，保险业可以在保监会主席项俊波强调的防灾减灾体系、农业保障体系、现代金融体系、社会保障体系、社会管理体系五大重点领域发挥积极作用。①

第二节　保险中介发展情况

保险业的发展，带动了保险中介的发展；保险中介的发展，又促进了保险业的发展。

在发达国家，保险行业的产销分离现象较为明显，保险公司通常只专注于保险产品的开发、定价，剩余的市场营销、案件理赔、损失核定、客户服务等环节均外包给保险中介完成。例如，在保险代理市场较为发达的美国，通过保险代理人渠道销售的保费占总保费的比例可达85%以上；在保险经纪市场较为发达的英国，60%以上的财产保险业务量、20%的一般人寿保险业务量、80%的养老保险业务量，均是通过保险经纪机构安排的②；而在我

---

① 以上观点均来自钱振伟安盛天平云南中介业务发展研讨会议，《保险业及其中介市场未来发展与展望》。

② 数据来源：《中国保险报》。

国，以 2014 年为例，我国保险专业中介行业共实现保费收入 1721.57 亿元，只占全国总保费收入的 8.5%。①

国内保险中介可分为保险专业中介机构、保险兼业代理机构、保险营销员三类。其中，保险专业中介侧重于具体从事保险业务咨询与销售、保险方案设计、风险管理与安排、价值衡量与评估、损失鉴定与理算等中介服务活动，是介于保险公司与投保人之间的桥梁，能够利用其专业优势，缓解保险市场中保险公司与投保人之间的信息不对称问题，从而达到减少分歧、促进沟通、协调关系的效果；保险兼业代理机构与保险营销员则更侧重于单纯的保险产品代理销售，保险兼业代理机构指非保险行业企业在从事自身业务的同时，为保险公司代理销售保险产品的非保险类经营机构，如从事保险代理业务的银行、邮政部门、汽车经销商、汽车修理厂等；保险营销员指为保险公司或保险中介机构代理销售保险产品的个人。保险中介的分类及其对应的中介业务如图 1-1 所示。

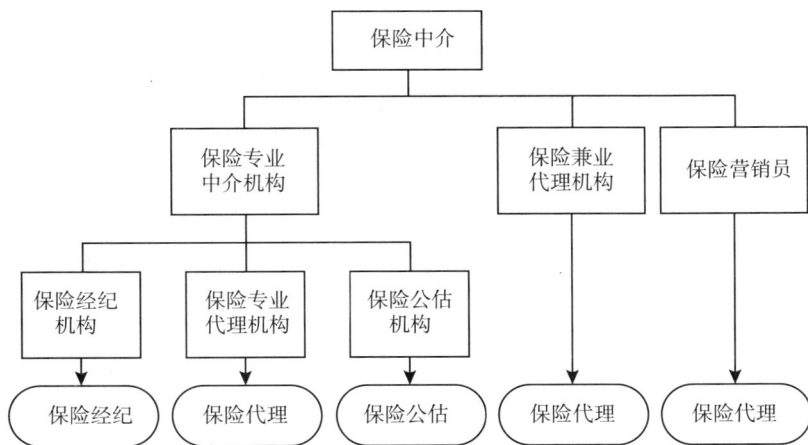

图 1-1　保险中介的分类及其对应的中介业务

保险中介主要职能是销售和服务，保险经纪、保险代理和保险公估在保险发展的不同历史阶段，都曾撑起过保险业的一片天空，承担着保险市场不

① 数据来源：中国保监会网站。

可或缺的补充功能，现在仍然在为保险业的健康发展和繁荣发挥着不可替代的作用。保险中介的分类及发展简史如下：

一、保险经纪

保险经纪随着保险业的发展而产生，根据其在行业中所发挥的作用，逐渐形成其相关概念理论。

（一）由来与发展轨迹

17世纪，随着人们保险意识增强，社会对保险需求明显增加，1720年保险经纪人应运而生于英国。

随着保险经纪人制度在英国发展成熟，现在它已经成为世界性的行业。在国际保险市场上，英国是典型的使用保险经纪人进行营销的国家。据统计，英国保险市场上有800多家保险公司，而保险经纪公司就超过3200家，共有保险经纪人8万多名。英国保险市场上60%的财险业务是由经纪人带来的，"劳合社"的业务更是必须由保险经纪人安排。

美国保险市场上主要是以代理人开展业务为主，但经纪人也是美国保险市场机制的一个重要组成部分，在财产、责任保险领域占有优势。

日本是世界第二大保险市场，代理人代销和保险公司直销是保险公司推销保险的主要手段。1996年日本保险业大改革，新的《保险业法》开始允许保险经纪人走上保险市场的大舞台。

我国的保险经纪人制度起源于20世纪30年代。上海市保险业同业公会于1936年联合其他公会，制定了《经纪人登记规章》，目的在于禁止经纪人非法回扣给被保险人，并规定经纪人登记及办证办法，随后成立了联合委员会，专门办理经纪人登记管理等有关事宜。

1936年12月，上海市保险业经纪人工会成立，并制定了工会章程共9章27条。

1944年5月，国民政府财政部在《战时保险业管理办法实施细则》中规定有保险同业公会负责制定经纪人佣金标准。同年6月，国民政府财政部又颁布了《保险业代理人经纪人公证人登记领证办法》，对三种人群资格及登记执行均作出了一定限制。1949年7月，制定《上海市保险人经纪人佣金限制办法》，并依据该办法严格检查监督。

中华人民共和国成立后第一次以法律形式承认保险经纪人合法地位，是1995年颁布的《保险法》。1998年2月16日，中国人民银行公布了《保险经纪人管理规定（试行）》，标志着我国保险经纪业务活动及监督管理开始走上正轨。1999年12月16日，经中国保监会批准，北京江泰、上海东大、广州长城三家全国性保险经纪公司开始筹建，自此，中国保险经纪公司开始比较规范地发展起来。

（二）相关概念

保险经纪人：指基于投保人利益，为投保人与保险人订立保险合同提供风险分析评估、投保方案拟订、挑选保险人、参与保险合同谈判、办理投保手续、提供风险管理、保险知识培训、高风险期驻守巡查、协助或代理索赔等中介服务，并依法向保险人收取佣金的机构。

专栏 1-1

保险经纪人能做什么?

保险经纪人究竟扮演着怎样的角色？这里通过两个案例来予以说明。

案例一

某综合建设工程是市政府重点工程。1999年工程开工时，中国还未出现保险经纪人，因此由业主直接向保险公司投保该工程。有三家保险公司共保了该工程，在发生保险事故后聘请了公估人协助理赔。保险期间，施工中的一次意外导致一处煤气管道破裂、煤气外溢，造成周围居民中毒，业主的损失达数十万元。业主向保险公司提出索赔，保险公司根据保险单中的"地下电缆、管道及设施特别条款"予以拒赔。由于保险方案复杂，专业性强，投保时业主没有注意到该条款对自己的限制。理赔谈判中，保险公司拒赔态度十分坚决，并请来公估公司支持他们的观点。在这种极其不利的情况下，业主了解到已经在市面上出现的保险经纪公司比较专业，立即聘请了某保险经纪公司作为其保险顾问，协助索赔。

处理流程：该保险经纪公司仔细研究了整个案件，设计了多套应对方案，并向保险公司递交了完整的索赔表格和相关证明文件。理赔过程

中，保险经纪公司根据对"地下电缆、管道及设施特别条款"这一附件条款本意的准确解释和"近因原则"的适用情况两方面，为客户据理力争，最终使保险公司让步，同意支付大部分赔偿金，从而保障了业主的利益。理赔结束后，该保险经纪公司还向业主提交了理赔全程的详细记录，作为业主考虑改进或扩展合同条款的依据。

案例二

某贸易有限公司是一家全国性的集团公司，分公司遍布全国50个城市。各地分公司的福利制度存在较大差异，不利于统一管理，而且各地分公司分别向所在地保险公司投保，无法控制保费成本，也不利于总部对各城市保险理赔情况的了解和掌握。由于该公司在医疗方面的保障较弱，一旦有员工发生重大事故或医疗费用，势必会加重员工个人和公司的财务负担。同时，该公司的员工流动率非常高。基于上述各种因素的综合考虑，该公司就其在管理和控制成本上的要求，委托保险经纪公司为其解决所面临的难题。

处理流程：保险经纪公司接受委托后，根据客户的需求设计了包括养老、医疗、重大疾病和意外保险在内的员工福利计划。该方案从地域、保障、费率和服务等方面满足了客户的要求。获得了客户的认可后，经纪公司在市场上全面询价。除了保险费率，经纪公司还注重考虑保险公司协调全国性后续服务的能力，并结合保险公司的承受能力与客户沟通后对方案进行了调整。在后续服务方面，经纪公司定时提交详细的工作报告，以便该公司总部及时了解各地区的理赔等汇总情况，不断调整和完善服务。

结论：经纪人用自己的专业和优势，为客户量身制作合适的保险方案，本着以最小的投入获得最大保障的原则，协助客户做好承保前、承保中、承保后的"一条龙"式的保险服务，为客户规避风险，为客户解决大多数合理的问题，并维护客户的合法权益。

对投保人而言，保险经纪机构的价值主要体现在：第一，保险经纪机构能够通过风险分析评估、风险管理、保险知识培训、高风险期驻守巡查等服务，降低保险标的的风险水平，从而为投保人争取到更加有利的保险合同条款，有效规避合同风险；第二，保险经纪机构因具备专业的保险知识与渠道，能够为投保人设计更合理的投保方案、选择更适合的保险公司、开展更专业的合同谈判；第三，保险经纪机构能够通过协助投保人办理投保手续、索赔等业务，节省了投保人的精力与成本；第四，保险经纪机构凭借其专业性，能够在保险采购、索赔等环节上最大限度地维护投保人的利益，有效解决目前行业中普遍存在的投保人与保险公司之间信息不对称的问题。

对保险公司而言，保险经纪机构的价值主要体现在：第一，保险经纪机构能够通过自身客户资源为保险公司拓宽销售渠道、带来大量客户和保险费收入；第二，保险经纪机构能够通过为投保人提供风险分析评估、风险管理、保险知识培训、高风险期驻守巡查等服务，降低保险标的的出险概率与赔付率，提升保险公司盈利水平；第三，保险经纪机构能在保险事故发生后，通过搜集、整理索赔资料，协调索赔纠纷等大量前后期服务，承担保险公司的部分职责、降低保险公司的沟通成本、售后服务等运营成本。

（三）发展现状

2014 年末，我国拥有保险经纪机构 445 家，当年实现保费收入 504.5 亿元，占全国当年总保费收入的 2.5%，其中财产险保费收入 441.7 亿元，人身险保费收入 62.8 亿元。[①] 保险经纪在国内经过 10 多年的发展，日益受到行业重视，形成了自己独特的影响和不可替代的作用，现实中暴露出一些问题和不足，但也取得了令人可喜的成绩。

存在的问题及原因分析：

1. 监管体系不够完善

（1）政府监管任重道远。在我国，保险市场的监管机构是中国保险监督管理委员会（以下简称"保监会"），保险经纪人由保监会的保险中介监管部进行监管。根据我国国情，保监会对保险经纪人进行监管以《中华人民共和国保险法》和《保险经纪机构管理规定》等法律法规为主要依据，以确定保险经纪人监管的目标、内容和方式，保险经纪人的监管基本走上了制度化和法制化道路。但在实际工作中，对保险经纪人的监管在很多方面都

---

① 　数据来自《2015 中国保险市场年报》。

难以落到实处，对一些违法违规行为打击力度还有待加强。比如一些未经批准、不具备保险经纪机构设立条件的境外保险经纪人，在境内非法从事保险经纪活动，对保险经纪人的市场退出管理不完善等。特别是佣金收取方面，我国保险制度对条款费率等方面限制较死，保险人没有足够的自主权和灵活性，使经纪人和保险人之间没有足够的谈判余地，大大限制了保险经纪人的能动性。

（2）社会监管机制缺位。在保险经纪制度成熟的发达国家，保险经纪人的资信等级由社会上一些权威评级机构评定，并建有保险经纪人同业组织，如保险经纪人协会等，通过市场和同业舆论来调节并引导保险经纪人的经营行为，在保险经纪行业内部进行自我管理、自我约束，维护市场公平秩序，以促进保险经纪业健康有序发展。目前，我国尚未建立保险经纪人的资信评级制度，行业自律管理效果不理想，虽然在大中城市基本建立了保险行业协会，但行业自律的作用还没有充分发挥出来。

（3）内控机构不健全。目前，国内好多保险经纪公司还没有形成完善的内控机制，公司治理结构差。有的经纪公司甚至还是家族式企业管理，激励约束机制尚未建立，信息披露不完全，不能有效化解保险经纪企业经营风险，无法最大限度地保证保险经纪企业经营目标的实现。另外，大部分保险经纪公司仍处于"关系主导型"业务开发模式，简单满足于依托关系获得被保险人的认可，而在更为重要的保险产品创新、专业风险管理能力提升、客户服务意识提高等方面，不愿投入更多的资源和时间。

2. 社会公众的认知度低

（1）社会公众对保险经纪人认识度低。由于我国保险经纪制度刚刚建立十多年，政府、媒体、保险经纪公司对保险经纪人都缺乏相应的宣传，社会公众对保险经纪人知之甚少。相当多已买了保险和对保险有一定了解的个人和企业，对保险经纪业务不了解，不知道保险经纪人能为他们设计出最佳的风险管理方案，能帮助他们进行风险控制和规避。国内许多个人和企业认为，通过保险经纪人投保是多此一举，不能准确理解并认同保险经纪人所带来的价值，只认为是平白增添了一道手续，只能增加成本，降低效率。

（2）社会公众对保险经纪人缺乏了解和信任。社会公众对保险经纪人不信任的原因有三：首先，历史遗留的阴影。旧中国的保险经纪人是随着外国保险公司的进入而移植过来的，称为经理员，又称为"保险掮客"，由于缺乏有效的监管措施，曾经出现过许多保险经纪人只知道招揽顾客而不顾投保人的利益，导致社会公众把经纪人视为投机倒把分子。其次，受少数保险代理人的不良影响。在我国，保险代理人比保险经纪人诞生得早，发展异常迅速。在进行展业的过程中，由于少数保险代理人素质低下，搞欺诈、隐瞒等违法违规手段，导致许多客户对保险中介"谈虎色变"，加上相应的监管制约措施没有及时跟上，人们对保险中介很难产生信任感，保险经纪人自然深受其害。最后，担心保险经纪人服务难保证。在保险经纪人的展业过程中，一些客户在逐步听了经纪人的介绍、了解了经纪人的作用之后，有了选择保险经纪人的意思，但他们又担心保险经纪人的服务水平和公正性。尤其对于那些异地承保项目，他们担心一旦发生了风险事故，保险经纪人能否及时赶到、能在多大程度上维护自己的利益等。

3. 市场定位不准确

以保险业企业规模标准衡量，我国保险经纪公司的规模都属于中小型，尤其以小型居多，中小企业取胜市场的法宝是专业优势。我国现时的保险经纪公司为拓展市场，每家公司的业务范围基本上囊括了市场上所有的保险业务，从财险、寿险到再保险，只要能找到的业务都做。这种全面开发的业务模式，缺少对市场客户的细分，在开展业务时缺乏准确的市场定位，内置的业务部门缺乏对客户和险种的针对性，使保险经纪公司无法向投保人提供独特的、专业化的保险中介服务，无法在市场上树立自己的品牌，最终落到维持基本生存都十分困难的局面。

4. 自身实力不雄厚

（1）资本实力欠缺。我国保险经纪机构现有的资本实力与整个中国保险市场的发展极不协调，与世界其他国家和地区同行业的发展相比存在不小的差距，大部分机构资本实力不雄厚，经营业绩普遍欠佳，很难承担较大的经营风险。

（2）高素质人才严重缺乏。经纪人制度在我国建立时间不长，保险经纪人的发展还处于初级阶段，专业技术人才极度短缺，开展业务时所呈现的专业技术水平不高，总体上处在比较低的层次。这就使保险经纪人在风险管理方面同保险公司和代理人之间很难拉开距离，经纪人提供的咨询意见，保险公司也可以提供；经纪人的保险方案，代理人也可以提供。除了立场不同外，目前保险经纪人在专业技术上尚不具备明显优势。特别是近年来，随着我国经济的迅猛发展，涌现出一大批高新技术产业，如航空航天、大型水利水电工程、生物工程以及奥运技术项目等，这些新兴产业对风险咨询、风险管理的控制等方面有着巨大的需求，但其专业性要求极高，由于国内保险经纪专业人才严重缺乏，能够从事这一领域保险经纪业务的经纪人更是凤毛麟角，严重制约着我国保险经纪行业的持续性发展。

我国保险经纪发展取得的成绩如下：

第一，保险经纪对行业健康发展具有重要作用。过去因为信息的不对称，保险公司和客户发生过太多的矛盾和纠纷。有了保险经纪人从中调和补充，并参与风险管理和引导，双方的关系越来越协调、融洽。另外，保险经纪人也弥补了保险公司对诸多行业的专业隔膜，以及客户保险知识方面的匮乏，让供需双方各得其所，让诸多风险得到有效保障。这些年，国内保险经纪人先后成功为南水北调、三峡工程、北京奥运、卫星发射、民用航空、国有大型银行、通信企业（中国移动、中国联通等）、大型国有企业等项目和领域提供了专业的保险经纪服务，得到了被服务各方的认可肯定，同时彰显了保险经纪人的重要作用，保险经纪人成为保险业健康发展不可或缺的重要角色。

第二，社会地位有所提升。保险经纪人在我国的发展一开始举步维艰，因保险经纪人通常被认为是直接和保险公司争抢客户资源，所以大部分保险公司都抵制保险经纪人。客户也不理解，整个保险经纪行业没几家企业，能够做得比较成功的更是寥若晨星。后来经过努力，部分保险经纪公司发展壮大了，其服务质量、专业水平得到了被保险人和部分保险公司的认可，开始有保险公司主动找经纪人合作，整个行业进入到发展阶段。再后来，保险经纪行业中涌现出了一批具有代表性的大型保险经纪公司，有的擅长某个专业领域的风险管理，有的垄断了某些细分行业的大部分保险客户，通过国内知名大工程大项目成功的经纪服务，让保险经纪声名鹊起，保险公司和客户都开始重视保险经纪人的作用，并频频与较为成功的经纪公司进行业务联系。现在，国内保险经纪行业已经发展得较为成熟，成为保险市场的重要力量，并掌握了大量被保险客户资源，深受各大保险公司的重视，也深得各大项目和工程的青睐，于是很多地方政府、国有企业均在保险采购时优先考虑招标保险经纪人，然后才开始选择保险公司。人们的保险意识越来越强，保险需求也随着生活水平的提高而不断增多。作为风险专业顾问，保险经纪人日益成为社会中不可或缺的角色。

第三，促进了经纪人才建设和相关法律法规的健全。保险经纪在国内经过这些年的发展，不只成功完成了许多重要的大型项目的风险管理，更重要的是为行业培养了一大批专业的保险经纪人才，为我国的保险业持续健康发展提供了最基本的人才保障。

保险经纪行业经过十余年的探索、发展，为国家出台一系列保险经纪法律法规提供了大量的科学实践依据，现行的《保险经纪机构监管规定》、《保险经纪机构基本服务标准》等规定又反过来指导、监管保险经纪行业的发展，让行业从业人员有法可依、有章可循。

二、保险代理

保险代理引入国内曾一度改变了财产险和人寿险的业务格局，在特定的历史时期对行业发展发挥了重要作用。

（一）发展简况

保险代理起源并依附于保险业，我国从 19 世纪初开始出现保险业和保险代理，但保险代理发展缓慢，先后经历了外商垄断下的保险代理业、民族保险代理业和中华人民共和国人民保险代理业三个发展阶段。

1980 年，随着我国国内保险业的恢复和发展，保险代理也不断发展。

1992 年，中国人民银行颁布实施《保险代理机构管理暂行办法》，这是我国第一部管理和规范保险代理人的专门性法规，该办法将我国的保险代理人分为专职代理机构和兼职代理机构两种形式。

1992 年，美国友邦保险公司引入个人保险代理人制度到中国。

1994 年底，友邦保险公司共招收保险营销员近 5000 人，业务量超过 1 亿元。

1995 年，美国友邦又获准在广州开展寿险业务，发展势头也相当惊人，当年公司营销队伍就发展到 8000 人，新单标准保费收入达到 3.88 亿元。

1995 年，国家颁布了《中华人民共和国保险法》，其中规定了保险代理人的资格条件。

1996 年，中国人民银行颁布实施了《保险代理人管理暂行规定》，进一步明确了保险代理人的分类、组织形式和设立程序等，将保险代理人分为专业代理人、兼业代理人和个人代理人三种形式。

友邦保险个人寿险营销制度，引起国内保险公司纷纷效仿，在极短的时间内这一制度被快速复制，带动了中国寿险业务超常规发展，保费收入快速超过产险，改变了产险和寿险的市场格局。1996 年以来，中国寿险市场以每年 40% 的速度增长，这主要归功于寿险的个人营销。尽管近年来银行保险突飞猛进，但统计显示，个人代理销售仍处于市场主导地位。

1997 年，针对保险市场出现的《暂行规定》无法解决的新问题，中国人民银行对暂行规定进行了修改，删除了《暂行规定》中不符合《行政处罚法》等法律规定和实践要求的部分，增加了大量的新内容，并将其名改为《保险代理人管理规定》，于 1997 年 11 月 30 日颁布实施。

2002 年，个人代理业务占全部寿险保费收入 80% 以上。

2004 年，全国寿险代理人大军已扩充到 150 万人。寿险的发展直接带动了保险业的发展，有人曾直言不讳地描述了寿险个人营销制度对保险业的贡献："没有个人营销，就没有中国保险业的今天！"寿险个人营销为社会提供了大量的就业岗位，并对保险知识的普及和传播，起到了积极的推动作用。中国保险业自 20 世纪 90 年代以后快速发展，近十年保险收入平均以每年超过 30% 的速度增长，截至 2004 年底中国保险业已聚集起 11853.6 亿元的巨额资产。

近年来，保险业、银行业、证券业在中国金融领域三分天下，为社会保障、资金融通、社会管理和服务经济发展方面作出了巨大的贡献，而支撑和带来保险业繁荣的正是 350 万名保险代理人。

（二）相关概念

保险代理是代理行为的一种，是保险人委托保险代理人扩展其保险业务的一种制度。保险代理人是指根据保险人的委托，向保险人收取佣金，并在保险人授权范围内代为办理保险业务的机构和个人。保险代理人的权利依据于保险代理合同的授权。①

在我国，保险专业代理机构、保险兼业代理机构、保险营销员均可提供保险代理服务。

对投保人而言，保险代理人的价值主要体现在：第一，保险代理人能够利用其专业知识，使投保人更好地了解自身风险状况、风险偏好与各类保险产品的特点；第二，保险代理人通常能够上门为客户提供投保咨询、算价、出单、收费等服务，节省了投保人的精力与成本。对保险公司而言，保险代理人的价值主要体现在：保险代理人能够为保险公司拓宽销售渠道、增加销售人员、提升销售总量、节约销售成本。

保险经纪与保险代理的主要区别在于：第一，委托人不同。保险经纪由投保人进行委托，是基于投保人管理风险的需求、以投保人利益为出发点，而保险代理由保险公司进行委托，是基于保险公司销售产品的需求、以保险公司利益为出发点。第二，服务内容不同。保险代理主要为代理销售，保险条款已由保险公司确定，投保人只能在既定的保险公司和保险产品中进行挑选，故保险代理人不会为投保人提供投保方案拟定、保险合同谈判等前期服务，而风险分析评估等其他前期服务通常也不如保险经纪专业、深入。第三，法律地位不同。保险代理人在代理权限内为保险人的业务代表，两者之间是代理与被代理的关系，保险代理人的过失导致投保人的损失，由保险公司承担责任；投保人与保险经纪人的关系是委托与受托的关系，保险经纪人若因自己的过失造成投保人的损失，则由保险经纪人自己承担责任。

（三）地位尴尬

1995 年以前，我国的保险市场基本上是人保垄断经营的，以财险销售为主，寿险品种到 1995 年前后才出现，当时平安保险首推保险营销模式。1995 年前后，财险和寿险基本分离，保险发展进入"快车道"，而大众保险意识的提升明显落后于保险行业的发展，所以国内最初的保险代理人在很大程度上充当了保险知识的普及者，他们对于保险行业的推动作用，远远大于他们签下保单的那些现金价值。

我国的第一批保险代理人主要有两个来源：一个是刚毕业的大学生，那

---

① 《保险原理与实务》，2010 年版。

时刚刚开始双向选择，不包分配；另一个是我国的第一批下岗工人。这两个群体的共同特点就是充满干劲，前者是为了理想，后者是为了生活。业内人士认为，其实保险代理人的位置一直比较尴尬，他们既不是保险公司的人，又不是纯商人，身份和地位始终没有归属和认同。保险代理人往往只能代理销售一家保险公司的产品，而客户的需求是多样的，从客户角度出发，搭配各公司产品，满足客户多样化需求，成为客户的私人理财顾问，这才是保险代理人的出路。

个人代理人和寿险公司之间本是完全平等的民事代理关系。然而中国的保险公司及其团队，对代理人的管理掺杂了许多带有劳动关系特征的内容，如有的公司向代理人发放固定的"底薪"，有的公司对违反有关规定的代理人实行纪律处分等，结果造成保险公司和代理人之间法律关系的模糊，营销与管理体制严重冲突。在现行体制下，代理人感觉自己好像是保险公司的人，好像又不是。角色的冲突，在现实中使代理人很难从注重长远的角度向客户提供优质的保险服务，结果是大量的代理人只注重业务数量的增长，不注重业务质量的控制，导致保险业整体的服务水平和质量难以得到保证。[①]

现在互联网保险异军突起，传统的保险销售渠道正在被颠覆，互联网保险大有去中介化之趋势。作为专业性和灵活性不如经纪人的保险代理人，在新的时代背景下有被边缘化的危险。如何与时俱进转变观念重新定位自己，是摆在我国广大保险代理人面前的一道现实命题。

三、保险公估

保险公估是舶来品，虽然国际上已经很风行，但在国内却发展缓慢，这不利于行业发展。继续大力推行公估人制度，是国家今后一项重要任务。

（一）起源与发展

1. 世界公估业的发展简况

保险公估人起源于17世纪的英国。

1666年伦敦大火之后，很多建筑物被烧毁，理赔极度专业和复杂化，

---

① 百度文库。

成为产生公估最直接的动力。

1781 年英国，保险理赔工作的高技术含量使保险公司难以应付。查勘工作不但需要丰富的经验，更要求理赔人员具备相应的专业知识、技能和良好的职业道德，能够对保险标的发生损害的原因、程度、责任进行划分，并作出正确合理的判断，提出进一步赔偿建议，并在必要时运用法律手段协助保险人处理赔案。这项复杂的工作对于部分保险公司而言，是一个大难题，权宜之计是将与保险理赔内容相关的各行各业的工程技术人员纳入保险理赔环节，协助保险人开展理赔业务。

19 世纪初，大多数开展火灾保险业务的保险公司都采用雇佣独立的专门技术人员作为其代理人，这类人被称为估价人，是保险公估人的雏形。估价人涉及建筑、测量、估价、买卖、商业及法律等行业，并由此逐渐发展出财产估价公司。随着保险业务的进一步开展和赔案的增多，保险公司因依赖本身雇员及建筑商、测量师等各类代理人处理赔案而导致的串谋骗赔事件屡见不鲜，给保险业的发展带来了极大的损害。

到 19 世纪中叶，英国防火保险委员会在研讨保险人处理各种灾害赔案时，基于上述原因和诸多考虑，认为由保险公司草率赔款实属不当，于是提出由独立的并且具有相应法律地位的估价人负责赔案损失的调查。1867 年，该委员会又进一步提出保险公司在支付赔款时，必须委托独立人提供关于火灾原因的调查报告，使调查结果免受双方关系人的左右，具有客观公正性。从此，雇佣独立公估人作为一种行业习惯被各保险公司接受并沿袭。

1941 年公估人成立了自己的公估师协会，1961 年成为英国特许公估师协会。

2. 中国公估业的发展情况

中国保险公估业的历史可以追溯到 20 世纪 30 年代。1927 年成立了第一家保险公估行——上海益中公证行，到 1935 年，天津有永平公证行、商联公证行，汉口有市商会组织的汉口市保险赔案公断委员会。后来，上海还开设了中国公证行、华商公估拍卖行等。在上海设立的外商公证行有三义洋行、鲁意斯摩洋行、博录公证行、瑞和公证行、远东公证行，天津则有益业等数家公证行。随着中国保险市场的重新建立，20 世纪 90 年代初，保险公估业重回中国保险业舞台。中国保险公估业发展史，可以归纳为初级萌芽、逐渐完善发展和高速发展三个阶段。

（1）初级萌芽阶段。进入 20 世纪 90 年代以后，平安和太保等保险公司宣告成立，结束了中国人民保险公司独家经营保险业务的局面。保险市场主体多元化的形成，拉开了保险市场竞争的序幕。为了赢得市场竞争的主动权，各家保险公司开始重视保险的服务功能，包括保险理赔服务。一些海外公估人受国内保险公司的委托，开始进入中国保险市场，参与保险公司的理赔。当保险理赔遇到专业性强、难度较大的案件时，聘请商品质量检验、技术监督或交通管理部门等，对受损的保险标的进行查勘或定损成了一种通行做法。

1990 年，中华人民共和国第一家现代公估公司的雏形——保险理赔公估技术服务中心在内蒙古自治区正式成立，该机构属于商业性保险公估组织，为保险公估人的设立起到了良好的示范效应。

1993 年 3 月，上海成立了由上海市进出口商品检验局和人保上海分公司合资组建的东方公估行。随着中国保险市场对外开放步伐加快，一些具有保险公估性质的组织也开始在全国一些省市成立，如广州的越泰技术公司。

（2）逐渐完善发展阶段。1994 年 2 月，深圳民太安保险公估有限公司正式注册成立。

1994 年 3 月，天津成立了北方公估行，业务疆域从天津延伸到河北、陕西、福建、内蒙古、台湾等地，受理的险种涉及企业财产险、货物运输险、采油设备险、船舶保险等，服务项目除标的的检验、鉴定、定损、理算外，还包括出口货物的监装监卸。

1995 年 4 月，经上海市科学技术委员会和上海工商行政管理局批准，上海大洋物产公估有限公司正式开业。1996 年 10 月，经中国人民银行上海市分行批准，更名为上海大洋公估行。此间还陆续出现了具有公估性质的组织，如湖北省随州市的保险公安侦探所、广东省深圳市的深圳技术监督评鉴事务所等。此外，安徽省定远县成立保险理赔鉴定中心、河南省南阳市成立保险事故鉴定中心、黑龙江省牡丹江市成立保险理赔鉴定中心、浙江省舟山市成立保险理赔鉴定中心、广州市成立瑞安技术服务部等。

在国内保险公估公司纷纷成立的同时，一些境外保险公估行也看好中国的保险市场，向有关部门申请设立代表处，期盼在未来的保险公估市场占有一席之地，如平量行、麦理伦、汤克等。香港平量行有限公司在广州设立了办事处，从事投资项目及进出口贸易中的保险公估业务，成为第一家在中国内地设立办事处的境外公估人。

（3）高速发展阶段。1998 年中国保险监督管理委员会成立后，出台了一系列保险市场的监管政策，保险公估业正式走上规范的发展轨道。

2000 年 12 月底，中国保险监督管理委员会首次进行保险公估人资格考试。

2001 年，中国保监会首次核准深圳、北京、大连等地 5 家保险公估公司开业，迎来了真正意义上的中国保险公估业。

2006 年，中国保监会正式批准的保险公估机构由 2001 年的 5 家，迅速发展到 244 家，年均增长近 48 家。

随后几年公估机构迅速增长，公估机构从 2007 年全国 260 家发展到 2014 年 337 家。[1]

（二）相关概念

保险公估人指接受投保人或保险公司的委托，以客观公正的角度，向委托人提供保险标的或者保险事故的评估、勘验、鉴定、估损、理算等服务，并按约定向委托人收取报酬的机构。

保险公估可分为事前评估与事后评估。

事前评估主要指在投保人与保险公司订立保险合同前，为投保人或保险公司提供风险调查、分析与评估服务，从而使委托人更好地了解保险标的的客观风险水平，并将其作为保险合同谈判等场合中的参考依据。

事后评估主要指在发生保险事故后，为投保人或保险公司提供客观的事故现场勘验、保险责任认定、损失核定、理算沟通等服务，从而促使保险事故得到公正合理的解决。

（三）重要性

1. 通过公估理赔是国际惯例

由于国外保险公估诞生历史较长，发展也比较成熟，所以国际保险市场早就把通过保险公估人进行理赔作为一种习惯。中国保险业全面对外开放，

---

[1]　数据来源：《中国保险年鉴》。

给保险公估业发展带来了迫切的需求。随着中国对外开放，越来越多的外商到中国投资，同时也把聘请保险公估公司鉴定的惯例带到了中国。中国保险要发展，要跟国际接轨，必须把自己融入国际保险惯例，所以聘请保险公估人进行理赔势在必行。

2. 聘用公估人能提高理赔公信力

保险理赔是保险经营的重要环节，理赔成败直接关乎保险经营的成败。而保险公司既是承保人又是理赔人，直接对保险标的进行检验和定损，这种"既是运动员又是裁判员"的身份做出的结论难以让被保险人信服。而公估人在法律上具有独立性，是不受任何一方左右的第三方，作出的理赔结论自然更有公信力。

3. 聘用公估人是专业化的要求

保险公估人有三个方面的功能：技术专家、保险合同的解释者、与被保险人进行协商和沟通，是资产评估事务所、商品检验局、技术监督所等（仅是技术专家）所不能代替的。

随着保险市场向深度发展，保险覆盖面越来越大，保险的险种越来越多，保险的复杂性越来越强，保险公司积累的风险越来越大，为保证保险公司的稳健经营，承保前的风险评估和承保后的防灾防损工作变得越来越重要，这两项专业性很强的工作都需要保险公估公司的专业服务。

保险公估人的产生普及不只是保险服务专业化的要求，也是社会化分工细化的必然结果，是实现保险市场公正健康的客观需求，是保险市场成熟和完善的重要标志。

（四）发展建议

深圳保险公估引领着全国行业快速发展，原因是当地政府和监管机关的大力支持，保险市场快速增长，公估机构创新经营细分市场找准定位，深圳民间资金充裕，公估机构没有打价格战等。

目前，中国其他地方公估发展存在两个困局：一是自身建设方面；二是社会环境方面。自身建设要狠抓专业提升和完善管理制度；社会环境方面除了政府支持，还要完善规范公估定价，以避免恶性竞争，维护公估行业健康发展。

中国保险公估业的发展需要完善的政府监管与行业自律，需要促进公估业区域的协调发展，需要借鉴国外成熟的经验，制定适合中国国情的发展策略。

中国保险公估公司需要走弱势竞争中的发展战略，注重诚信建设与品牌提升，合理进行分支机构建设与市场开拓，完善人才培养与公估专家网络建设，规范业务系统配套与操作流程。

专栏 1-2

如何坚持公估人的独立性及公平、公正原则

20世纪90年代以来，随着我国保险体制改革的进一步深化和经营机制的转变，保险市场越来越开放、专业化、精细化，保险主体如雨后春笋般蓬勃发展，公估行业也随之应运而生。这些年，保险公司与公估公司两个新兴行业相互扶持、共同成长，二者之间的合作也从此前的陌生逐渐变为了密切与默契，尤其是在专业技术、大灾处理以及对中小型保险公司的服务区域填充上，保险公估发挥了积极的作用。但与西方同业相比，我国保险业在管理、运营上尚处在初级阶段，公估行业更是处于群雄逐鹿、亟待规范阶段。

综观我国保险市场，公估行业目前存在行业认知度、市场化程度双低的行业发展问题。尤其是被保险人对公估的认知度普遍偏低，往往在接受公估服务的过程中连这个行业的名称都记不住，而保险公司更习惯自行查勘定损或风险评估的工作模式。因此，本应服务于保险双方，且市场广泛的公估机构，如今面临着一半客户群体不知公估为何物，另一半客户群体不想请公估的尴尬局面，进而形成公估公司需要单边向保险公司要业务的不良经营模式，以及大众认为公估与保险公司"穿一条裤子"的不良社会印象。

导致以上情况的原因有很多，如何改变目前状况，突破"瓶颈"使公估业得到健康有序的发展，就要求我们对行业定位有明确的认知，即了解市场对公估行业有何需求：对于保险人而言，聘请公估的原因可能会有很多，除了解决自身理赔力量或专业技术需求外，更多的是为解

决纠纷案件或潜在纠纷案件，希望通过聘请公正的第三方，提供公正的意见来缓冲矛盾、解决纠纷；对于被保险人而言就是希望通过第三方公估，提供公正的意见来维护自己的合法权益。从保险双方的诉求不难看出，二者的共通点就在于"求公正"。

在面对国内保险市场发展的大环境下，公估人如何坚持自身的独立性，如何做到公正、公平？有以下几点建议：

1. 亟须司法支持，明确法律定位

2001年，保监会根据保险法制定并颁布了《保险公估机构管理规定》，这一规定的出台不仅使公估机构蓬勃兴起，逐步走上相对规范之路，同时也赋予了公估在保险当事人中担任客观、独立、公平"第三者"的角色，以有效维护保险当事人利益、加快保险赔偿处理速度。但我们通过实际工作发现，《保险公估机构管理规定》仅赋予了公估机构合法经营的权利，却并未能赋予司法鉴定的能力，这就导致了保险公估的"公正"缺乏法律效力。因此，目前在保险纠纷案件的诉讼过程中，法院仅将公估报告作为民事性质的普通鉴定结论看待，而非司法鉴定结论，所以在判决中往往不予采纳。而当公估报告遇到政府的物价局、公证处、资产评估机构等单位出具的相关报告时，更显得很无力。

"公正"，不仅要代表公平，更要具备法律效力，没有公平的公正无法使人信服，但不具备法律效力的公正，却是失去了立足的根本，甚至不能称其为公正。目前，我们觉得公估行业事实上正处于有公平而无法律效力的现状。随着国家法制化社会建设进程的不断推进，被保险人法律维权意识越来越强，保险纠纷与保险诉讼也越来越多，保险公司已不再是原先的"运动员"与"裁判员"双重角色，保险行业亟须一个独立且权威的"裁判员"，这对公估行业是难得的机遇，而根据目前市场需求，这个机遇从某种意义上需要法律去赋予。

在新技术、新模式、新领域的不断创新。目前很多保险公司业务雷同，没有自己的专业特点；公估师也是各个专业的"多面手"、"万金油"，导致多数公估公司没有具有竞争力的拳头专业，核心领域，很难提供有特色、高质量的公估服务产品，导致行业处于过度竞争阶段，出现了很多不良倾向，这对公估行业的发展、保险双方合法权益的维护带来负面影响。

保险公估是一门融合保险知识和各种专业技术知识的技术性行业，随着社会经济的发展和科学技术的进步，保险标的种类不断更新，技术含量不断提高，作为公估人要能走在同行业的前端，就必须要在新的社会经济环境下，快速掌握新技术，开发服务的新模式，对别人还未涉及的新的领域，快速占领，并打造高质量的服务品牌。

2. 防止行业发展中的一些不良倾向

我国保险公估人目前处于发展起步阶段，其市场准入、资格认定、专业培训均有改善的空间，如何让公估行业向好的方向发展，如何保障保险双方的合法权益，作为保险体系内的各个成员都应该尽到自身的一份责任。

防止保险人对公估费的过分压价。在很多保险人意识中，保险公估机构是依附于保险公司而开展业务的，加上公估师市场的竞争，保险人在公估业务中处于强势地位，在公估费核定环节不当砍价的情况十分普遍，导致公估行业难以留住优秀人才，公估从业人员专业素质和综合素质下降，丧失客户信任，影响了行业声誉及保险双方利益。

防止公估人通过客户公关等方式获取业务的不良倾向，这样将无法保证理赔处理的专业性。一方面，该公估人并不一定具备赔案所要求的专业技能，在与被保险人的谈判、沟通中无法得到专业上的尊重，无法准确核定损失，损害保险双方的利益；另一方面，该模式进一步固化了保险相关方对"公估可能不公"的认知，从而导致保险人、被保险人可能均不信任公估，进而影响到公估行业的健康发展。

保险行业的发展需要保险产业链多业态可持续健康发展，公估行业的健康发展，需要保险监管部门、保险公司、公估公司共同支持与努力，我们期待这个行业能够达到一个更高的高度，能够回归创始之初它的本意"公平、公正、公开"。

作者：同昌保险非车公估部经理 王权

四、国内保险中介概况

从 1990 年中华人民共和国第一家保险中介成立至今已经 20 余年，现在我国已经成立了 2500 多家保险专业中介机构，拥有 700 余万的保险营销员。尤其是近些年来，随着我国保险行业的快速发展，以及保险中介在保险市场中作用的不断提升，保险中介公司增速迅猛，注册资本规模大幅上升，业务收入模式稳步提升，建立了多元化的经营模式，受到众多私募公司和风险投资公司的资金关注，我国的保险中介行业正处于成长期。

1. 保费规模上升，专业中介机构潜力巨大

从保费收入看，近年来在我国保险市场，通过保险中介渠道实现的保费收入规模不断上升，其变化情况如图 1-2 所示：

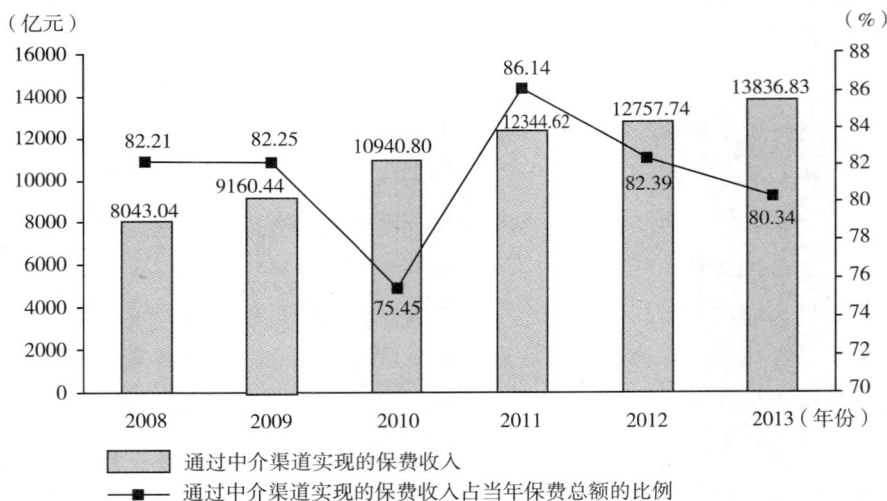

图 1-2　2008~2013 年我国保险中介保费收入情况

资料来源：《中国保险年鉴 2014》。

可见，虽然我国保险中介实现的保费收入持续稳步增长，2009~2013 年的平均增长率达 11.59%，但其占保费总额的比例自 2012 年起却呈现出逐年下降的趋势。究其原因，近年来我国保险中介所实现的保费收入增长主要来源于保费总规模的上升，而监管部门对保险兼业代理机构监管力度的不断增

强使我国保险中介实现保费收入占保费总额的比例逐年下降。但随着保监会通过保险兼业代理专业化，将保险公司和银行、邮政、车商盘根错节的利益关系予以梳理，剥离出一个便于高效管理的代理渠道，保险中介实现的保费收入规模预计将迎来更加迅速的增长。

目前，在保险中介行业实现的保费收入中，目前存在一定的结构性失衡现象；同时，专业中介机构发展落后于营销员渠道和兼业代理机构等非专业中介机构。

表 1-1　保险中介行业实现的保费收入情况

年份	保险专业中介机构		保险营销员		保险兼业代理机构	
	保费收入（亿元）	占比（％）	保费收入（亿元）	占比（％）	保费收入（亿元）	占比（％）
2006	233.27	5.2	2650.88	59.2	1593.36	35.6
2007	357.46	6.2	3193.9	55.1	2242.02	38.7
2008	515.04	6.4	3380	42	4148.46	51.6
2009	573.53	6.3	4126.91	45	4460.65	48.7
2010	844.64	7.7	4682.08	42.6	5464.42	49.7
2011	893.25	7.9	4964.53	43.7	5928.63	48.4
2012	972.56	8.3	5536.46	46.2	6832.35	45.5

资料来源：《中国保险中介市场发展报告（2006~2012）》。

值得注意的是，尽管目前我国保险中介市场的主要保费来源仍然是兼业代理和保险营销员，但保险非专业中介机构存在保险公司监管松散、保险行业协会监督与协调缺乏、违规操作、无权代理、越权代理以及缺乏诚信意识等情况，制约了整个保险市场的发展。在2012年8月的保监会工作会上，专门安排了保险营销体制改革和保险兼业代理专业化工作的专题研究环节。保监会副主席强调"要进一步强化保险公司主体责任，积极履行属地保监局监管职责，逐步扩大探索和试点范围，积极推进兼业代理专业化和保险营销体制改革"。因此，从监管的态度看，兼业代理专业化将是未来的主要趋势。

2. 车险费率改革后，车险业务将升级转型

在保险中介实现的财产保险保费收入中，2013年占比前五位的险种分

别为车险、企业财产险、责任险、意外险、保证险，对应的保费收入分别为
3134.12 亿元、296.86 亿元、161.35 亿元，117.15 亿元、91.50 亿元，其中
车险占比达 76.03%（见图 1-3）。① 可见，车险依然是我国财产保险中介市
场中占绝对主导地位的险种，也是各保险专业中介机构竞争的核心领域。

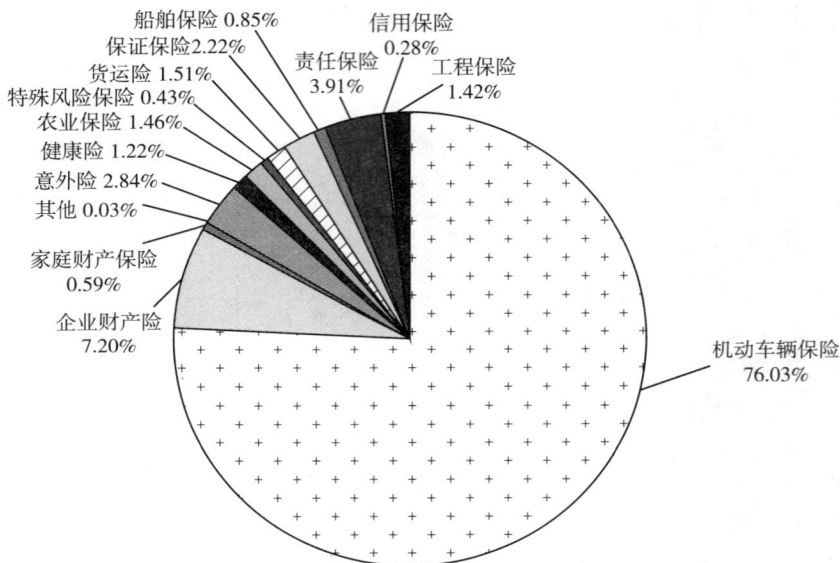

图 1-3　保险专业中介机构在财产领域的业务构成

资料来源：《中国保险年鉴 2014》。

　　由于车险费率机制不够市场化、赔付成本上升、渠道成本上升以及恶性
竞争等因素造成大部分机构处于亏损经营的边缘。2015 年 2 月 3 日，中国
保监会正式发布《关于深化商业车险条款费率管理制度改革的意见》，讨论
已久的车险费率市场化改革正式进入试点阶段，车险费率改革将加大保险公
司的自主定价权，并且允许保险公司自行制定商业车险创新条款。在新的商
业车险条款费率管理体制作用下，商业车险市场竞争将从传统的以费用为主
的竞争转变为以品牌、产品、服务和创新为核心的全方位、多维度竞争，促

① 　资料来源：《中国保险年鉴 2014》。

进保险行业转型升级和消费者权益提升。

3. 保险专业中介机构市场竞争力暂时相对薄弱，但未来趋势利好

近年来，我国各类保险专业中介机构的资本、营业收入、利润均有所增长，这也是行业处于成长期的体现，但仍存在机构规模较小、资本实力偏弱、经营成本较高、盈利能力相对较差的情形。

表1-2　专业保险中介机构的资本和经营状况

单位：亿元

年份	保险专业代理机构			保险经纪机构			保险公估机构		
	资本	营业收入	利润	资本	营业收入	利润	资本	营业收入	利润
2006	14.88	14.13	-2.04	37.08	14.55	1.08	4.81	4.33	0.15
2007	15.75	21.48	-0.48	39.27	20.19	2.21	5.38	7.2	0.23
2008	18.25	33.53	0.041	42.4	26.5	2.14	7.84	11.42	0.37
2009	20.42	44.82	0.84	44.64	33.1	3.51	8.71	11.31	0.37
2010	29.57	63.09	1.98	52.05	43.96	5.71	9.13	11.62	0.44
2011	31.34	87.36	2.35	55.38	56.95	5.93	10.3	12.39	0.52
2012	33.88	102.09	2.95	61.39	63.68	6.47	11.4	13.68	0.75

资料来源：《中国保险中介市场发展报告（2006~2012）》。

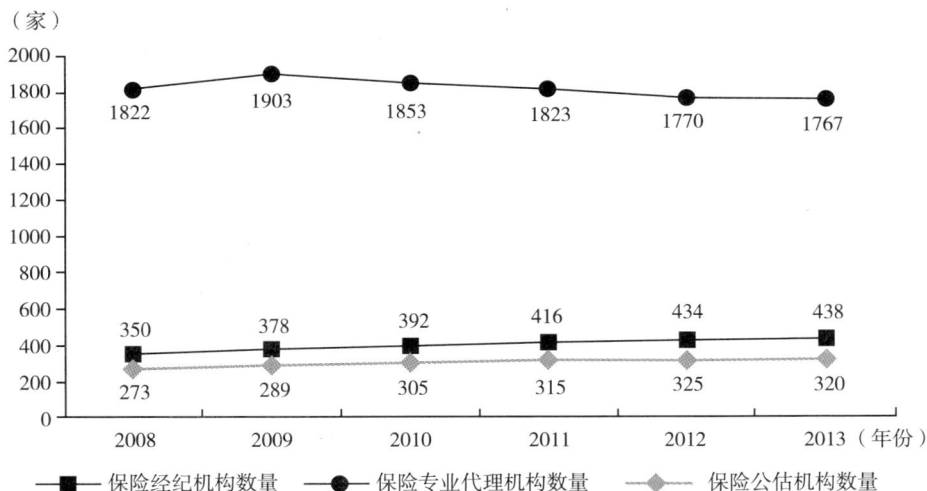

图1-4　2008~2013年我国保险专业中介机构数量变化情况

资料来源：《中国保险年鉴2014》。

（亿元）

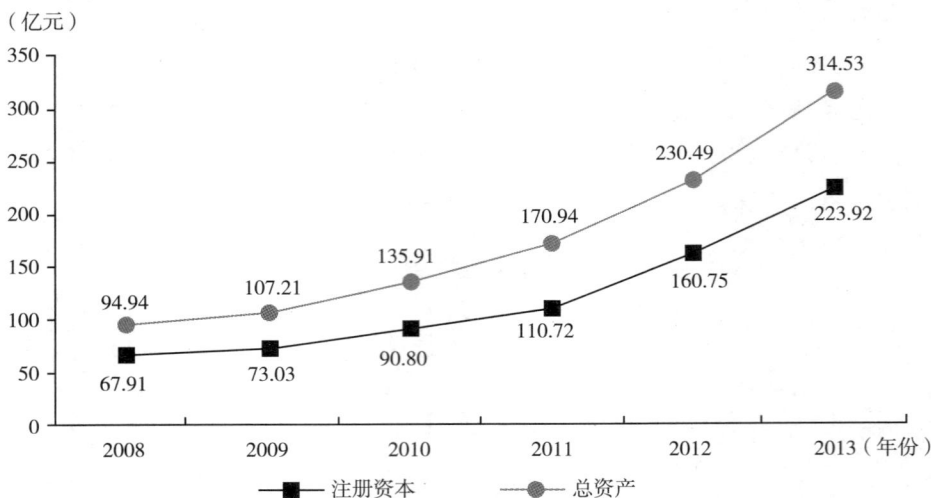

图1-5 2008~2013年我国保险专业中介机构注册资本和总资产变化情况

资料来源：《中国保险年鉴2014》。

可见，近年来我国保险专业中介机构的数量呈现稳中有降的变化趋势，但其整体资本实力呈现出较为明显的逐年上升趋势，而且增长速度较快。这主要是因为我国监管层近年来把建立健全保险中介市场准入和退出机制作为一项重要工作，面对目前保险中介市场"小、散、乱"的现状，保监会一直在引导专业中介向规模化方向发展，并在保险中介市场推出了"严进宽出"的准入政策。早在2012年3月，保监会就暂停金融机构以外的所有保险兼业代理机构资格核准；并在同年6月下发《关于进一步规范保险中介市场准入的通知》，除继续受理保险中介服务集团公司以及汽车生产、销售和维修企业、银行邮政企业、保险公司投资的注册资本为5000万元以上的中介机构外，暂停其余所有的保险专业中介机构的设立许可，保险中介市场的准入门槛再次提高。

以上趋势反映出，我国保险专业中介机构的整体实力正在不断增强，行业内竞争由充分竞争逐步转向寡头竞争，专业化、规模化、市场化、服务创新化的保险专业中介机构将逐渐兼并淘汰其他中小型机构。

4. 保险专业中介市场集中度上升

随着市场准入门槛的进一步提高、监管力度的进一步加强、市场竞争的进一步加剧、资本力量的介入，预计在未来，我国保险经纪、保险代理、保险公估市场的集中度将迅速上升。如泛华保险中介集团 2008 年在纳斯达克上市后，利用资本力量迅速扩张，目前其保费规模已逾百亿元，收入超过 30 亿元；而长安、江泰等保险经纪公司保费规模已达 40 亿元，年收入约 6 亿~7 亿元。

五、保险中介的地位和作用

保险中介是保险市场不可或缺的重要组成部分，是保险市场化改革的必然结果。保险业越发达，保险中介越重要，发达的保险中介市场是保险业走向成熟的标志。

1. 推动保险公司转换经营机制

长期以来，我国的保险企业习惯于"大而全、小而全"的"一条龙"式服务，经营效率低下。保险公司转换经营机制，一方面要靠保险公司自身加快体制改革，完善公司治理结构和加强内部管理；另一方面需要有一个好的外部环境。保险中介市场的发展为保险公司转换经营机制营造了一个有利的市场环境。保险中介机构介入保险产业分工以后，越来越多地承担起保险产品销售和服务职能，这为保险公司将经营重心转移到产品开发、核保核赔以及保险资金运用上、增强核心竞争力创造了条件。

2. 在服务"三农"中发挥重要作用

保险的本质和功能，决定了保险业应该而且可以在社会主义新农村建设中发挥更大的作用。党中央、国务院对"三农"问题非常重视，当前，农村经济仍然比较脆弱，农村社会发展相对落后，农民支付能力还比较低下，如何调动政府、农民和保险公司等有关方面的积极性，为农业生产和农民生活提供保险保障，在服务"三农"的同时合理开发农村巨大的保险市场，对保险中介来说既是一个机遇，又是一个挑战。

3. 促进保险业创新发展

改革开放 30 多年来保险业的发展实践，就是不断创新的实践。保险业每一次大的创新，都带来了行业发展的飞跃。特别是以个人代理为标志的保险营销体制创新、以投资分红产品为标志的新型寿险产品创新、以银行保险为标志的销售渠道创新、以车险条款费率管理制度改革为标志的监管创新、以设立保险资产管理公司为标志的资金管理体制创新等，促进了保险业的跨越式发展。保险中介机构是联系保险公司与广大投保人的桥梁和纽带，在保险产品创新、保险销售渠道创新和保险服务方式创新等方面有自己的独特优势。一方面，保险中介机构市场化程度更高，更加贴近市场、贴近投保人，更了解各行各业、各种机构和各阶层人士千差万别的保险需求，创新的目标更加明确；另一方面，保险中介成立的时间晚，无历史包袱，管理层级较少，体制机制灵活，创新意识强烈。

4. 提升保险业服务水平

过去，保险公司也进行了风险管理探索。与保险公司相比，保险经纪机构在风险管理方面具有天然优势。保险经纪人是投保人的代理人，是投保人利益的代表，具有为投保人提供全面风险管理服务的内在动力。从这几年的实践情况看，保险经纪机构在这方面积累了许多经验，取得了不少成果，风险管理已经成为一些保险经纪公司核心竞争力的重要表现。保险经纪机构大量参与国家重大项目和重点工程建设，从青藏铁路到杭州湾跨海大桥，从西气东输到南水北调，保险中介在重大项目建设风险管理方面发挥了重要作用。一些保险经纪机构开始涉足行业性的风险管理，积极协助政府部门进行社会管理模式改革，为提高社会管理效率，减轻政府负担贡献力量。

六、我国保险中介行业的发展方向

近年来，我国保险中介机构发展较快，但与国外的成熟保险中介机构相比，依然落后，在未来，我国保险中介行业可能的发展方向主要包括：

第一，保险中介集团化。保监会在 2011 年发布的《中国保险业发展"十二五"规划纲要》中提到"支持具备条件的保险中介机构实施集团化改革"，并发布了《保险中介服务集团公司监管办法（试行）》，为我国保险中介集团化指出了发展方向。保险中介集团化有助于保险中介机构吸收更多的社会资本，壮大专业中介的资本实力，推进优化组合，树立专业中介机构的品牌效应，进而显著提升其管理水平与服务专业性，通过吸收、并购等手段解决保险专业中介机构数量多、规模小、议价能力弱、管理混乱、服务同质、专业性低下等问题。

第二，中介服务规范化。通过监管层提升监管力度、企业自身加强合法合规控制与风险控制等途径，促进行业服务规范化、行业经营合规化，从而控制行业风险、保证行业持续健康发展。

第三，从业人员职业化。通过监管层提高从业人员资格标准、企业自身提升人才选拔标准与人才培养力度等途径，建立一批职业素质高、专业能力强、经验丰富的行业人才队伍，以满足保险中介行业未来发展的人才需要。

第四，销售渠道多元化。传统意义上的保险营销渠道主要包括代理人渠道、银行（邮政）渠道、营业部直销、保险代理公司、保险经纪公司和保险兼业代理机构。2007 年，电话销售业务渠道兴起。之后，随着网络的普及，网络销售带来了渠道领域的新突破。2015 年 7 月 18 日，央行、保监会等十部委发布《关于促进互联网金融健康发展的指导意见》中强调了用好互联网在加速推动保险业发展中的重要意义。2015 年 7 月 26 日，保监会出台《互联网保险业务监管暂行办法》，标志着互联网保险时代正式到来。保险行业必将被互联网所改变，多元化的销售渠道将是保险销售渠道的改革方向。

第三节　云南保险市场现状

一、地域特点

作为西南边陲省份，云南省的保险发展较沿海城市稍显落后。车险公估在 20 世纪 90 年代就进入了深圳，却直到 21 世纪初才进入云南。云南有独特的地域特点：偏远山区多，经济总体水平不高，地区经济发展不平衡，人们思想观念保守，对新生事物接受较慢等。当今世界范围天灾人祸层出不穷，云南更是一个自然灾害的多发省份。它地处横断山脉南端，紧靠"世界三大地震带"之一的"喜马拉雅地震带"，和四川一样属于地震高发省份。近年来，省内的大小地震数不胜数，仅 2014 年就先后发生了鲁甸和景谷地震，同年其他严重的自然灾害还包括冰雪灾害、泥石流灾害等，给人们的生产生活和生命财产造成了严重损害！保险在云南大有可为，中介在这里更可大展拳脚。

灾害频发，让云南人的保险意识逐渐增强。另外，国家经济的快速发展让人们生活水平大幅提高，保险需求也随之不断涌现。由于保险市场潜力巨大，各大保险公司也越来越多地聚焦彩云之南，让云南保险市场竞争日趋激烈。

二、行业现状

截至 2015 年 5 月，云南省市场上有省级保险公司 34 家（22 家产险公司、12 家寿险公司）、法人机构 1 家、保险代理公司 104 家，保险经纪公司 17 家，保险公估公司 8 家，保险兼业代理机构 2276 家；云南省 2014 年总保费收入近 376 亿元，赔款支出 150.8 亿元，近几年保费以每年 17% 的速度增长。云南目前约有保险中介营销员约 8.9 万人，最近几年均以 10% 的幅度递增。[①] 但保险中介营销员中绝大部分为保险代理人员，保险经纪人员仅占 1.5%。可见保险中介发展较快，但专业的保险经纪人缺乏。云南的经纪公司中，6 家为本土企业，11 家为省外企业驻云南分支机构。

2015 年，云南省保险市场呈现"增速快、质量好、运行稳"的特点。

一是保险快速增长势头。全省实现原保费收入 434.6 亿元，同比增长 15.6%，保费规模排名全国第 21 位。其中，财产险公司保费收入 217.65 亿元，同比增长 17.33%。保险业为经济社会发展提供了 18.5 万亿元风险保障，赔款与给付支出 173.2 亿元，同比增长 14.8%。

二是承保效益明显改善。财产险公司实现承保利润 3.05 亿元，延续了承保利润逐年增加的良好势头。中介机构主营业务收入 6.93 亿元，同比增长 58.5%；利润 0.18 亿元，同比增长 1.03%。

三是险种结构持续优化。服务实体经济增长的责任保险、信用保险以及保证保险同比增速分别为 23.7%、23.5% 和 21.9%。聚焦民生保障的年金保险、健康保险同比增速分别达 78.5%、24.5%。长期险新单期缴率为 36.1%，业务内涵价值不断提高。

四是行业风险有效防范。辖内保险分支机构退保率、应收保费率均低于

---

① 数据来源：云南省保险行业协会。

全国平均水平，各项风险指标可控，没有发生大的风险事件，保险市场运行安全稳健。①

五是产险较发达，寿险相对弱势。云南地区产寿险比例为7:3，而国内其他地区通常为6:4。

六是大型商业保险基本被省外公司垄断。与外地保险企业相比，云南省内保险企业在关系和技术方面明显处于劣势，故而在大型商业保险项目上竞争力较差。

七是中介行业以代理为主，代理以车险为主，车险竞争以高额手续费为主。省内中介专业经纪人较少，更多的是代理人，竞争通常流于价格战和拼手续费。

但仍应看到，云南保险市场仍存在下述问题：

（一）横向对比行业发展偏缓

近三年来，全省保险业保持了15%以上的快速增长，但增速回落态势明显。2015年全省保费增速分别低于全国、西部4.42个、5.29个百分点，而邻近的广西、贵州增速均高于全国、西部平均水平，分别较云南省高出7.53个、5.41个百分点。②行业在经济下行压力下把握政策红利，发掘新兴动力方面办法不够多，效果不够好。

（二）监管方面有提升空间

2013年8月15日，上海最大的保险中介机构——泛鑫保险代理公司美女高管陈怡携5亿元巨款外逃加拿大，该事件震惊了国内整个保险业。同日，上海保监局发布简要公告："在检查中发现上海泛鑫保险代理有限公司擅自销售自制的固定收益理财协议，上海市公安机关已立案侦查。"2013年8月19日，中国警方与斐济执法部门通力合作，在斐济成功抓获涉嫌经济犯罪人陈怡，并于8月19日晚将陈怡押解回国。

一个典型的庞大骗局由当时上海最大的保险中介公司一手策划，直接体现了行业存在的巨大管理制度漏洞。"泛鑫保险事件"让保险市场杯弓蛇影，至今仍然心有余悸。中国保监会和多地保险监管部门将2014年定为保险中介业务"规范及整顿年"，开展对相关风险的排查。

---

①②　数据来源：云南保监局。

云南保险中介市场近年来外部经济金融环境十分复杂，改革期间政策改动变化较大，从客观上带来了更多的风险隐患。2015年监管部门在检查中发现了诸多具体问题，例如：个别机构、一小部分人利用这个特殊时期"钻空子、捂袋子、使乱子"，钻政策的漏洞，肥自己的腰包，扰乱整个市场；某中介企业在农险上违规违法套取国家巨额财政补贴，获利高达数亿元；某中介公司违规野蛮生长、偷税漏税、非法集资、炒高车险手续费，恶化市场竞争环境；一些公司的营销员甚至个别公司的高管人员牵涉泛亚有色金属交易所事件，或是涉及到非法的民间借贷当中，销售不符合监管要求的非保险金融产品；个别营销人员利用保险从业人员的身份，向消费者推荐和销售不符合监管要求的非保险金融产品甚至是非法产品，由于这些产品具有极高的风险性，极易引起群体性事件；虚构保险中介业务套取资金的情况依然严重，不排除一些资金涉嫌进行不当利益输送等更为严重的违法问题；销售误导问题仍然存在；一些机构通过做假账等方式套取资金，甚至有个别专业中介机构就是空壳的开票公司；中介企业内部管理混乱，部分专业中介机构对下级机构管控不严，有管理制度不执行，甚至个别机构无管理制度；人员素质良莠不齐，部分公司在聘用人员的过程中未进行严格审核，不进行培训，导致所用部分人员不具备最基本的从业要求，不清楚法律要求、监管规定；部分公司信息化建设落后，缺少必要的软、硬件系统；个别公司业务、财务台账不健全，甚至有公司未建立基本台账等。可见省内监管形势严峻，市场情况复杂，进一步提升保险监管已经迫在眉睫。

（三）仍存在粗放式经营现象

尽管当前集约经营的发展理念逐步成为行业发展的共识，但高手续费、高返还的恶性竞争在一些州市仍然存在。部分保险公司发展方式单一，存在销售靠代理，推动靠费用，竞争靠价格的问题。依法合规经营意识不强，虚列费用等数据不真实行为依然存在，甚至一些业务领域还在加剧。部分险种和部分地区不严格执行报批报备的条款费率。人身险公司在个险渠道培育进程中，佣金支出同比增长38.76%，远高于25.53%的个险业务保费增速。

（四）从业人员素质有待提高

保险虽然属于金融行业，却居于行业下游。我国金融行业的人才普遍聚集在银行、证券领域，保险行业中高素质人才不多。这与人们对保险的认识、保险的社会地位、高等院校保险专业设置和人才培养体系等息息相关。

保险行业内人才又普遍集中于各大保险公司，剩下来的才流入保险中介。近年来，保险业发展较快，高素质人才供不应求，造成各保险公司和各保险中介只能降低标准招录人员，从业人员素质参差不齐，对行业长远发展形成制约。主要体现在两个方面：一是保险营销员招录门槛较低，车险、寿险业务日常营销技术含量不高，部分不具备合格能力和素质的人员充斥其中；二是保险中介大都为中小型民营企业，人才缺乏，大都不具备完善的企业管理技能和人力资源管理经验。

（五）产品竞争力体现不够

随着产品费率等市场化改革的不断深化，行业竞争力有所提升，但有效供给不足问题仍然较为突出，一些经济社会发展需要的保险需求没有得到满足。当前保险机构报批报备的产品看似丰富，云南省人身保险公司报备有2850个产品，实则在市场上能够形成业务规模的并不多。人寿保险、健康保险渗透率低，财产保险在重大灾害事故中的赔付占比低，保险机制服务政府治理的参与度不高等问题反映出现实需求未得到满足，市场供需脱节现象严重。

（六）行业营销模式落后

保险行业多年以来一直依靠保险营销员、4S店、修理厂、银行柜台等传统营销渠道；2007年，平安电话销售模式的介入，大幅提升了保险业绩，动摇了传统营销模式；2012年开始，保险的互联网销售逐渐兴起，让大家不得不重新思考和审视关于保险的营销问题。

云南作为我国保险欠发达地区，营销模式生硬落后，营销手段单一粗放。日常展业竞争中，绝大部分企业和营销员均以高额保费返点作为主要的展业手段，保险公司普遍以高额市场费用吸引客户，忽视承保风险和售后理赔服务。另外，云南的保险中介创新不足，竞争手段单一，利润薄弱。近年外面不断吹来的保险营销新风，慢慢改变着云南的保险营销方式，保险公司在改变，保险中介也在改变。

（七）防范风险的能力跟不上

随着内外部环境的变化，行业风险类型、风险规模、诱发因素和传导途径越来越多。当前在宏观经济下行压力下信用风险已经开始向保险业传导。

2015 年云南省信用保险赔付支出同比增长了 11.22 倍，出现了国内贸易险、短期出口险赔案集中爆发的情况。随着商企、个人贷款违约率升高，2015 年出现保证保险赔案集中爆发的情况。随着商企、个人贷款违约率升高，2015 年保证保险赔款支出呈爆发式增长，赔款总额 1.17 亿元，是 2014 年的 4.21 倍，[①] 保证保险业务的风险苗头开始显现。

三、中介市场发展情况

云南保险市场不成熟，保险中介存在不少问题。云南保监局的监管态度明确：支持优秀的、有良好社会反响、被客户认可的保险中介；反之严厉打击误导客户、违法违规的保险中介；要进一步强化中介市场准入准出制度，鼓励中介公司建立合法、真实和透明的企业制度。2015 年云南保险中介呈现以下特点：

（一）自身实力有所增强

2015 年专业中介共计实现保费 21.06 亿元，比上年同期增长 20.09%，占全省保费的 4.85%。资产规模 2.68 亿元，同比增长 6.30%；行业实现净利润 1829.91 万元，同比增长 1.03%。保险中介渠道依然是最主要的销售渠道，以人身险为例，保险中介渠道贡献保费占比超过 83%，其中，银邮类兼业代理机构共计实现保费 61.59 亿元，占整个寿险的 28.3%。中介从业人员由 87488 人增长到 136179 人，全年增长 55.65%。

（二）增速超过行业和全国平均发展水平

从全省保险行业看，专业中介渠道 20.09% 的增速高出行业增速 4.49 个百分点；从全国保险专业中介市场发展情况来看，截至 2015 年底，保险专业中介机构实现保费 1700 多亿元，同比增长 6.21%，同期云南省 20.09% 的增速要高出全国平均水平 13.88%；与相邻的广西、贵州相比，云南"量"、"速"兼具，2015 年度保费规模为 21.06 亿元，远超过广西的 10.4 亿元和贵州的 1.43 亿元；20.09% 的保费增速也高于广西的 6.85%。

（三）保险中介市场主体稳步增加

截至 2015 年末，云南省共有保险专业中介法人机构 35 家，其中代理机

---

① 数据来源：云南保监局。

构 26 家, 经纪机构 5 家, 公估机构 4 家; 驻滇保险专业中介机构 40 家, 其中代理机构 19 家, 经纪机构 17 家, 公估机构 4 家; 保险兼业代理机构 6251 家, 其中银邮类兼业代理机构 4604 家, 车商类兼业代理机构 570 家, 其他兼业代理机构 1077 家。

2015 年云南保险中介市场取得了可喜的进步, 但仍存在以下不足:

一是资产规模较小, 盈利能力较差。全国保险专业中介机构总资产已突破 400 亿元, 同比增长 17%; 净利润 17.38 亿元, 同比增长 3.14%。同期云南这两项数据增幅分别为 6.3% 和 1.03%, 远低于全国平均水平, 截至 2015 年底, 全省专业中介总资产规模仅占全国的 0.67%, 利润占比 1.04%。云南专业中介机构合计资产 2.68 亿元, 多于广西的 2.28 亿元和贵州的 0.62 亿元, 但平均单个机构资产规模 765.71 万元, 低于广西的 814.29 万元。相较于四川省专业中介法人机构全年实现保险 57.61 亿元, 主营收入 13.42 亿元, 资产规模 11.44 亿元来说, 仍有非常大的差距。①

二是发展不平衡, 两极分化严重。主要体现在业务、产能、区域三方面:

(1) 业务结构不平衡。云南省专业中介机构业务来源绝大部分是财产险, 仅车险业务就有 14.52 亿元, 占专业中介机构总保费的 68.95%, 结构的失衡导致了发展不均。

(2) 机构产能不平衡。四川的专业代理法人机构 70 家, 2015 年实现保费 54.86 亿元, 平均每家 0.78 亿元。相比之下云南 26 家代理机构实现保费 17.07 亿元, 平均每家仅为 0.65 亿元, 排名前 5 家的代理机构年安销售、合众代理、英茂销售、亿言九鼎、同昌代理合计占总份额的 80%, 其余 21 家代理机构一共实现保费不到 3.5 亿元, 机构产能分布呈现典型的 "二八" 态势。②

(3) 地区发展不平衡。专业中介机构业务大部分集中于昆明地区, 其余地区专业中介业务在当地保险业务中占比均低于全省 4.85% 的平均水平, 75 家法人和省级分支机构中, 仅有 1 家省分公司设立在昆明以外的州市, 保险中介在地区之间的发展严重不平衡。

---

① ② 数据来源: 云南保监局。

三是专业能力与发展需求不匹配。云南保险中介的专业化在保险产业链中的核心价值没有体现出来，专业能力与保险业发展需求不匹配。全省 35 家法人机构中只有 4 家机构具有一定的专业风险管理能力，能够提供查勘定损、协助理赔、风险咨询及风险评估等服务，其余中介机构只是简单地销售保险产品。

四、前景展望

这里主要结合国家战略和云南实际，对本地保险发展前景作简单描述。

（一）国家发展战略

1. 十八届三中全会为保险业发展奠定了基础

十八届三中全会是在我国改革发展的关键时期召开的一次十分重要的会议。习近平总书记在会议上发表了重要讲话，会议审议通过的《中共中央关于全面深化改革若干重大问题的决定》，吹响了新时期全面深化改革的号角。其中，明确指出要建立巨灾保险、农业保险、健康和养老保险，通过保险经济补偿机制完善大灾风险分散机制，构建全方位的农业风险管理体系，大力发展商业健康和养老保险，为城乡居民提供多样化保障服务。

2. 2014 年中央一号文件为农业保险跨越式发展指明了方向

2014 年中央一号文件明确提出要加大农业保险支持力度，提高中央、省级财政对主要粮食作物保险的保费补贴比例，逐步减少或取消产粮大县县级保费补贴，不断提高稻谷、小麦、玉米三大粮食品种保险的覆盖面和风险保障水平；鼓励保险机构开展特色优势家产品保险，有条件的地方提供保费补贴，中央财政通过以奖代补等方式予以支持；扩大畜产品及森林保险范围和覆盖区域；鼓励开展多种形式的互助合作保险；规范农业保险大灾风险准备金管理，加快建立财政支持的农业保险大灾风险分散机制；探索开办涉农金融领域的贷款保证保险和信用保险等业务。作为农业保险大省，云南同样受惠。

3. 沿边金融综合改革试验区为保险业创新发展注入活力

2013 年 11 月，国务院批复同意人民银行等 11 个部委联合印发的《云南省广西壮族自治区建设沿边金融综合改革试验区总体方案》，极大地推动了云南进出口信用保险，为云南与东盟南亚各国经贸合作提供了制度保障；将推动小微金融贷款保证保险或信用保险，为云南小微企业发展提供制度保障；将推动农村小额信贷保险，为农村发展提供风险保障，创新农村金融发展模式；将推动云南地震保险、农业巨灾保险等保险产品发展，为人民抵御灾害提供制度保障；将进一步推动云南保险资金应用的优惠制度，拓宽保险资金运用范围。

（二）云南省政策环境

"十三五"时期是云南省实现科学发展、厚积薄发、奋力崛起的重要机遇期，也是云南保险业快速发展、全面转型的关键时期。云南保险业面临有利的发展机遇，具备巨大的发展潜力。

1. 云南省政府高度重视保险业发展

云南省委、省政府越来越关注保险业的发展工作，越来越希望利用保险机制促进社会风险管理和公共风险保障服务创新，越来越重视研究出台促进保险业发展的政策措施。省委、省政府领导明确要求各州市领导要学保险、懂保险、用保险，保险业要全面服务云南经济社会发展。云南保监局将配合云南省各级政府及各部门积极推进落实中国保监会和云南省人民政府签署的合作备忘录，努力营造保险业发展的良好环境，推动相关领域保险工作。积极支持保险机构开拓创新，着力构建体系健全、功能完善、创新活跃、运行健康的区域保险市场体系。

云南省十二届人大四次会议审议批准的"十三五"规划纲要，明确提出云南省要在与全国同步全面建成小康社会的决胜期，走出一条跨越式发展的路子。保险业要在这一进程中，积极探索服务新领域，创造新模式，走出保险业与经济社会的互促共进之路。

一是要在加快高原特色农业现代化建设中有所作为。2020年全省农林牧渔业增加值要在现有2098亿元规模基础上，达到3000亿元以上，全省森林覆盖率要在现有55.7%的基础上，达到60%。这为保险业提升支农惠农水平，实现涉农保险扩面、提标、增品，奠定了良好的基础。

二是要在推动产业优化升级中有作为。冶金、化工、建材、轻纺等传统产业的工业技术改造，现代生物、新能源、新材料、先进装备制造和节能环保等新兴产业的培育，生产性、生活性服务业的加快发展，首台（套）重大技术装备、关键零部件首批次应用保险补偿机制试点，为保险业服务实体经济，挖掘发展新动力，打开了空间。

三是要在加快推进新型城镇化中有作为。在加快农业转移人口市民化的进程中，2016~2020年，全省将累计转户500万人左右，其中引导250万人在中小城镇就近就地城镇化，促进150万人在城镇稳定就业和生活的人落户城镇，通过100万人通过棚户区、城中村改造改善居住条件实现城镇化。保险业要把握好城镇化进程中释放的保险需求，积极作为，为提高新型城镇化质量做出贡献。

四是要在加快生态文明建设中有作为。在以加大环境治理力度、大力促进低碳循环发展、深入推进"七彩云南"为重要抓手的生态文明建设中，保险业要采取切实可行的推进措施，加快"绿色保险"发展，努力参与到生态建设的民心工程中。

五是要在建设面向南亚、东南亚辐射中心中有所作为。在主动服务和融入国家"一带一路"倡议，以南亚、东南亚为重点方向，围绕贸易畅通、资金融通，全面提升开放合作层次和水平的进程中，要充分发挥保险机制规避风险、促进融资、开拓市场的积极作用。

六是要在构筑现代基础设施网络建设中有作为。在服务国家开放战略，推动云南发展和开放的路网、航空网、能源网、水网、互联网5大基础网络建设中，仅2016年基础设施投入计划就达1130亿元，这既需要保险业提供专业的风险管理和充足的保障，也给保险资金运用搭建了新平台。

七是要在脱贫攻坚战中有作为。2020年，全省574万农村贫困人口要如期脱贫，88个贫困县要全部摘帽，476年贫困乡（镇）、4277个贫困村要出列，扶贫攻坚任务艰巨。目前，全省88个贫困县均有保险机构，但其中11个县仅有1家产险机构，6个县仅有1家产险和1家寿险机构，保险服务在贫困地区的机构间、地区间发展不平衡。扶贫工作是当前各级党委政府的首要政治任务，全行业要充分认识到扶贫工作的重要意义，在"精准"上做文章、见成效。努力提高贫困地区农业保险、贷款保证保险覆盖面和保障程度，力争实现大病保险全覆盖。加大投入力度，机构设置要与扶贫工作有机结合，健全贫困地区保险服务网络，提高贫困人口保险服务的可获得性和便利性。争取总公司加大对贫困地区重大基础设施项目建设的资金支持力度。

2. 云南省政府大力推动云南地震保险

在云南省政府的大力支持下，中国保监指导云南保险业积极开展建立地震保险制度的可行性研究，拟于近期在楚雄州试点民房地震保险工作。2013年10月，在保监会与云南省政府的指导支持下，云南保监局与省地震局、民政厅以及有关保险公司成立了专门项目组，提出了云南省地震保险试点方案，探索建立政府主导、市场运作、财政支持、非营利性的地震保险制度。云南省政府拟适时出台规范性文件，将地震保险纳入全省防灾体系。

2015年8月23日，全国首个政策性农村房屋地震保险试点在云南大理州启动，大理州人民政府与诚泰财险、人保财险、平安财险、大地财险、中华联合、中再财险6家公司签署战略合作协议。①

3. 大通道优势下的保险业机会

云南作为中国通往东南亚、南亚的重要陆上咽喉要地，紧紧围绕"建设中国连接东南亚、南亚国际大通道"的目标，全面推进互联互通公路、铁路、航空和水运及管道交通建设，计划建成四通八达的高速公路网、八入滇四出境的铁路网和3小时航空圈的国际航空港，将形成以昆明为枢纽结点，内连我国大西南、中南地区和东南地区，外连东南亚、南亚国家的大交通。在此基础上，进一步推动能源大通道、物流大通道、信息大通道和人民币资金结算大通道建设，把昆明建设成区域性的国际性信息枢纽、国际金融中心和国际物流中心。特别是澜沧江—湄公河国际航运，成为中越、中老、中泰等国家在交通运输、水能与生物资源开发、环境保护等方面合作的典范。

4. 金融格局优势

云南沿边金融综合改革试验区建设于2013年11月26日正式启动，试验区范围包括云南省的昆明市、文山州、红河州、保山市、西双版纳州、临沧市、普洱市、怒江州、德宏州9个州市。以逐步增强人民币在东盟和南亚国家的竞争力、影响力和辐射力为思路；经过五年左右的努力，使云南省、广西壮族自治区与东盟和南亚国家经贸金融合作关系更加紧密，对周边地区国际影响力不断增强为目标。形成"一心两区"联运发展金融新格局。以

---

① 数据来源：《云南信息报》。

昆明区域性国际金融中心打造构建为龙头主题引领、沿边金融综合改革试验区改革卓新为动力主线贯穿、昆明泛亚金融产业中心园区培育建设为物理主体承载（简称"一心两区"）联运发展金融新格局。"一心两区"建设既是云南当前推动金融业全面深化改革的总布局、总核心、总抓手，更是云南推动沿边对外开放的总关键、总枢纽，将加速推进云南成为中国西部地区新的经济增长极，成为泛亚区域经济发展中心的火车头，促进以云南为中心的泛亚区域大开放、大合作。云南保险业将如虎添翼。

国家关于云南省参与"一带一路"、长江经济带和建设面向南亚、东南亚辐射中心的重大战略部署，为云南保险业发展带来了重要机遇。要着力参与沿边金融综合改革试验区，昆明区域性国际金融中心，瑞丽、磨憨国家重点开发开放试验区等建设。要着力发挥出口信用保险促进外贸稳定增长和经济转型升级的作用，抓好重大标志性项目承保，用好国家大型成套设备出口融资保险专项安排政策，加大对云南优势产品出口的支持，有效提升小微企业国际竞争力，帮助省内企业解决"有单不敢接"、"有单无力接"问题，切实服务好国家对外开放总战略。要着力探索跨境保险业务创新，逐步建立双边及多边跨境保险合作机制。要着力支持地方保险公司法人机构"走出去"，加强与国际市场的对接，开展与主业相关的投资和资本运作。同时要积极引进优质人才、机构、资本、技术和管理等，促进省内保险机构经营管理水平提升。

专栏 1-3

关于"一心两区"

"一心两区"建设主要特色是推动云南沿边金融和跨境金融的发展，这需要打破和整合云南沿边海关、外汇管理、商务、边防、质检、外事等部门分散管理的模式，构建相对完善的外事管理体系，提高边防管控和出入境管理能力，形成通关便利化，促进区域国际贸易、国际投资的增长，促进人员国际交流往来与互访，推进云南物流大通道、资金大通道和信息大通道的建设。

　　"一心两区"将提高国家支持沿边地区开放优惠政策的综合利用度，特别是为互联互通的大通道建设提供巨额的资金支持，加速社会资本的积累，促进云南及泛亚区域的区位优势、资源优势、人文优势、区域合作优势转换成为现实生产力，形成互惠互利、互利共赢的发展态势。

　　"一心两区"将在金融领域推进云南与周边国家开展双边、多边区域次区域开放合作，率先试点自由贸易区建设的部分优惠金融政策，加快综合保税区、海关特殊监管区、边境（跨境）经济合作区的整合，为建立符合国际惯例的沿边自由贸易园区奠定基础。

　　"一心两区"将通过国际金融开放合作，推进泛亚区域沿边重点口岸和边境城市建设，加快打造面向周边国家的特色外向型产业群和产业基地，加快建成周边一体化合作带和睦邻友好带，加快形成与周边国家优势互补、分工协作、均衡协调发展的开放格局。

　　作为我国的南疆，云南拥有区位、农业资源、旅游资源、生态资源、科教资源五大发展优势，面临基础条件日趋完善、服务和融入国家发展战略、得到国家重点支持等重大发展机遇。云南保险业必须主动服务，融入国家"一带一路"和长江经济带发展战略，锐意进取。"江南千条水，云贵万重山。五百年后看，云贵胜江南。"① 云南的保险业发展前景广阔，令人期待，保险中介也面临着诸多历史机遇。

五、同昌保险的区域地位及优势

　　本书所要考察研究的同昌保险经纪股份有限公司（以下简称"同昌保险"或"同昌"）属于云南省民营企业，现先对其作个大致的认识：

（一）区域地位分析

　　同昌保险目前业务主要集中在云南省内，2015年省内保险专业中介机构共有45家，同昌在其中的地位如表1-3所示。

---

　　①　刘伯温诗句。

表 1-3　2014 年云南保险专业中介机构保费收入前十名单位经营情况

单位：万元

排名	公司	保费收入	合计主营业务收入	其中：（1）代理业务收入	（2）经纪业务收入	（3）公估业务收入
1	云南年安保险销售服务有限公司	71387	19986	19986	0	0
2	云南同昌保险经纪股份有限公司	35835	10312	1118	8667	527
3	云南合众保险代理有限公司	10503	3135	3135	0	0
4	云南英茂汽车保险销售服务有限公司	10399	1929	1929	0	0
5	云南顺安保险销售服务有限公司	8339	1318	1318	0	0
6	云南博联保险经纪有限公司	6328	1329	0	1329	0
7	云南珺安保险经纪有限公司	5527	1831	0	1831	0
8	云南友联保险经纪有限公司	4485	497	0	497	0
9	云南千益保险代理有限责任公司	3355	396	396	0	0
10	云南高胜保险经纪有限公司	1988	275	0	275	0

资料来源：云南保监局。

2014 年，在云南省内保费收入前十名的保险专业中介机构中，同昌代理业务收入位居第五，经纪业务收入位居第一。具体分析如下：

（1）除同昌保险外，其他保险专业中介机构大都只经营保险代理或保险经纪中的一项业务，不同于同昌保险"以经纪业务创造利润、以代理业务扩张规模、以公估业务提升服务"的集团型发展模式。

（2）同昌保险的保险代理业务不单纯以价格竞争作为主要手段，更注重于服务创新和售后服务。在销售渠道铺设上，除为了提升客户满意度设立固定分支机构外，对其他销售渠道的投资相对谨慎。因此，公司对销售人员的营销费用支出相对较小，未产生大量渠道费用负担。保险中介的保险代理业务收入中，主要以车险代理销售为主，车险费率改革全国推行后，公司凭借多年积累的保险经纪业务经验、保险公估服务质量，在保险公司佣金率预期下降的背景下，同昌保险将会获得更多的车险市场份额。

（3）同昌保险通过保险代理、保险公估业务扩大市场占有率、行业知名度和客户黏性，如果公司未来保险代理业务持续增加，为公司实现高利润的经纪业务收入规模也会相继增加，公司的盈利能力将得到持续的提升。

另外，根据同昌保险的战略规划，为体现服务优势、增加客户黏性，同昌公估目前主要以服务保险代理、保险经纪客户为主，提供诸如现场驻守、定期巡查、保险业务知识培训、风险督导、整理风险数据、制作风险分析报告等业务，并针对现有保险经纪客户免费服务。加之公司"及时赔"业务市场占有率有待提升，边际贡献有限。受以上因素影响，公司公估业务盈利能力有很大提升空间。

未来三年内，在同昌保险代理、保险经纪业务得到巩固后，公司将通过持续增加的保险中介市场份额和签约顾客数量、继续研发并推出类似"及时赔"一类的创新型服务产品，提升公估服务的附加值；通过"及时赔"业务顾客的增加，扩大公估业务边际贡献。从而提升公估业务的盈利能力，最终夯实公司保险中介集团化发展的基础。

（二）竞争优势

作为省内首屈一指的保险中介，同昌保险在很多方面拥有独特的竞争优势。

1. 注重服务质量提升、服务模式创新

在如今保险中介服务同质化、市场价格战频发的背景下，"及时赔"是同昌保险注重服务质量提升与服务模式创新的具体体现。"及时赔"改变了广受诟病的传统车险理赔模式，击中了客户的消费痛点，使车主的车险购买行为逐渐由价格导向转变为服务导向。

同昌保险能推出"及时赔"服务，是因为公司拥有成熟、技术完善的公估团队，稳定的现金流量，快速的决策程序，以及标准化工作流程和防范资金使用风险的严格程序等。

2. 业务结构全面，抗风险能力较强

同昌保险是国内为数不多、云南省内唯一的主营业务涵盖了保险经纪、保险代理、保险公估三个板块的集团化保险专业中介机构。同昌保险车险业务的规模量较大，2013 年、2014 年的车险业务量分别达到 6.8 万辆、7.28 万辆，保费收入规模分别达到 2.74 亿元、2.54 亿元。除此之外，同昌保险非车险业务险种涉猎广泛，如与云南省各大高速公路的建设指挥部、云南机场集团有限责任公司、中国东方航空云南有限公司、中国移动通信集团云南

有限公司、中国联通网络通信有限公司云南省分公司、云南省工程建设总承包公司、瑞丽江一级水电站等投保人开展针对公路建设、机场民航、通信、建筑、水电等行业的保险经纪业务。规模较大的车险业务以及险种全面的非车险业务，为公司提供了应对行业政策变化以及经济波动的抗风险能力。

3. 拥有稳定的管理团队和核心业务团队

保险中介行业属于人才密集型行业，人力资源数量与质量以及团队的稳定性对保险中介机构的持续发展至关重要。通过多年经营，同昌保险目前已拥有一支稳定、专业的业务销售团队和公估服务团队。公司现有的管理层、核心业务人员、中层管理人员等核心人员一直保持稳定，大部分人员从公司成立伊始就在公司任职。

4. 特色企业文化与激励机制

保险中介行业人员流动性较大。为保证人员的稳定，降低流失率，公司实施"以感情为基础、以股权为纽带，以价值为核心"的企业文化与激励机制。在企业文化方面，公司设立"幸福办"，由员工投票选举"首席幸福官"作为公司监事，监督公司管理层的规范运作，听取员工意见并为其解决工作和生活中的困难，提高员工及家属福利政策，提升员工幸福感；在激励机制方面，坚持员工持股制度，公司股东中的昆明"及时赔"、同和盛世、恒量经贸均为员工持股平台，公司员工中凡是符合入股条件的，公司均鼓励其入股，使员工能够分享公司发展成果、承担公司发展责任。在上述企业文化与激励机制的作用下，公司自成立以来，一直保持着较高的人员稳定性，近三年普通员工流失率为 6.56%，远低于云南省保险中介行业 23.6% 的平均水平①。

5. 品牌优势明显

经过同昌保险多年的优质服务所积累的品牌口碑，目前同昌保险——"及时赔"品牌在云南省内投保人，尤其是私家车车主中，已具备了较大的影响力，2013 年、2014 年、2015 年"及时赔"车险的投保车主分别达到 6.8 万人、7.28 万人、7.79 万人，呈逐年递增趋势。

6. 成熟的商业模式

同昌保险核心团队自创业开始，积累十余年的行业从业经验，已经形成

---

① 数据来源：云南省保险行业协会。

了一整套涵盖盈利模式、采购模式、销售模式、售后服务模式、定价政策、收款政策等在内的成熟商业模式，同昌保险的过往业绩及取得的行业地位也充分印证了公司的商业模式具有成熟及可持续性，足以支持公司的持续稳健经营。

7. 云南省内完善的营销渠道和行业地位

通过多年经营，同昌保险已在云南省内铺设了完善的营销渠道。截至2015年底，同昌保险分支机构已覆盖云南全省，并与多家保险公司建立了长期稳定的合作关系。

在云南省内，同昌的营销渠道优势明显，表1-4为省内前十名保险中介机构分支机构数量对比情况。

表1-4　2014年云南保险专业中介机构保费收入前十名单位分支机构情况

排名	公司	保费收入（万元）	保险经纪分支机构（个）	保险代理分支机构（个）
1	云南年安保险销售服务有限公司	71387	0	16
2	同昌保险经纪股份有限公司	35835	17	1
3	云南合众保险代理有限公司	10503	0	8
4	云南英茂汽车保险销售服务有限公司	10399	0	12
5	云南顺安保险销售服务有限公司	8339	0	1
6	云南博联保险经纪有限公司	6328	1	0
7	云南珺安保险经纪有限公司	5527	1	0
8	云南友联保险经纪有限公司	4485	0	0
9	云南千益保险代理有限责任公司	3355	0	0
10	云南高胜保险经纪有限公司	1988	1	0

资料来源：云南保监局。

众多分支机构的设立，使同昌可以提供优质、细致、近距离的服务，满足顾客的服务需求，增加了客户的黏性，使公司在未来保险中介行业向服务导向转型的过程中提前赢得了先机。

通过健全的分支机构设置和优质的服务，同昌保险在云南省内市场树立了较好的口碑和品牌影响力，并在各种活动中多次斩获荣誉。①

　　8. 企业管理规范

　　因为拥有稳定的管理团队和成熟的管理制度，同昌企业管理比较规范，各方面流程较为完善，正如一个上好发条的钟表，能稳定有序地运行，2015年成功登陆"新三板"是最有力的佐证。这无疑为公司的发展提供了坚实保障。

　　以上简要对同昌保险作个了解，接下来让我们对同昌保险追根溯源，对其方方面面作全景式的探究。

---

　　①　包括云南省人民政府金融办公室颁发的云南省 2011 年"最佳保险中介品牌奖"，2012 年"高效理赔服务奖"，2012~2015 年"最佳保险中介机构奖"和 2015 年度保险行业大奖等荣誉。

第二章　蹒跚起步，草根成长

一个企业的起步通常很艰难，发展历程很曲折。尤其作为一个草根民营企业，同昌保险的发展更是充满了难以言尽的艰辛，其历程大致分为：起步加盟时期、独立经营时期、加速发展时期。

第一节　起步加盟时期（2002～2005年）

加盟江泰是同昌保险的起点。同昌保险初涉保险经纪领域，刚起步常常是"摸着石头过河"，难免磕磕碰碰。但随着业务的开展推进，实际展业的磨炼，加上不断地学习，让员工积累了从业经验逐渐成长。云南的保险市场发展，呼唤保险经纪人的诞生，国家经济建设需要保险中介充分发挥作用，在此背景下，同昌保险的顺势成立成为必然。公司凭着脚踏实地的耕耘，最终开拓出了一片天地。

一、初识经纪人江泰

国内1995年颁布的《保险法》对保险经纪人的合法地位给予了明确。1998年2月16日，中国人民银行公布了《保险经纪人管理规定（试行）》，标志着我国保险经纪业务活动及监督管理开始走上正轨。1999年全国举办了第一次经纪人资格考试，国家开始重视保险中介的发展。

1999年12月16日，经中国保监会批准，北京江泰、上海东大、广州长城三家全国性保险经纪公司开始筹建。自此，中国保险经纪行业开始比较规范地发展起来。

2002 年中国保险经纪尚处于起步阶段，当年刚从中国人民保险公司昆明市公司辞职的范吉智敏锐地看到了保险经纪发展的巨大前景，毅然决定做保险经纪。然而当时的市场环境，保险经纪准入门槛高，市场监管严格，牌照申领困难，遂萌生加盟的想法。

范吉智，1991 年大学毕业进入昆明市统计局城调队工作，1993 年 6 月调入中国人保财险昆明市公司，因不安于现状于 2002 年离开人保踏上创业之路。他上学时任班干部，思想活跃，不循常法，表现出众；工作后踏实勤奋而又充满激情，思维新颖，好学习有担当，重情重义重责任，对未知世界充满强烈的好奇心。

早在 1997 年，范吉智就曾超前意识到中国即将进入汽车时代，和朋友一起合伙成立了"昆明市南方之友汽车俱乐部"，以吸纳会员的形式提供车辆救援服务，小试牛刀探索做企业的经验，虽然做得不太成功，却因此组建了一个志同道合的创业团队。

确定以加盟的形式做保险经纪后，范吉智便开始四处考察，寻找合适的加盟对象。当时全国还没几家保险经纪公司，他很快把目光锁定在江泰经纪公司身上。"江泰保险经纪有限公司"（以下简称"江泰"）于 2000 年 6 月 16 日在人民大会堂率先举行了揭牌仪式，正式成立。作为中国第一家保险经纪公司，当时引起了国内外的广泛关注，外电评论说"江泰公司的成立标志中国保险经纪市场正式启动"。此后，"上海东大保险经纪有限公司"和"长城保险经纪有限公司"两家经纪公司相继成立，到 2002 年，中国的保险市场已经拥有 3 家保险经纪公司。

2002 年，公司团队多次往返于云南和北京之间，主要是对江泰进行全面考察，和江泰相关负责人进行交流沟通，并了解加盟的条件和要求。江泰遵循保险经纪公司"四五六"发展战略：四是指"四大商业功能"，风险管理专家、保险采购行家、保险索赔能手、投资理财顾问；五是指"五大核心竞争力"，组织竞争力、市场竞争力、技术竞争力、服务竞争力、文化竞争力；六是指"六大市场定位"，大企业、大项目、大机构，高科技、高风险、高效益。

通过全面了解后，公司团队决定加盟江泰。经过几轮细致谈判，最终双方就加盟事宜达成一致。2002 年 7 月，公司正式加盟江泰，并成立了"江泰保险经纪有限公司云南客户服务六部"（以下简称"客服六部"）。除了为江泰总部在云南的项目提供售后服务外，自己也独立开展经纪业务。从此，公司团队正式踏上了保险经纪之路。

江泰在云南主要开展非车经纪业务，客服六部继承了这一做法。非车经纪业务的开展，对员工的个人能力要求较高：需要较为全面的保险知识、需要较高水准的与大客户沟通的能力、需要一定的文案写作能力以及服务能力等。面对完全陌生的领域，客服六部的部分员工感到无所适从，出现辞职走人的情况。究其原因主要是无法适应公司的发展需要，不善于改变调整，无法找到在新模式下对自身的准确定位。

客服六部没有被暂时的困难吓倒，与生俱来的坚韧让他们迎难而上，边学边干，边干边学。江泰总公司也给予了应有的支持，派人对客服六部进行培训，并在实际工作中帮扶传带。

保险非车经纪业务的展业方向，是各行各业中可保的企业风险以及各类企业和项目的保险需求。2002 年，云南省正处于公路建设的大发展时期，云南省在建或待建的公路很多，客服六部很快就把公路建工险确定为主攻业务。

二、展业实践出真知

初出茅庐，客服六部遇到了业务不熟的困难。通过自身的努力和江泰总公司的支持，工作逐步理顺并走上正轨。

（一）首战告捷：红河某公路工程项目①

某公路项目是由云南省交通厅交由红河州组织建设管理的两条公路，由交通局补助工程投资 60%，地方负责筹资 40%，两路于 2000 年 10 月全线开工。

2002 年，客服六部获悉，交通厅要求该工程项目在承建期投保建筑工程一切险和第三者责任险。但这一工作没有得到指挥部的重视，仅在全部23 个标段中投保了 3 个标段。获知这一情况后，客服六部立即把这一项目

---

① 由于涉及保险经纪的保密条款，故以"某"代替。

列为主攻项目。但和业主进行初次交谈后，遇到巨大困难：首先是由于以往投保的项目没有得到很好的服务，使业主对保险能转嫁风险心存怀疑，对保险没有信心；其次是业主对作为保险经纪人的客服六部缺乏了解；最后是业主认为工程已完成 60% 以上，并没有遇到什么重大风险，再支付保费纯属浪费。

客服六部意识到只有充分利用关系和专业技术才有可能争取到这一笔业务，于是一方面运用各种关系进行公关，以增进业主对公司和保险经纪人的了解；另一方面对设计资料、施工现场进行认真细致的分析，客观、科学、全面地提出了该项目所面临的风险，有针对性地做了保险投保方案。通过这些努力，公司逐渐得到了业主的认可，项目部和客服六部签订了保险经纪服务委托协议，同意由客服六部安排该工程项目的保险。

客服六部制定了勤跑、勤访、勤提建议的服务原则，目的是全面掌握项目风险动态，及时提出有效的风险防范建议。在服务过程中，客服六部员工经常驾车 300 多千米深入工地，了解施工进度及组织情况。特别在雨季施工，是风险事故多发期。客服六部为此购买了四驱越野车，克服泥泞路滑等困难，深入工地进行风险调查，提出风险防范建议，使大部分潜在风险得到了有效控制。一旦有风险事故发生，立即赶往事故现场，调查事故原因，收集整理理赔资料代办理赔事务，使业主在不增加成本、不耗费精力的情况下及时获得了赔款。为使服务工作做得更好，增强客户的风险管理和保险意识，扩大公司的知名度，客服六部还专门举办了一次公路工程风险与保险知识讲座，邀请指挥部领导和各方相关人员参加，并介绍了公司情况和公路工程风险管理、保险及理赔等知识，此举很受欢迎，得到了业主和各施工单位的称赞。相反，前期承保三个标段的保险公司由于没有做好服务工作，在会上受到业主严厉的批评，而客服六部的工作态度和服务质量则得到了业主的充分肯定。

在服务过程中，客服六部充分树立了保险经纪人公平、公正的形象：在维护客户利益的同时，也坚决抵制客户欲通过保险获取不正当利益的不合理行为。每次出险后，客服六部均认真进行事故查勘，在出现虚报或超报损失时，耐心地对施工单位进行解释说服工作，使理赔工作一直合理公正，让客户和保险公司都很满意。

该项目公路路基工程于 2003 年 3 月完工，项目总保费 180 万元，是客服六部做成功的第一笔业务，可谓意义重大。通过此项目的保险服务，不但使业主充分体会到保险经纪人对防范、控制风险方面的重要作用，改变了业主对保险的误解，促成了业主从拒保到试行再到认可的转变过程，而且为客服六部以后在红河州境内开展业务打下了良好的基础。更为重要的是，客服六部因此获得了经纪服务的知识流程和工作经验，熟悉了公路工程的风险查勘，业务技能得到了锻炼提高。

（二）某水电站保险经纪服务

该水电站位于广西壮族自治区平乐县大扒乡境内，电站总投资近 2 亿元，是桂江干流综合利用规划（平乐以下河段）的第一个梯级。坝址位于桂江中游平乐县巴江村上游 1.5 千米处，距平乐县城公路距离约 45 千米，电站装机 3×30 兆瓦，通航规模 100 吨级。是一座以发电为主、兼顾航运及其他的综合利用工程。该项目由水电九局工程总承包，工程风险也随总承包合同转移给了总承包商。

为使项目风险得到有效转移，使总承包商的利益得到合理保障，水电九局聘请了客服六部作为保险经纪人。根据服务内容和业务流程，客服六部于 2003 年 10 月 26 日巡查了工程现场，听取有关现场管理人员的介绍，交流对工程风险的认识，并向九局提交了风险管理报告，随后三次抵达工程现场，与业主和承包商共同商谈保险方案。

1. 原计划保险安排

业主与太平洋保险深圳分公司的私交较好，基本上指定由该公司进行承保；太平洋保险深圳分公司呈报的保险方案中包括：建筑/安装工程一切险及第三者责任险、团体意外伤害险，总保费将近 100 万元；在格式基本条款的基础上，增加了八条附加条款等。

2. 介入后的保险安排

虽然业主与太平洋保险深圳分公司有特定关系，但为了使业主和总承包商的利益得到保障，达到以最小的成本获得最大的风险保障的目的，客服六部还是邀请了中国人民财产保险公司桂林分公司提交了承保方案，以便比较选择更符合总承包商风险需求的承保公司，从而能确实维护总承包人的利益；客服六部在风险管理报告的基础上，为总承包商量身定制了保险方案，包括建筑/安装工程一切险及第三者责任险、雇主责任险附加意外伤害险，总保费 73 万元；结合项目的实际需要，增加了 26 条扩展条款，充分保障了业主和总承包商的利益；客服六部在保险期间为业主和承包商提供的服务包括协助理赔、风险管理服务、定期的培训服务等。

3. 工作成果

客服六部最后成功获得了该项目的经纪服务委托，并达到了通过扩展条款充分保障业主和总承包商的利益，使工程中面临的风险得到有效转移；降低了保费，以最小的成本获得最大的风险保障；在高风险期驻守巡查，及时进行风险提示，有效地降低了风险事故的发生概率；客服六部工作得到总承包商、业主和承保公司的好评，维护了各方面的利益，达到了共赢的局面。

通过这些实战，不但让客服六部获得了业务，更让员工们的业务水平得到了提高。

云南境内民族甚多，喝酒能瞬间拉近彼此的距离，许多民族更是以酒会友，喝酒是种常见的沟通方式。做保险业务，为应酬喝酒醉酒是家常便饭，吃喝伤身也在所难免。有一则关于范吉智的小故事至今仍被员工津津乐道：范吉智和同事去云南省红河州谈业务，当日谈成了大家一起吃晚饭，喝酒当然必不可少，他是性情中人，很快就喝醉了。晚上回到宾馆，他突然想到第二天早上还约了一位客户谈业务，于是决定赶回昆明。一摸口袋身上没带现金，当即跟同事借了 1000 元。大家都劝他打个电话跟客户改时间，可视诚信如生命的范吉智坚决不同意，匆匆出门搭了辆车便消失在夜色中。很晚才回到昆明，酒还没完全醒，搭车费 80 元，他却把百元大钞误为 10 元的钞票数了 8 张递给司机，下车走了几步才发觉不对，回头再去问，司机不承认。做业务必须以客户的时间为准，很多时候事情往往不按自己的计划发展，类似这样四处辗转赶场般奔波是保险经纪人的常态。用他们的话讲：辛苦不算什么，只要能做成业务；怕只怕忙了累了却没结果，那才是最累人的。

随着业务的开展，公司意识到没有车的烦恼，于是省吃俭用花了两万多元买了辆二手切诺基。

在一如既往的执着与勤奋下，客服六部在银行、通信、公路、电站等领域取得了辉煌成果：赢得了诸如红河州重点公路建设指挥部、工商银行云南省分银、中国联通云南省分公司、中信实业银行昆明分行、云南南磷集团等客户的信赖；签约单位有云南联通、中信实业银行、红河州重大工程项目指挥部、云新公司、呈贡县机关事务管理局、雷打滩电站等；协助总部签约单位有中水九局巴江口项目部、小湾141联营体；赢得了云南当地各大保险公司的支持以及云南保监局的认可；全年跟踪项目28个，其中发生业务关系并产生佣金的11个，仍须继续跟踪项目17个。

客服六部在江泰总公司当年的全国业务评比中，在30家分公司中排名第八，在新成立的分公司中排名第一。在展业过程中，客服六部迅速成长提高，人脉不断拓展积累，市场口碑逐步树立，客户不断增多，与云南本地各大保险公司的良好关系也逐步建立。

三、成立"昆明分公司"

由于表现突出，客服六部受到江泰总公司的高度肯定，2003年8月，在报监管部门核准后，云南客服六部升级成"江泰保险经纪有限公司昆明分公司"（以下简称"昆明分公司"）。

2004年开始，由于公司员工业务技能娴熟，加之前期打下的一些业务铺垫①，制度和人员都较为齐整等各种因素，昆明分公司的业务进入了快速发展期。以下是那一时期所做的实际案例：

（一）小湾某水电站

该水电站承担小湾水电站导流洞和地下引水发电系统的建设任务。经昆明分公司和项目部有关领导充分交流后，双方于2004年1月7日正式签署保险经纪委托协议。

首先，昆明分公司通过现场勘验、座谈交流、查阅招投标文件和前期保单等方式进行了风险查勘，在此基础上编制并提交了风险管理报告。报告中，对水电站项目可能面临的各种风险进行了全面系统的论述，对风险进行分析和归类，并提出规避、防范、控制和转移的风险管理建议。报告提供后，受到了项目部高度重视和认同。

其次，昆明分公司在风险管理报告的基础上为项目"量身定制"了保险

---

①　指前期意向性地谈了一些项目，合作可能极大，并且一直关注跟进。

方案。水电站建设的工程一切险及第三者责任险已由业主统一投保。为使风险得到合理的转移和有效的保障,项目之前向凤庆、弥渡、南涧和大理的人保公司投保了施工机具和人员的保险。从以往保单中,同昌发现了一些问题:

1. 费率过高

对于施工机具,投保机动车辆保险,费率在 1.2% 左右,比传统的施工机具保险费率高出很多。

2. 统一投保漏洞

根据了解,项目部只负责投保自己设备和人员的保险,分包商的设备和人员由其自行投保。如果分包商不投保或部分投保,保障范围与赔偿标准不一致,一旦发生事故,有可能引发索赔纠纷,项目部势必会承担合同责任和赔偿问题,处理不好,不但影响工程施工进展,更会成为引发社会不安定的因素。

3. 投保操作方式不当

项目的施工设备分别在人保南涧、凤庆、昆明三家分支机构投保;人员在人保南涧支公司投保团体人身意外险。这样业主需要与多家保险公司打交道,投入精力较多、不便于管理、责任不清,若出现重大事故,保险公司之间容易出现推诿扯皮现象。

4. 保险期限不统一

业主以前的保险中,保险期限不一致,这种做法容易导致项目遗漏续保的问题,同时使业主常年在保险管理和续保安排上耗费过多的精力。

5. 险种承保失当

(1)施工机具。项目施工机具原保单采用的是财产保险综合险,即责任列明式。责任列明式是指保险单在保险责任处明确列明承保风险,一旦保险财产发生损失,除非被保险人能证明损失属于列明风险的责任范围,保险人才承担赔偿责任,否则保险人对损失不负赔偿责任。而仔细查阅财产保险综合险条款可见,盗抢、碰撞等均不在财产保险综合险责任范围之内,保险人均不负责赔偿,而以上这些风险在项目工程施工过程中都是不容忽视的。

(2)人员。项目人员投保的是团体人身意外伤害险。团体意外伤害险投保人一般是企业,受益人为企业投保的员工本身。[①] 值得注意的是,当员

---

① 身故保险金受益人为员工指定或法定的继承人。

工因工作造成伤亡并通过人身意外伤害险获得赔偿后，员工或其家属依据劳动合同及相关法律仍有权利向企业索赔。由此可见，人身意外伤害无法转嫁业主的经济赔偿责任。再者，团体人身意外伤害险也不承担员工因患与业务有关的职业性疾病所致的损失；而雇主责任险则承担员工因患与业务有关的职业性疾病，所致伤残或死亡，被保险人根据雇佣合同，须负医药费及经济赔偿责任，还包括应支出的诉讼费用。

（3）机动车辆保险。项目的机动车辆保险中包括领有牌照的公共车辆和没有牌照的施工车辆两部分。根据交通法规，没有牌照的施工车辆不能上路行驶，只能在施工区域使用，风险主要集中在自有车辆在施工区域内与其他财产之间的碰撞。由于同一被保险人自有车辆之间发生的碰撞无法通过机动车辆险获得赔偿，而且机动车辆保险的保费相对较高，因此投保机动车辆险不合适。

6. 保险项目有待完善

业主对现有施工机具是有选择性投保的，即只对价值高的财产投保了财产保险综合险并附加机器损坏保险，这种风险管理方式可以起到节约保费的目的，但这样做必须对自留风险的合理性作出准确判断。

7. 保险金额和赔偿基础有待商榷

财产保险综合险基本条款中规定：受损固定资产的赔偿按损失当时的重置价值计算，重置价值低于保险金额时，赔偿按重置价值计算；重置价值高于保险金额时，赔偿按保险金额与重置价值的比例计算。另外，机器损坏险保单中规定保险金额必须是重置价值，但在全损情况下只能按机器设备的实际价值赔偿。可见，保险金额的确定与损失的赔偿有着直接的联系。业主现有财产是按照评估值或账面原值来确定保额的，这样可能存在以下问题：如果被保险财产的评估值或账面原值高于出险时的重置价值，业主则对超出部分白白多交纳了一部分保费；如果低于出险时的重置价值，则只能获得比例赔偿，得到的赔偿将不足以恢复受损财产，可能会影响工程进度。

对于以上发现的问题，昆明分公司均提出了相应的解决和改善建议，提交的保险方案符合业主的保险需求。而后，昆明分公司通过询价的方式选择了承保公司，因为保险价格和将获得的服务是业主非常关心的。业主为做到心中有数自己进行了询价，但询到的价格仍然高于昆明分公司所报价格。之后，昆明分公司代表项目部进行保险谈判、协助签订保险合同、协助投保等，保险合同于 2004 年 1 月 18 日生效，昆明分公司便转入到保险期间的服务环节。

保险期内，项目前后发生了七起风险事故。其中有几个赔案发生了纠纷，保险公司的意见不赔，而昆明分公司站在经纪人的角度则坚持必须给予赔付，为此多次找保险公司协调并据理力争，使赔案得到了正常赔付。其中有个争议案件，具体负责的经纪人直接到上海某保险总公司，向权威的博士专家请教，与之论理，由于理由充分阐述透彻，最后顺利为客户争取到了赔款。在昆明分公司的协助下，业主只需及时报案，理赔工作便得以顺利进行，大大节省了自己为理赔工作投入的人力、物力。分公司的作用：全面合理地转移风险，优惠合理的保费支出，提高风险管理水平，节约风险管理成本，提供优质的保险经纪服务。

（二）某电站服务过程

2004 年 7 月，昆明分公司接受客户委托为某电站项目提供保险经纪服务。分公司在完成投保工作，保险合同生效的第二个星期，便安排专项服务组前往客户项目驻地提供现场查勘及保险合同培训交流服务。

项目位于雅砻江中游锦屏大河湾之西侧，地处青藏高原西四川盆地过渡之斜坡地带。区内多表现为峰顶面及谷肩，在高程 2200 米Ⅲ级夷平面以下，雅砻江河谷为深切峡谷，形成谷中谷的形态特征，两岸山峰高程多在 3000~4000 米，河谷深切，高差一般为 1000~2000 米。谷坡陡峭，河道狭窄，水流湍急，急滩跌水屡见。项目电站对外公路九龙河口至锦屏一级坝区辅助道路改建工程正在施工，还未具备完全通车条件；对外交通道路在九龙河口文家坪分岔，一条向西沿九龙河上行，经九龙县城，翻越鸡愁山至新都桥与318 国道相接。一条向北沿雅砻江下行绕经大河湾至江口，由江口东行翻越牦牛山经冕宁县县城，在马尿口与 108 国道相接，距昆明 700 多千米。

分公司当时经济状况不好，为了做服务专门买了一辆两万多元的二手切诺基，作为公司服务唯一用车。从昆明出发，至攀枝花全程低等级老路，路窄湾急；攀枝花至西昌正在修建西攀高速，受施工干扰和损坏，老路凹凸不平，前行困难。服务组第一天天黑才到达西昌。第二天起个大早继续前行，在马尿口驶离 108 国道后沿 S215 穿过冕宁县城，翻越牦牛山到达江口后沿雅砻江上行。沿途山势险峻水流湍急，可喜的是当地人非常友善，路边小朋友看见来车，均立正行队礼致敬欢迎，让人倍感温暖。临近黄昏，车行至三岔河时遇山体滑坡无法前行，几万方土石方阻断了去路，短时间内无法清除。服务组只好在路边找个小饭馆用餐借宿。借宿之地位于雅砻江一条支流汇入处，住宿条件极为简陋，又正值雨季汛期，河水滔滔响声震天，致使大家一夜无眠。

经打听，服务组距目的地还有十多千米路程，由于除驻留处外前方还有4~5处路段坍方，全路段已无车辆通行。为不耽搁交流培训，不失信于客户，服务组经商量决定背负十多斤重的资料步行前往客户项目驻地。一行人中既有女员工，还有年近七旬的高级专家顾问，大家克服困难不畏艰辛，其间还冒险穿过了近200米还在不断落石的坍方路段，跨越了多处坍方体，终于按时到达目的地，受到了客户的热烈欢迎，最后圆满完成了此次培训交流任务。

（三）公路项目

2004~2006年，正值国家西部大开发政策和云南省道路的新建和改扩建集中时期，全省10多条高速路陆续开工建设，昆明分公司通过艰苦的努力，成功签约其中3个项目，带来了可观的规模和效益，为公司发展注入了强大的动力。

（1）水富—麻柳湾高速公路：投资规模近百亿元，建工险，保险金额70多亿元，保费3200多万元（分期支付）。

（2）小勐养—磨憨高速公路：投资规模60多亿元，建工险，保险金额41亿元（不含路面工程），保费约3000万元（分期支付）。

（3）永仁—元谋二级路：投资规模19亿元，建工险，保险金额14亿元，保费500万元。

得益于云南基础设施建设的高速发展，加上昆明分公司全体员工的努力，分公司迎来了前所未有的大发展，从领导到员工都得到江泰总公司的高度认可和表扬，昆明分公司也被评为当年全国的"优秀分公司"。

作为江泰云南省的一个分支机构，昆明分公司的所有员工都有信心也很愿意和总公司一起成长，也希望能够分享总公司发展所带来的收益，无所谓多少，但能给大家一定的归属感。于是向江泰高层提出想以股份形式正式合法合规地成为江泰的一分子，大家在股权层面有所合作，以一个合适的价格购买一定的江泰股份，但当时的江泰还没有这方面的计划，这让昆明分公司的员工们倍感失落。因为在分公司员工看来，公司业绩由员工们一起创造，理应由大家一起分享。当时江泰对内部员工配置股份，主要集中在部分高层人员。

另外，我国保险业的发展非常快，而保险中介的发展却相对较慢，与行业需求极不相称。为此，国家对保险中介从谨慎监管逐渐转变为鼓励发展。2002年保险经纪处于发展初期，云南更是处于保险经纪试点期，保险经纪市场可谓壁垒森严。而到了2006年，保险市场形势已发生根本变化，保险业"国十条"诞生，国家开始鼓励保险中介的发展，云南的保险经纪试点期已过，保险经纪的监管审批及准入条件都松动了许多，申请保险经纪牌照相对容易了。分公司想成立自己的保险经纪公司，时机已经到来。

专栏 2-1

每一次转变的背后

如果，有人问我：同昌是什么？我会告诉他：同昌是我生命的一部分！在我看来它不是一个公司名字，它代表的是一种创业精神，一种员工文化，一份因共同拥有过、经历过而产生的浓浓的依恋之情！

十多年过去了，公司从南方之友汽车俱乐部到同昌，同事从十多人发展到近500人，我也从"奔三"到了"奔五"，在个人成长、发展的关键阶段，我见证了同昌的发展，同时也接受了同昌的塑造。

同昌人走到现在，已经历了18年。其间经历了数次重要转型，这些转型有的是开辟新领域，有的是退出或放弃，有的是重拾"老骨头"。这些变革或转型的对与不对，都让同昌坚持到了今天，有了现在这个同昌大家庭！

1. 第一个阶段：1997~2002年

1997年创业之初，最早成立的是"昆明市南方之友汽车俱乐部"，以收取年会费为会员提供与汽车有关服务的模式获取盈利，包括购车指标、抛锚救援、二手车买卖、检审、落户、保险、车主活动等。当时的汽车消费、服务的整体环境还处于相当初级的阶段，俱乐部依靠这种模式获得了一定收入，也积累了一批客户。但随着市场整体环境的迅速变化，以及车辆的更新换代，这种收取年会费的经营模式遇到了挑战，自然而然地俱乐部在保留服务功能的基础上放弃了收取年费的经营模式，代之以主要为客户代办车辆保险的方式获取盈利。

1999 年，当时的公司管理层从汽车消费的市场里敏锐地发现了在个人汽车消费贷款方面潜在的旺盛需求，但市场却缺乏一种有效的模式解决此项需求。为此，公司从信用保证保险的角度开创性地提出了"汽车消费贷款信用保证保险"的想法，并最终获批开展此项业务。在此基础上最终形成了保险公司、银行、汽车经销商三方联营的个人汽车贷款经营模式，此模式一经推出就迅速得到了市场的认可，个人汽车消费由此也进入高速发展时代。俱乐部由此也进入了为汽车消费贷款客户提供整体服务的保险盈利模式，也迎来了一段黄金岁月。这种模式的成功最主要的原因是适应了市场的需要，公司也因此成为当地个人汽车消费市场的引领者及推动者。

这一年公司还诞生了一件具有长远影响力的事件，那就是开放了公司的股权，让员工进行了第一次认购。股权的开放，让员工在薪酬之外，还能享受到公司的经营利润！由此开始，员工股权制成为了同昌的根本，同昌文化的基础。

2002 年，公司还在延续以为汽车消费贷款客户提供整体服务的盈利模式，当时的普通业务员就已经普遍达到了年保费 100 万元的标准，很厉害！但随着更多竞争对手的出现，公司开始受制于汽车经销商的高返利，自身利润逐年降低。经营危机的出现，迫使公司寻求变化、寻求下一步的发展方向，专营保险经纪业务的思路也在这时被提出，被确认。

2002 年底，为了打破汽车经销商对汽车消费贷款客户的垄断，公司成立了"昆明好快通汽车消费服务有限公司"，试水从市场直接获取汽车贷款客户。这种模式取得了一定的成功，但因前期整个汽车消费贷款市场不良贷款的积累，银行对贷款客户基准条件的逐步提高，整个市场步入到了休眠期，公司也在此时整体结束了这种模式的经营。

这一时期的同昌，公司的员工基本都具有一定的感情关系基础，要么是同学、要么是亲戚、要么是朋友。这种员工关系的构成，对当时公司经营思路的贯彻执行具有强大的优势，这种关系最终也成为了同昌文化的基础。

这一时期的同昌，公司员工基本 20~30 岁，多数未婚，大家都没有太大的家庭压力，白天一起工作，晚上一起玩耍。记忆中，当时的公司有固定的食堂，做得超好吃，同事们每天一到饭点，准时回到公司吃饭！吃饭同时，一边报告业绩，一边交流业务心得。饭毕，要么继续跑业务，要么就三五成群（一般是四人，哈哈）在一起联络感情。公司为员工免费提供午餐的传统也就是从那时起，坚持了下来。这个传统也变成了公司文化的一部分。

这一时期的同昌，激情澎湃，年轻无极限！大家认真工作，平均每月都有 5000~6000 元的收入，大多数员工都在这一时期购入了自己人生的第一辆汽车。这一时期的同昌，得益于国家的改革开放，得益于人口红利，得益于先入一步，公司顺利度过了创业之初的动荡期，平稳地进入到了稳定期。

2. 第二阶段：2003~2010 年

2002 年底公司开始尝试保险经纪公司的经营模式，加盟了中国首家保险经纪公司"江泰保险经纪"，以江泰的名义在云南市场开展保险业务，并着重于非车业务的开展。非车经纪业务的开展，对员工的个人能力提出了更高的要求，除了需要较为全面的保险知识，还需要一定水准的与大客户沟通的能力、文案能力、服务能力等。员工对这次的转型普遍感到无法适应，也就是在那个时候，公司出现了部分员工辞职的情况。现在看来，最主要的原因还是在于个人无法适应公司发展的需要，无法找到在新模式下对自身发展的准确定位。也就是在那个时候，定下了正式员工必须考取"保险经纪人从业资格证"，并将此规定作为员工晋升的必要条件而保持到现在。

同年开始，公司正式与云南联通签署经纪服务委托协议，为其全省固定资产、公务车辆、所有员工提供保险经纪业务。因为客户的高度认可，此协议一签就是十余年，为公司以后的长期发展带来了持续稳定的经营效益和品牌效应。

2003年公司确定了以保险中介作为今后发展的明确方向，并开始了新一轮的业内扩张。年底"云南长江保险代理有限公司"，2005年中"云南天一保险公估有限公司"相续挂牌营业。

2004年公司连续得到了水麻高速、永武高速的保险经纪委托，在顺利完成业务的同时，也开始尝试有别于保险公司的现场服务模式。连续两条公路的经纪委托为公司持续发展经纪业务注入了强心针，公路板块由此也成为公司未来一段时间内主要的保险经纪业务方向，并持续稳定地为公司提供盈利支撑。

2006年为了更好地开展业务，积累自己的品牌价值，公司做出了放弃"江泰保险经纪"自己成立保险经纪公司的决定，"云南同昌保险经纪有限公司"由此登上舞台。同昌的成立是公司的里程碑，一方面是品牌价值意识的树立，另一方面是对公司经过这么多年发展，一步步走到今天的肯定。同昌的成立使公司走入了更为广阔的天地。

2009年、2010年得益于国家宏观政策调整，得益于公司在公路保险领域的坚持，得益于员工的学习积累，公司进入到了又一个辉煌时期。这两年公司的利润超过了历年的总和，员工的收入也有了大幅增长。也是在这两年，公司开始系统考虑长远发展目标，将公司文化进行了提炼，提出了"让每位员工拥有自信而有尊严的幸福生活"的最高目标；提出了"公平、透明、和谐、共享"的企业核心价值观。

这一时期的同昌是稳定的。稳定的发展、稳定的目标客户、稳定的利润、稳定的思想、稳定的人员。

3. 第三阶段：2011年至今

在2010年充分讨论的基础上，公司于2011年第一次提出了5年发展目标，对公司的业务结构、发展模式等问题做出了明确的阐述。在业务结构上提出了车险保平贡献规模、非车贡献利润的观点。在发展模式上提出了通过建立至县一级分支机构为客户提供服务来开展业务的模式。

基于上述业务结构观点的提出，公司又重新组织人员开展车险业务，同时为更好地开展车险业务，公司于 2011 年全国首创了"及时赔"的保险服务模式。"及时赔"的创建是公司品牌战略的重要组成部分，为公司知名度的提升及车险业务拓展起到了重要的作用。

车险业务的开展及"及时赔"的推出，到今天在公司内部一直都有争论。一方认为做车险没有利润不说，还需要用非车业务的利润来贴补，不值得做；另一方认为这是个发展过程，最终车险还是能够为公司的长远发展创造价值。

2012 年公司在争论中继续前行，为谋求更好的发展平台，公司在新一轮的股改后，最终形成了"同昌经纪"、"同昌公估"、"同昌代理"的保险中介服务集团。

至今公司已走过了 18 年的历程，其中有过欢笑、泪水；有过喜悦、彷徨；有过高峰、低谷，有过争论、对立，但不管怎么样，同昌在路上！争论也许会在不久的将来尘埃落定。

作者：同昌保险董事　蔡伟

第二节　独立经营时期（2006～2010 年）

2006 年是云南省大建设时期，现实的保险需求旺盛，保险市场的健康发展急需保险中介的辅助补充。可以说，公司团队要成立自己的保险经纪公司，天时、地利、人和都已齐备。

一、同昌保险成立

与江泰在企业文化方面的分歧，还有云南保险市场的召唤，让公司决定离开江泰，成立自己的保险经纪公司。公司积极与江泰办妥了各方面的交接收尾工作后，2006 年正式脱离了江泰。

之后，公司开始筹备成立事宜，保监、工商、税务等各部门的手续有条不紊地展开推进。很快，中国保监会《关于云南同昌保险经纪有限公司设立的批复》（保监中介〔2006〕824 号）文件通过云南保监局下达，批准了同昌保险经纪的设立申请。2006 年 8 月 10 日，"云南同昌保险经纪有限公司"（以下简称"同昌保险"或"同昌"）正式宣告成立，注册资本 500 万元，员工 49 人，当时设总经理室、技术部、行政部、财务部、客服部、外联部等部门。

二、业务发展情况

当时云南保险市场由于各大保险公司普遍把主要精力集中在业务销售端，并以高额费用作为销售的主要手段，占用了大部分成本资源，导致没有更多的成本投入到售后服务环节，结果造成保险理赔质量不高、服务落后。这正好给了同昌保险发展机会，同昌定位"中国优质保险服务践行家"，以提供专业优质的保险服务、特别是售后服务来获取客户。

另外，云南省的保险中介行业有了一定程度的发展，但以代理人居多，像同昌这样既有专业技术又有特色服务的保险经纪人并不多。公司瞄准的是非车险领域，这方面同昌拥有丰富的从业经验和客户资源，相反各大保险公司忙于整体布局，在细分专业领域专注度不够，也缺乏专业支撑，同昌公司正好可以作为补充，充当联系保险公司和客户的桥梁与纽带。正因如此，既避免了与市场主角各大保险公司正面冲突，也让自身特长得以施展，成为保险公司业务发展之良助，客户风险管理之专家，从而深得市场欢迎。所以，同昌保险成立后业务很快得以开展，局面很快被打开，成功签约的一笔笔业务夯实了新生公司的基础，提升了同昌人自主创业的信心。公司在发展过程中所体现出的诚信度和专业性逐渐得到各大保险公司的认可，和各公司的友好合作关系很快得以建立。下面是同期业务简况：

（一）水电行业和通信领域展业顺利

早在加盟江泰时期，公司就涉足水电行业，并且为水电站成功提供过保险经纪服务，从中积累了丰富的服务经验。2006 年同昌保险成立后，凭借自身实力在水电行业成功服务了一个颇具代表性的项目——瑞丽江一级水电站①，2007 年实现保费收入 900 多万元，由于同昌的专业优质服务，一直为该客户提供保险经纪服务至今。

在通信行业，之前有过合作的中国联通云南省分公司②，由于对公司的认可，继续指定由同昌提供保险经纪服务至今。

当然公司在水电和通信领域并不仅仅只做了上述项目，只是以上两大客户都是各自领域举足轻重的角色，很有代表性，而且每年保费不菲，这为公司注入了强心剂，奠定了良好的发展基础，并培养锻炼了队伍。在之后几年中，公司的水电类客户还包括四川锦屏水电站、云南弥勒雷打滩水电站、广西巴江口水电站、广西驮娘江水电站、云南滇能泗南江水电站等。

（二）成功抢占二级公路保险市场

2009~2011 年，在国家建设如火如荼的大背景下，云南省的道路建设方兴未艾，根据国家发展规划，又出现二级公路建设的高潮。同昌保险准确把握住了国家发展趋势，并及时抓住了"四万亿"政策红利，大力拓展高等级公路保险业务。这时期云南全省共计划建设 50 余条二级高速公路，公司凭借自身较好的人才储备和市场口碑，及时整合公司内部所有业务团队、服务团队、职能部门等资源，全力主攻二级公路市场，经过卓有成效的努力工作，成功与其中的 26 条二级公路建设指挥部签订了经纪委托协议。

凭借这 26 条二级公路项目，同昌在 2009~2011 年取得了突出的成绩，主要体现在三方面：

1. 获得了较大的保费规模和佣金收入，提升了公司实力

二级路项目为同昌创造了超过 1.2 亿元的经手保费收入和几千万元的收入，这对于公司的增资扩股、全面推出"及时赔"业务、面向社会做广告宣传、开发车险核心业务系统等重大事项提供了有力的资金支持。

2. 一批核心业务骨干借此成型

虽然陆续与 20 多条二级路指挥部签约，但公路保险项目周期长、位置偏远、风险高、赔案多，现场售后服务工作十分繁重。在 2009~2012 年的整个施工周期中，同昌业务团队（经纪人员和公估人员）遍布全省各施工现场，

---

① 后面章节中会有关于"瑞丽江一级水电站"的详细论述。

② 后面章节中会有关于"中国联通"的详细论述。

用辛勤的汗水为各被保险人争取最大的合法利益。通过几年的实践和锻炼，培养出了一批核心业务人员和核心技术人员，现在都成为了公司的中流砥柱。

3. 业内声誉进一步提升

通过 20 多条二级公路项目的成功签约和服务，同昌保险在云南保险界、云南公路工程界的品牌地位和口碑得到大幅提升。

（三）战略调整，涉足车险业务

2009～2010 年，同昌保险非车经纪业务发展良好，有较大的利润和稳定的收入，也有一批合作多年的忠诚客户。特别是 2010 年，在非车经纪领域，公司在云南省内几乎做到了极致，不论是业务规模还是利润，都达到了一个前所未有的高峰，但业务规模和市场占有率却并不尽如人意，非车经纪自有其规律和"瓶颈"。① 另外，2010 年及其前几年，国家经济高速发展，GDP 以 10% 的速度持续增长，中国的汽车保有量跃居世界第一。有鉴于此，2010 年下半年，公司领导层开始思考企业的战略转型，最后确定维持原有非车经纪业务，同时开始发展车险业务。

车险历来市场占比极高，可谓一险独大。但车险同质化严重，技术含量低，服务跟不上，无序竞争风行。如何在竞争红海中脱颖而出，是首先要思考的问题。为此，同昌保险管理层发起了一场思考和讨论，最终公司决定开发自己的车险服务品牌"及时赔"。② 公司首先进行了售后服务人员的安排、部门的设置，同时开始招兵买马组建车险业务团队，制定了车险相关管理制度和流程，为开展车险业务做好准备。

专栏 **2-2**

风雨同舟话同昌

对于改革开放的 30 余年来说，同昌的匆匆十年不过是弹指一挥间，但同昌的十年，恰是国家持续繁荣、经济飞速发展的一个缩影，也同样

---

① 关于战略转型原因，在"同昌战略"一章中会有详细论述。

② 关于"及时赔"在以后章节中有专门论述。

见证了同昌人从无到有、奋发图强、风雨同舟的历程。我有幸在同昌开创伊始，加入到公司的大家庭，亲身经历了这波澜壮阔的十年。

简单回顾往昔，同昌的开创者及各位老员工，不过区区几人，但多是从业多年，久经考验的业务精英，在保险业迅速发展之时，一直梦想着开创保险中介行业尤其云南本土的中介公司发展的新局面，力争在发展浪潮中抓住机遇，打造出具有核心竞争力的特色的地方保险中介集团。从保险经纪、保险代理、保险公估公司开始，在中介市场全面发力，形成了目前以保险经纪为业务主力、保险公估为辅助，保险代理蓬勃发展的局面，架构出保险中介集团雏形，业已拥有300余名员工，组成了多个稳定而又互相竞争合作的精英团队，在业界已经拥有了诚信做事、值得信赖的良好口碑。

坦白地说，保险中介行业是属于夹缝中生存的行业，没有自己的产品，只能销售各家保险公司的产品，利润微薄。且在日常业务开展中，各家中介公司同质化问题严重，互相压价行为异常普遍。迄今为止，全国范围仍然没有一家保险中介公司在国内A股上市，海外上市也仅有"泛华"一家，可见行业发展的难度之大。但面临这样的行业发展形势，同昌没有气馁，反而激发了更大的勇气和魄力。犹记得，公司为了拿下一个大项目，全司人员天天集体加班，开会分析形势，之后安排项目组成员各司其职，在一个多月的时间内顺利拿下项目。看似拿下项目容易，实则在项目立项之前，同昌人已布局多年，早已拜访客户几十次，为公司赢得了信任，才会有项目上的成功。这种十年如一日的坚持，一如既往拿下项目的勇气，早已从上到下，传递到目前公司各业务部门的员工身上，为公司的持续壮大打下了坚实的基础。

我还记得，2011年时公司召开大会研究推出车险"及时赔"服务的可行性，当时赞同之声尚有，但反对之声更甚，多数员工对此表示怀疑，公司领导层站在行业发展的高度，果断开启了"及时赔"服务，并在2011年通过集中营销的策略，打响了公司在云南车险市场的第一枪，扩大了公司的知名度，至今逾五年的时间，"及时赔"车险服务通过在快处快赔点等的开点布局及日常索赔事务的耐心经营，已经培养出一批忠诚度高的车险客户，为公司的规模化经营提供了有力保障。同昌这样的民营公司作为发展中的弱势群体，也有其决策快速的独特优势，可以在短期内集中所有力量形成决策，坚决执行下去，在"唯快不破"的当代，尤显弥足珍贵。

同昌开创即立下"诚信为本"的基本原则，"值得信赖"是业内有口皆碑的。十年来，本着"诚信"的做事方式，在各项业务开展中，同昌人不管在与保险公司抑或是保险客户的交往中，真正赢得了人心，获得了信任。公司开创之时，只有寥寥几个员工，业务量也不大，而今，好多客户都是公司领导或者项目组成员的老朋友，有问题时公司及时为客户解决问题，有业务时客户也会首先想到我们公司。这就是信任的力量，到现在公司司龄满15年的员工已经有5位，满10年的员工接近20位，满5年的则比比皆是；大家都相信公司会让大家过得更好，也把这种信任延续到了对外的工作和与人交往中，从而能够树立公司的整体形象，同昌就是值得信赖。

总之，同昌对我而言就是一种精神，一种勇往直前、无惧无畏的精神，这样的坚持诚信立世、从而赢得信任的十年，一路风风雨雨，但我们从未气馁，也绝不放弃拼搏。我坚定地相信同昌还有无数个风雨不断却能同舟共济的十年，将会为同昌的百年老店打下一个个厚重而又鲜活的历史烙印，而我们必将亲眼见证。

作者：同昌保险基层员工　石磊

第三节　加速发展时期（2011～2015 年）

2011 年 3 月，公司推出酝酿已久的"及时赔"，开始大力发展车险业务。事实证明以服务为依托的车险业务发展效果不错，之后几年公司车险业务蒸蒸日上，规模逐渐扩大，具体情况将在"及时赔"一章中进行详细叙述。

同时，公司非车业务持续稳定发展，有力支撑了公司每年的利润。

这样，同昌业务总规模不断发展壮大，利润也较为可观，公司终于完全度过了生存期，成功迈入快速发展期。

到 2014 年，同昌保险已正式成立 8 年。随着业务的快速发展，不少困难和问题也随之显现，只有通过改革调整，才能保证企业的可持续发展。这一过程，正如雄鹰之新生、凤凰浴火涅槃重生，其间充满着转变的艰难和"阵痛"。公司选择通过股改和挂牌新三板进行这一过程，原因有二：一是日趋激烈的竞争环境，要求企业完善自身的治理结构。通过股改，可进一步规范公司各方面制度，优化业务流程，让企业迸发生机。二是企业的任何变革都回避不了成本问题，作为中小企业，资金是胸口永远的痛。现今最可行的做法，是借力资本市场向企业持续注入新鲜血液以让其焕发新生。随着互联网在各行各业的深入发展，保险业网销新渠道日益风行，大有去中介化之趋势；同时国家经济变革转型，逐渐进入经济发展的新常态，同昌保险继续发展面临着一系列的挑战。如何变化调整以应对现实要求，势在必行。而2014 年，又正值国家鼓励中小企业通过资本市场融资，做大做强实体经济的政策春风，于是公司借此机会，再一次对自己举起了手术刀，踏上了股改和挂牌新三板之路。

一、股改和挂牌新三板操作背景

同昌之所以发起股改并筹建新三板挂牌，并非空穴来风胡乱折腾，而是基于企业内外部形势判断而果断作出的决策。

（一）国家经济背景

2013 年以来，世界经济持续低迷，个别国家爆发金融危机，和世界经济联系紧密的中国经济深受影响。2014 年，在经历了 30 年高速增长的中国经济已悄然进入新"拐点阶段"，进入经济增速"换挡期"、结构调整"阵痛期"和前期政策消化期，国内经济形势更趋复杂，经济增长动力出现"空档期"。2014 年是全面深化经济体制改革元年，中国经济不可避免地经历转型"阵痛期"，发展乏力、增速放缓。云南的企业发展也因此受到了影响。

（二）同昌保险自身的发展要求

2010 年同昌保险所制定的发展战略要求自身业务快速发展和规模扩容，

然而因为资金有限，好多规划心有余而力不足。公司的管理制度，在同行中虽然相对规范，但相比现代企业的先进管理还有差距，通过挂牌新三板前的股改，可以进一步提升完善。另外，公司经过多年的发展，经过广大员工的辛勤工作和努力创造，已经积累了一定的有形资产和无形资产（品牌价值），进入资本市场是水到渠成的事。

公司 2014 年下半年开始探索"互联网+同昌保险"发展模式，互联网销售渠道的建设需要大量的资金投入。公司所处的保险中介行业有较高的资金壁垒，分支机构的建设、营销渠道与范围的拓宽以及销售队伍的优化、专业人才的引进均需要大量的资金。同昌计划到 2016 年底，在云南省内所有县级及以上地区设立分支机构；到 2017 年底，在国内其他部分省份建立分支机构，并与当地保险机构开展深入合作。为此，公司需要拓宽融资渠道，利用资本市场提供的股权、债权融资渠道满足公司发展对资金的需求，最大限度地发挥资金的杠杆效应支撑、推动公司业务的跨越式发展。

在此背景下，2014 年 9～12 月，经过公司董事会、股东会的多次讨论，一致同意对公司进行股份制改造，并进军新三板。由董事长范吉智牵头成立挂牌新三板筹建领导小组，全体部门通力配合，寻找最优秀的证券市场中介企业，配合公司操作挂牌新三板的整套工作。

二、解读新三板

（一）新三板的定义

"新三板"全称为"全国中小企业股份转让系统"，成立于 2013 年，与沪、深交易所一样，是由国务院批准设立、纳入证监会统一监管的全国性证券交易场所。新三板定义为成长型、创新型中小企业提供股份转让和融资服务，是中国的"纳斯达克"！

（二）新三板挂牌条件

股份有限公司申请股票在全国股份转让系统（新三板）挂牌，不受股东所有制性质的限制，不限于高新技术企业，应当符合下列条件：

（1）依法设立且存续满两年。有限责任公司按原账面净资产值折股整体变更为股份有限公司的，存续时间可以从有限责任公司成立之日起计算。

（2）业务明确，具有持续经营能力。

（3）公司治理机制健全，合法规范经营。

（4）股权明晰，股票发行和转让行为合法合规。

（5）挂牌前总股本不低于500万股。

（6）主办券商推荐并持续督导。

（7）全国股份转让系统要求的其他条件。

专栏2-3

企业挂牌新三板的九大好处

1. 财富增值

挂牌新三板之前，企业到底值多少钱，并没有一个公允的数值。但在企业挂牌之后，市场会对企业给出一个估值。截至2015年底，新三板的平均市盈率在23倍左右。如果能够获得市场和投资人的认同，企业在未来的成长性就能得到提前释放，以资本的形式为企业的持续发展提供资金助力，也能给多年来辛苦劳作的企业家和股东带来一定的投资收益。

2. 吸引投资人

中小企业最大的困难之一就是融资，而融资遇到的第一个困难就是如何吸引投资人并将企业情况进行完整展示。企业挂牌新三板之后，能够在上百万家国内中小企业中脱颖而出，增加了自己的曝光机会，能有更多的机会吸引投资人的目光。并且作为非上市公众公司，很多信息都是公开的。你的信息都已经拿出来晒了，都已经接受公众的监督了，投资人还会轻易怀疑你吗？至少你的信任度要比非公众公司高得多。

现在的情况是，很多PE都将新三板企业纳入项目源。一旦他们发现机会，就会出手。甚至不用等到挂牌，有些企业在挂牌前，就因为要挂牌而获得了投资人的投资。这样的话，企业更早获得了资金，投资人进入企业的价格更低，对双方都是有好处的。

3. 价值变现

挂牌前，企业老板缺钱需要去借，挂了牌以后再需要用钱时，只需要出售一部分股权就可以了。2015 年 8 月做市商制度实行以后，这种交易将会越来越便利。而由于市盈率的存在，在交易时，还将获得不小的溢价。

除此之外，新三板还为原股东退出提供了便利。不管是合伙人还是普通小股东，都可以很方便地在市场上出售自己的股权，实现溢价退出。

4. 股权融资

融资方式有债权融资和股权融资之分，两者各有特点、各有优势。股权融资不用提供抵押，融来的钱也不用还，并且通常在融来资金的同时还能融来资源。挂牌新三板之后，企业在需要融资时，只要把手里的股权出让一部分就可以了。挂牌后如何进行融资，是在为企业设计新三板的挂牌方案时，重点关注的内容之一。

5. 定向增发

股权转让融资用的是股东原来手里的股权，属于存量。如果股东不愿意用这种方式，还可以定向增发。定向增发是对特定对象的融资行为，用的是增量。原股东不用出让股权，但每人手里的股权会被稀释。

股权转让一般伴有原股东股权的重大稀释，或者是原股东的退出。转让前后，企业的整体盘子基本是不变的。但定向增发则是在原股东不变的情况下，增加新的股东。投入的钱任何人都不能拿走，是要放到企业的。这时候，企业的整体盘子是增加的。

6. 增加授信

企业成功挂牌新三板，是一种非常积极的信号。银行对于这样的企业，是非常愿意增加授信并提供贷款的，因为银行也面临激烈的竞争，并且以后这种竞争还会加剧。

7. 股权质押

有些企业挂牌新三板后，因为股权可以质押，会有银行主动上门提供质押贷款，满足企业的资金需求。

8. 品牌效应

挂牌新三板后，就成为了公众公司，企业会获得一个 6 位数的挂牌代码，还有一个企业简称，以后企业的很多信息都要公开，一些经营快速稳健、模式先进、技术创新的公司会得到社会的大量关注。企业的影响力和知名度也在不断扩大，在日常业务发展和同行业对手的竞争中具有较为明显的优势。

9. 规范治理

为挂牌新三板，企业需要进行股份制改造，需要构建规范的现代化治理结构。如果企业历史上有不规范的遗留问题，还要进行处理和解决。

一个新三板挂牌的过程，就是一个简板的IPO。在这个过程中，企业潜藏的瑕疵和风险将得到解决，规范的治理结构将得以建立。等时机成熟，具备IPO条件时，操作起来也将大为轻松。

资料来源：新三板在线。

三、股改和挂牌新三板历程

挂牌新三板，首先要选定合作的中介企业。同昌保险通过认真深入了解和真诚沟通，与三家优秀中介企业签订了挂牌新三板合作协议，它们分别是：最熟悉云南省企业情况的保荐券商"红塔证券股份有限公司"、全球业务规模排名第一的"大成律师事务所"、全国业务规模排名领先的"信永中和会计师事务所"（以下简称"三家中介企业"），在上述三家中介企业的引领配合下，公司正式开始了新三板的冲刺之旅。

三家中介企业的具体分工是：证券商是总设计师，负责企业挂牌新三板的一切事宜及总体把控；会计师事务所负责审计查验企业的资产及业务账目，厘清企业的基本情况；律师事务所负责对企业的一切行为作出法律判断，就合法性把关。

（一）整体改制

挂牌新三板的前提是企业必须进行股份制改造，对企业来说这无疑是个做大手术的过程。此项工作于2014年10月开始，2015年1月结束，同昌保险通过股东大会将2015年1月31日确定为股改基准日，并将公司名称变更为“云南同昌保险经纪股份有限公司”[①]（以下简称“同昌”或“同昌保险”）。股改要做的工作很多：

首先是企业制度、流程的规范。同昌保险属于民营小企业，与上市的标准要求相比，管理比较粗放，各方面都存在一定的差距。股改的过程，便是进一步完善规范企业制度、流程的过程，制度涉及方方面面，流程涉及多个部门，做起来费时费力，工作量颇大。比如财务资料的管理，繁重而又复杂，公司传统做法有一定的瑕疵，必须根据挂牌要求整改。有缺项的，要一一翻出补全再存放回原位；又如佣金的财务记账，公司原来的做法是一次性入账，而挂牌要求佣金必须按期分摊，且要考虑到坏账等因素，逐笔清晰做账，公司的佣金收入很多，光此项调整工作量就相当大。这只是制度、流程规范中的一项……在核查当中发现企业瑕疵，必须立即整改完善。

其次是资料收集。股改阶段，同时进行申报资料的收集。挂牌所需要的资料可谓汗牛充栋，为公司“两年一期”（即2013~2014年，2015年1~5月）内的企业所有资料，部分资料还要求有公司合作单位的核实意见、盖章、相关人员的签字确认（如银行方面的账目核对等），或是有关部门的证明（如工商方面的合规证明等），甚至有客户方面的口径核实等。同昌保险由于缺乏专门系统的档案管理，造成资料不全和存放分散，经常需要到资料堆中披沙拣金，收集资料的难度更大。业务资料的收集，要求核实每一笔业务的具体情况，公司“两年一期”内仅车险业务就有近百万条，核实工作量巨大。再者，资料的收集有时需要诸如保险公司、政府机关、工商税务、银行等单位的配合，好多时候不是跑一两次就能办成的……凡此种种。

为保证资料收集工作按时完成，同昌领导层经常带头加班，常常夤夜还在办公室内忙碌；财务部全体员工放弃周末节假日休息，不分昼夜勤奋工作；人力资源部加班加点梳理规范公司劳务用工关系，到有关部门排队打证明；还有复印单证的员工，一站在复印机旁就是一天，忘记了喝水，顾不上吃饭……

在这样因陋就简的艰苦条件下，通过公司全体员工和所有部门以及三家中介企业的艰苦努力，克服了重重困难，最终在2015年5月完成了申报资料的收集，并且顺利通过审计，公司把2015年5月31日确定为新三板申报基准日。

① 2016年4月变更为“同昌保险经纪股份有限公司”。

（二）资料申报

据不完全统计，同昌保险挂牌新三板，仅各种证明文件就开具了上百份。《同昌保险公开转让说明书》的撰写更是一项非常复杂的工作，内容涵盖量极大：包括行业的现状未来、社会环境、监管风险、经营风险、行业壁垒以及各种可能性预测等方方面面，还有企业的历史变迁、基本情况、人员结构、业务流程、发展前景、财务数据等，可谓面面俱到。要求资料内容准确真实，实事求是；写作要求用词准确严谨、规范精当。仅写作素材的收集就花了半年时间，稿件前后反复修改达到 20 多次才最终定稿⋯⋯

如果说资料准备艰辛，那么资料的申报可谓一波三折。

经过 8 个月左右的充分准备，公司终于在 2015 年 8 月 28 日正式向股转公司提交了《挂牌申请》。时值股转公司企业申请挂牌高峰期，与公司同期申报的企业竟达 1000 多家，待批队伍排起了长龙，这让股转公司应接不暇。2015 年 9 月 15 日，股转公司回复了第一次反馈意见，同昌及三家中介企业重聚一堂，认真对股转公司提出的意见进行了细致专业的回复。回复提交后的一个月，迟迟未得到股转公司任何回应，公司预感到可能出现了问题，和券商一起及时与股转公司反复联系，结果传来不利消息：鉴于 2015 年 1 月 31 日股改基准日同昌保险从有限公司整体变更为股份公司时未对企业资产进行审计、评估，程序存在瑕疵，股转公司一时未能形成统一意见。

其实对于此项瑕疵，公司早已采取了如下规范措施：

（1）聘请信永中和会计师事务所（特殊普通合伙）对有限公司审计基准日 2015 年 1 月 31 日的净资产进行审计，并于 2015 年 7 月 22 日出具《审计报告》（XYZH/2014KMA2024-1 号）。经审计，有限公司截至 2015 年 1 月 31 日的母公司所有者权益余额为人民币 4861.08 万元。

聘请中威正信（北京）资产评估有限公司对有限公司审计基准日 2015 年 1 月 31 日的净资产进行评估，并于 2015 年 7 月 22 日出具《云南同昌保险经纪有限公司拟整体变更设立股份有限公司项目评估报告》（中威正信评报字〔2015〕第 2029 号）。经评估，有限公司截至 2015 年 1 月 31 日经评估的净资产为 4863.12 万元。

经核查，股份公司设立时净资产不足 5000 万元的主要原因为 2014 年 12 月，经有限公司股东会批准，向当时股东华方浩宇、恒量经贸、同盛和投资进行现金分红，实际分配人民币 801.05 万元。根据信永中和的审计结果，上述利润分配行为中存在利润超额分配 572.21 万元。因此，华方浩宇、恒量经贸、同盛和投资分别于 2015 年 7 月 2 日、22 日将上述超额分配的利润予以退还。

（2）2015 年 7 月 22 日，信永中和出具《验资报告》（XYZH/2014KMA 2024-3 号）。经审验，有限公司母公司 2015 年 1 月 31 日经审计的账面净资产为 4861.08 万元，由于华方浩宇、恒量经贸、同盛和投资分别于 2015 年 7 月 2 日、22 日将上述超额分配的利润予以退还，共计金额 572.21 万元。因此，截至 2015 年 7 月 22 日，股份公司收到的投入股本相关的净资产为 5433.29 万元。

（3）股份公司全体股东于 2015 年 8 月 7 日召开第三次临时股东大会，追溯确认以经审计的有限公司母公司截至 2015 年 1 月 31 日的净资产 4861.08 万元以及截至 2015 年 7 月 22 日华方浩宇、恒量经贸、同盛和投资返还超额分配的利润 572.21 万元，合计 5433.29 万元作为股份公司折股净资产，整体折股为股份公司 5000 万股，每股面值 1 元，剩余 433.29 万元计入资本公积。上述超额分配的利润折股属于未分配利润转增股本，但因为公司股东全部为法人股东，因此不存在公司代扣代缴个人所得税的情况。

（4）针对上述事项，同昌保险的全体股东共同作出不可撤销的承诺与保证："同昌保险在从有限责任公司整体变更为股份有限公司时未进行审计、评估，存在净资产额低于折合的实收股本总额的情形，不符合《中华人民共和国公司法》第九十五条的规定。若同昌保险因本次股改瑕疵受到行政处罚、发生合理的费用支出或被债权人提出任何合法的权利主张，本公司将按所持同昌保险的股权比例无条件代为承担相应的经济责任，且保证同昌保险不因此遭受任何经济损失。"

（5）根据云南保监局出具《关于回复云南同昌保险经纪股份有限公司变更事项有关情况的函》，认可同昌保险历次股权转让、增加注册资本、有限公司整体变更为股份公司等事项，核实同昌保险已就上述事项向云南保监局书面报告。

（6）根据昆明市工商局出具的《证明》，自 2006 年 8 月 10 日起，云南同昌保险经纪股份有限公司没有因违反工商行政法律法规而受到工商登记机关处罚的情形。

主办券商认为，有限公司以 2015 年 1 月 31 日为基准日整体变更为股份公司的折股净资产并未经过审计，存在瑕疵。为规范股改时瑕疵，公司聘请信永中和对有限公司 2015 年 1 月 31 日（股改基准日）净资产进行了审计，股东已根据审计结果对净资产予以补足。根据信永中和的验资结果，截至 2015 年 7 月 22 日，股份公司收到投入股本相关的净资产为 5433.29 万元。股份公司已对上述瑕疵进行了纠正和规范，该纠正和规范的方案及其结果已经公司股东大会确认，公司控股股东、实际控制人已承诺承担因上述股改瑕疵给公司可能造成的全部损失因此，公司注册资本已缴足，不存在出资不实的情形，不会影响公司本次申请挂牌。律师认为，同昌保险已对上述瑕疵进行了弥补和纠正，该瑕疵不会对公司本次挂牌构成实质性的法律障碍。

同昌得到股转公司暂时未予批准挂牌的消息如晴天霹雳，和三家中介企业如坠冰窟！一旦挂牌被否，不但大家一年来的努力将付诸东流，也会动摇公司既定的中长期发展规划根基。短暂的茫然失措之后，公司重归冷静，再次聚集三家中介企业，静下心来认真从头梳理整个流程，重新审视所有的申报材料，重新分析保险经纪行业的现状及趋势。并根据股转公司提出的疑点、难点有针对性地重新组织回复意见，同时通过正式途径向股转公司提出面谈申请。

通过坚持不懈的努力，股转公司终于被同昌的诚意所打动，同意召集相关部门为公司召开专项意见讨论会。2015 年 11 月中旬，同昌保险及三家中介企业在股转公司会议室，参加了一场决定"生死"的"听证会"。会上，董事长范吉智表现出了极大的沉着冷静及睿智，对股转公司提出的各种尖锐问题分析透彻、有理有据、对答如流，对股改中存在的瑕疵作了详细的解释说明并提供了相关补救规范措施材料，加上三家中介企业的全力配合，最终消除了股转公司的心头疑云，同意批准公司的挂牌申请。

（三）挂牌成功

2015 年 11 月 24 日，公司收到股转公司于前一日发出的"关于同意云南同昌保险经纪股份有限公司股票在全国中小企业股份转让系统挂牌的函"；2015 年 12 月 9 日，全国股转公司发布公告，批准同昌保险正式在新三板挂牌公开转让，企业简称"同昌保险"，证券代码为：834668。至此，可谓历经了"九九八十一难"，公司新三板挂牌之路终成正果。

各大媒体都报道了这一消息。公司领导发表了简短的讲话："同昌保险经纪股份有限公司成功挂牌新三板，成为国内首家登陆资本市场的保险经纪公司。衷心感谢同事、股东、朋友，感谢红塔证券、信永中和、大成律师，感谢所有客户！相信同昌明天会更好！"公司全体员工为此欢欣鼓舞！

然而公司成功挂牌新三板，只是一个阶段性的胜利，并不是严格意义上的成功，这不过是"万里长征走出的第一步"。唯一不同的是，公司迈上了一个新平台，开始了一段新征程，也肩负了新的责任。而企业的经营建设，还任重而道远。

全国中小企业股份转让系统文件

股转系统函〔2015〕8110号

关于同意云南同昌保险经纪股份有限公司股票在全国中小企业股份转让系统挂牌的函

云南同昌保险经纪股份有限公司：

你公司报送的《云南同昌保险经纪股份有限公司关于股票在全国中小企业股份转让系统挂牌的申请报告》（同昌经纪发[2015]23号）及相关文件收悉。根据《中华人民共和国公司法》、《中华人民共和国证券法》、《国务院关于全国中小企业股份转让系统有关问题的决定》、《非上市公众公司监督管理办法》、《全国中小企业股份转让系统业务规则（试行）》等有关法律法规、部门规章及相关业务规则，经审查，现同意你公司股票在全国中小企业股份转让系统挂牌，转让方式为协议转让。

你公司申请挂牌时股东人数未超过200人，按规定中国证监会豁免核准你公司股票公开转让，你公司挂牌后纳入非上市公众公司监管。请你公司按照有关规定办理挂牌手续。

2015年11月2日

1

图2-1　股转公司同意同昌挂牌的函

图 2-2 同昌正式挂牌新三板的网站消息截图

第三章　同昌战略

2010 年，全国至少有 700 万家民营企业，平均的存活时间只有两年半，每天死掉的民营企业比新生的多。5～10 年的企业存活率大概是 7%，可见生存 5 年以上的企业非常不容易，大部分企业在 10 年内消亡，能活到 10 年以上的企业就更少。①

另有资料显示，最近几年来全国民营企业平均寿命只有 7.02 岁。其中，约有 70% 的企业在第一个五年内倒闭，另有 70% 的企业在第二个五年内倒闭。② 当今世界 500 强企业，有很大一部分是从小作坊起步的，能有今天的成功，原因很多，但其中企业战略的制定却是共同的一条。国内中小企业最常犯的错误是：企业只顾眼前利益，而忽视企业战略的制定。管理大师彼得·德鲁克曾说过，使企业遭受挫折的唯一最主要的原因恐怕就是人们很少充分地思考企业的任务是什么，可见战略对企业的发展至关重要。

往往一个企业的战略实施总先于战略理论的产生，但战略的完善和深化，却总是在不断的实践磨砺之后，同昌的企业战略变迁无疑验证了这一点。公司领导层在 2010 年开始对企业战略进行思考，并发起了有关企业战略的大讨论。在充分听取广大员工及各部门领导意见的基础上，于 2011 年初第一次提出了公司五年发展规划和短期战略目标。对公司的发展模式、业务结构、业务重心、机构设置、人才引进、企业核心竞争力等作出了明确的阐述，反复强调了公司文化建设和企业品牌建设的重要性。

2015 年初，经过近五年的摸索总结，结合国内外经济形势的深刻变化，

---

① 冯仑. 行在宽处［M］.长沙：湖南人民出版社，2014.
② "企业管理" 微信公众平台。

以及互联网的普及，同昌领导层再一次对企业战略作出调整，使战略更切实可行，更具有现实指导意义。再次重申自身的战略定位：做中国优质保险服务践行家，并明确提出公司中期战略规划。

第一节　战略起源及演变

同昌历程的前半段疲于应付生存，常处于"摸着石头过河"的状态；后来由于成功度过了生存期，企业基础得以夯实加强，让公司有余力审视自己的发展状态，盘点一路走来的成败得失，思考未来的方向。另外，近年来企业外部发展环境变化较大，过去粗泛式的发展模式已不能适应现实要求，企业必须改革调整才能生存发展。加之，开始时，公司员工较少体现不出提前规划的重要性；后来随着员工越来越多，没有提前的规划，事到临头便会措手不及，由此造成了很多失误。痛定思痛，公司战略的缘起是企业发展现实矛盾所倒逼出来的结果。

一、居安思危，考虑企业战略

2009～2010 年，同昌保险得益于国家宏观政策调整，得益于公司在公路领域的坚持，得益于员工的学习积累和努力工作，进入一个辉煌发展时期。那段时期公司的利润超过了历年的总和，特别是 2010 年更是达到了顶峰，员工的收入大幅增长。公司拥有稳定的发展速度、稳定的目标客户、稳定的企业利润、稳定的员工队伍。然而，正是在一片稳定繁荣中，危机也在潜滋暗长。

正是这一时期，公司进一步发展遇到了"瓶颈"：非车险经纪业务具有独特的规律性和市场周期，要成功开发一个大项目，天时、地利、人和、运气缺一不可。有些项目不论自身如何努力，任何一点点客观因素都可能导致最终功败垂成。有些项目努力多年，万事俱备，唯独不见东风。另外一种现象就是各行业、各大企业相继成立了自己的经纪公司，非车经纪业务的"蛋糕"逐渐被分割蚕食。特别是现实社会中，大企业和大项目关系营销占据了很重要的市场，市场上"寻租"现象普遍，这个客观现状也成为大多数经纪公司无法绕过的一道难题。同时，国外成熟的经纪公司挟其百年沉淀冲击国内保险市场，这些老牌经纪公司技术成熟、品牌响亮、人才济济，让本土经纪公司倍感压力。对于草根阶层出身的同昌保险，业务竞争渐无优势可言。因此，仅凭非车险业务，并不能完全保证公司的持续稳定发展。

"明者见危于未形，智者见祸于未萌"，预见到的一些问题和隐忧，让同昌领导层开始思考企业的战略转型，开始谋划公司的未来，这就是公司企业战略的起源。经过公司全体员工充分讨论，多次公司会议探讨，公司领导层反复论证，最终以"中国优质保险服务践行家"为定位，围绕"及时赔"品牌的公司战略构想初步出炉，决定除继续发展原有非车险业务外，同时开始大力发展车险业务。

二、同昌战略雏形

保险公司是保险行业的主力军，过去如此，现在如此，将来还是如此。保险中介作为行业的补充，必须做好自己分内的事，才有生存的空间和发展的可能。同昌保险能做的是保险中介的事，就是在细分领域更专业、更敬业，并且把中介的服务职能推到一个全新的高度。要做到这两点并不容易，一是必须坚守传统，耐得住"寂寞"；二是必须与时俱进，结合现实推陈出新。这涉及到对"破"和"立"的哲学思辨的完美把握和运用。

经过公司集体思考讨论，2010年初步提出五年发展目标：一是业务量和市场占有率在云南保险中介第一；二是提高品牌知名度，在行业内处于领先地位；三是铺设分支机构，让服务网点遍布云南；四是打造企业核心竞争力，让公司拥有旺盛的生命力。

做好本土的事，服务好云南，一直是公司最初的努力方向。公司不跟别的企业比大比全，而是追求区域统治力，精耕细作，逐一攻克，以点带面。同昌保险的战略保障：一是完善的内部治理结构；二是企业的核心竞争力；三是无处不在的创新；四是日渐厚重的品牌。因此，公司必须重视企业的制度建设，完善企业架构，重视企业的文化建设，做好人才招聘储备，坚持品牌的开发和维护。

```
                              ┌─────────┐
                              │  股东会  │
                              └────┬────┘
                                   │
                    ┌──────────────┴──────┐
              ┌─────┴─────┐          ┌─────┴─────┐
              │   董事会   │          │   监事会   │
              └─────┬─────┘          └───────────┘
                    │
              ┌─────┴─────┐
              │   总经理   │
              └─────┬─────┘
                    │
    ┌───────────────┼──────────────────────────┬──────────┐
┌───┴────┐                            ┌────────┴───┐  ┌────┴────┐
│  车险   │                            │   非车险    │  │  财务部  │
│ 事业部  │                            │   事业部    │  └─────────┘
└───┬────┘                            └────────┬───┘
    │                                          │       ┌─────────┐
┌───┴────┐  ┌─────────┐  ┌─────────┐   ┌──────┴───┐  │  行政部  │
│ 车险部  │  │  机构部  │  │ 车险公估部│   │非车险公估部│  └─────────┘
└────────┘  └────┬────┘  └─────────┘   └──────────┘
                                                        ┌─────────┐
┌────────┐  ┌─────────┐  ┌─────────┐   ┌──────────┐  │人力资源部│
│业务五部 │  │嵩民分公司│  │楚雄分公司│   │ 技术支持部│  └─────────┘
└────────┘  └─────────┘  └─────────┘   └──────────┘
                                                        ┌─────────┐
┌────────┐  ┌─────────┐  ┌─────────┐   ┌──────────┐  │  幸福办  │
│业务六部 │  │宜良分公司│  │丽江分公司│   │非车经纪一部│  └─────────┘
└────────┘  └─────────┘  └─────────┘   └──────────┘
                                                        ┌─────────┐
┌────────┐  ┌─────────┐  ┌─────────┐   ┌──────────┐  │系统IT部 │
│业务七部 │  │呈贡分公司│  │版纳分公司│   │非车经纪二部│  └─────────┘
└────────┘  └─────────┘  └─────────┘   └──────────┘

┌────────┐  ┌─────────┐  ┌─────────┐   ┌──────────┐
│   ⋮    │  │安宁分公司│  │普洱分公司│   │非车经纪三部│
│        │  └─────────┘  └─────────┘   └──────────┘
│        │  ┌─────────┐  ┌─────────┐   ┌──────────┐
│        │  │禄劝分公司│  │昭通分公司│   │非车经纪四部│
│        │  └─────────┘  └─────────┘   └──────────┘
│        │               ┌─────────┐   ┌──────────┐
┌────────┐               │大理分公司│   │  ……     │
│业务二十二部│             └─────────┘   └──────────┘
└────────┘               ┌─────────┐
┌────────┐               │德宏分公司│
│业务二十三部│             └─────────┘
└────────┘               ┌─────────┐
┌────────┐               │临沧分公司│
│业务二十四部│             └─────────┘
└────────┘               ┌─────────┐
                         │迪庆分公司│
                         └─────────┘
                         ┌─────────┐
                         │红河分公司│
                         └─────────┘
                         ┌─────────┐
                         │  ……     │
                         └─────────┘
```

客户服务部

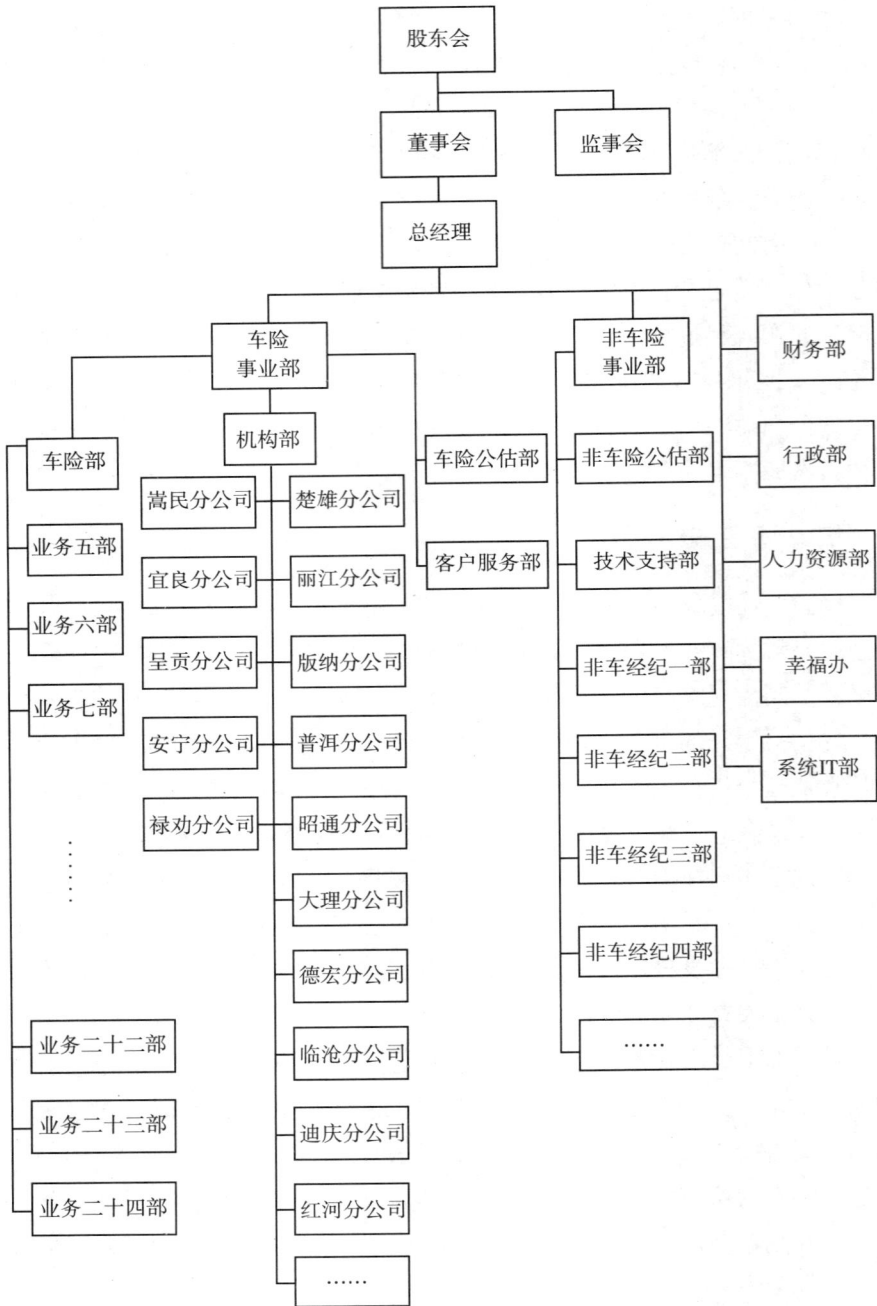

图 3-1　同昌组织架构

三、战略演变

同昌保险战略有个演变过程。2010 年，由于才开始思考企业战略，保险市场也不同于 2015 年，时移世易难免有失偏颇和全面。在之后的几年中，企业遇到了许多问题，社会环境也发生了深刻剧变：车险竞争日益激烈；世界范围内经济发展乏力；中国从 2014 年开始进入经济转型调整期，国家继续深化经济体制改革，力求改变经济增长方式，经济增速放缓；互联网对传统行业的影响进一步加剧，移动互联网正融入并影响人们生活，国家领导人提出并鼓励企业探索"互联网+"的发展模式。作为金融行业，保险业首当其冲遭受新浪潮的冲击，面临着变则向前发展，不变则可能被淘汰的严峻形势。这对本来就在行业夹缝中求生存的保险中介更是危机深重，改革调整势在必行。

大环境变化对保险中介的直接影响表现在：①互联网有去中介化的趋势，保险业传统靠人推销的营销方式受到前所未有的挑战。②由于国际国内经济发展受阻，金融政策紧缩，企业资金紧张。作为中小企业的同昌深受影响，如何调整经营策略谋求生存和发展，迫在眉睫。

2015 年初，在公司股改和新三板筹建的背景下，公司领导层又再次发起"同昌保险如何应对新形势、以谋求更好更快发展"的思考和讨论，通过公司多次会议讨论，范吉智代表领导层在半年工作总结会上，对公司战略调整作了说明：

（1）通过股东会决定，同昌正式进入互联网领域，兼顾线上销售和线下服务。互联网乃大势所趋，公司要向前发展，必须紧跟时代步伐，借力互联网，遵循"线上销售，线下服务"的 O2O 主流发展模式，线上利用互联网方式进行销售拓展，线下依靠现有团队人员进行服务。为此，公司要打造更强大的 IT 团队，借助大数据平台，并寻求与保险精算团队的合作，研发相关产品和服务模式。

（2）再次重申公司战略定位："中国优质保险服务践行家"。由于历史原因，保险中介在保费规模上难以与大型保险集团相抗衡，现在保险市场主力仍然是各大保险公司，但整个保险市场服务质量不高，正是公司的发展机会。公司是保险中介集团，其重点是服务，尽管目前销售仍是主要利润来源，但未来势必会依靠良好的服务推动销售。过去公司以"中国优质保险服务践行家"定位自己，现在重申并且坚持遵行。

（3）提出同昌战略实施手段：资本推动，创新发展。公司新三板挂牌之后，将会有更多外部股东加入，届时可能会转让部分股份，亦可能定向增发。外部股东的投资和其他帮助会成为公司发展的巨大推动力。加之创新手段的运用，公司将会有一个好前景。

（4）同昌战略突破。公司现在已有战略品牌"及时赔"，虽然眼下没有盈利，但从长远考虑，"及时赔"品牌可以为公司带来良好的客户体验和企业声誉，作为战略而非战术投入，今后还将在服务上加大力度。譬如掘井，不停地挖，总会有出水的一天。坚信永远做对客户有利的事，最终会得到回馈。

根据之前的战略目标，公司势必要在全国中介市场占据较前位置，公司仅是一个区域性企业，要想达成这个目标需要有较快的发展。不可能一蹴而就，尚需循序渐进，保持比同行业略高的服务水平持续增长即可。

第二节　中期战略

2010 年提出的同昌五年战略目标为初期目标，这一目标并没有完全实现；2015 年初也进行过公司战略的思考，但时值公司操作挂牌新三板，结果未知；进入 2016 年，公司已成功挂牌新三板，在新平台上战略的制定更为急迫。其实在几个月前，挂牌新三板尚无结果之时，同昌领导层就开始了战略的思索和讨论，新时期战略呼之欲出。

一、放眼全国寻良方

2015 年 12 月 9 日，同昌保险在"新三板"正式挂牌。这一里程碑式的进程，让公司领导层带领员工再一次对公司战略作审视和思考。这次主要把目光投向全国保险中介市场，思考自身经营模式，寻找公司战略完善之良方。

目前，国内的保险中介市场保险经纪和保险代理的侧重尚不明显，两者相互补充共同撑起了国内尚不成熟的保险中介市场。随着国内保险需求的增长和人们保险消费的日益理性化，保险经纪人越来越受到大众的青睐，未来有逐步扩大市场占有率之趋势。同昌作为集保险经纪、保险代理和保险公估为一体的全能型保险中介公司，正好能全面满足国内保险中介市场多样化的现实需求，未来要做的是在保险中介各专业领域精耕细作，纵深强化专业能力，以应对日益多样化与日益严苛的保险需求。我国台湾地区是亚洲首屈一指的金融保险发达地区，采用保险经纪与保险代理并重、以专业中介为主、多样化的企业发展模式，企业类型包括：一是专业经代，要么是专一的产险代理，要么是专业的寿险经纪，其理念是"专一的做专业，专业的做专一"；二是产寿险并举，跨险种交叉专业，其理念是"人无我有，人有我精"；三是多元化、跨领域发展，做综合性金融经代，其理念是"别人有的我们也有，别人没有的我们也有"。"它山之石，可以攻玉"，作为我国的一个地区，其经验值得我们同行借鉴。

二、布局互联网模式

互联网是当今保险不可回避的一大趋势。时至今日，国外保险电商已经有相对成熟的发展，比如说美国部分险种网上交易额已经占到 30%~50%，英国 2015 年车险的网络销售保费占比已高达 95%，韩国网上车险销售已经占到总体市场 20% 以上，日本车险业务电子商务渠道占比 41%。[1] 这一切都表明：网络保险销售是一个非常快速高效的销售渠道。

互联网有去中介化之趋势，中介要发展必须另辟蹊径，同昌保险从 2014 年就开始互联网探索之路。保险服务有几大环节：产品、销售、服务和投资，公司之前做了前三个环节，而最后"投资"环节没有做过也缺乏经验，这是需要学习提高的部分；借助互联网进行改革创新、升级打造"产品、销售、服务"，提升几大环节品质，则是公司现在和未来的重中之重。

---

[1]　新浪财经《国外互联网保险发展小史》。

专栏 3-1

关于移动互联网+同昌保险的发展模式思索

1. 互联网保险行业现状

行业竞争度：目前为蓝海，呈现群雄并起、百舸争流的局面，预计未来 2~3 年内将迅速步入红海。

目前参与机构主要包括下面四股力量：保险公司，保险中介企业，互联网企业 BAT 等，其他行业企业包括投资机构（如九鼎投资收购保险公司）、汽车厂家（通过车主平台或 OBD）、汽车后市场（滴滴打车、洗车美容）、旅游企业（意时网）等。

行业热度及模式：因尚属于新兴投资领域，近年来上述四股力量对互联网保险一直保持着较高的投资热情，纷纷加强市场布局，对行业未来发展具有较强信心。但各投资机构目前尚未整合出一套成熟的商业模式，仍处于探索阶段，市场格局和走向尚不明朗。

行业内各细分领域发展前景：

寿险：从长期来看，寿险产品的网络热销和成熟的商业模式还需要一段较为漫长的发展历程。这是因为：①寿险产品较为复杂，普通人难以完全理解所有保险条款，单纯地通过线上网络展示，无法使购买人准确理解产品属性及各项条款约定；②寿险属于长期产品，一次销售成功，未来数十年都不再需要重新购买，客户对网络的依赖频率有限。

财产险：除了大型工程保险不适合，其他财产险种具备较好的网络整合基础。其中，家庭财产保险、个人意外健康险、个人信用责任保险等因单价较低、产品相对简单、使用频率较高（每年投保一次）等因素，较为适宜开展网销。因此，目前纯互联网企业（如阿里、腾讯等）的保险投资领域大多集中在这三个险种上。但此类险种最大的问题在于多年来市场规模空间提升较小，2014 年，此三类险种保费之和仅为1017 亿元，占国内总保费和财产险总保费的比率仅为 5.03%和 13.5%，且最近五年年均增速均在 16% 左右，未来市场容量有限①。

---

① 数据来源：《中国保险市场年报 2015》。

车险：机动车辆保险是财产保险中份额最大的险种，2014年总保费规模为4032亿元，占所有财产保险市场的73.1%。再加上产品相对简单成熟、消费者购买意识较高、销售及售后服务的标准化流程日益成熟、中国汽车市场保有量仍处于高速增长阶段等因素，同昌认为，车险市场是目前和今后一段时间内最适宜与互联网进行对接和深度整合的产品，也是上述保险企业、互联网企业、汽车及汽车后市场企业重点布局的领域。

目前车险行业的"互联网+"模式：各出奇招、优劣兼具。

保险公司：依托自有网络资源（网站、APP）和第三方电子商务平台进行推广。自营优势可带来销售和服务效率上的提高，但劣势是只能"王婆卖瓜"式地单方面推销，不能给用户提供产品和价格上的横向对比和多样化选择。

保险中介联合互联网企业：主要是为客户提供车险比价，有的具有销售结算功能（第三方支付）。优势是凭借APP或微信可以实现较大的普及率和便捷性，劣势是不具有核心技术、不拥有产品研发能力和定价权限、仅作为中间平台赚取少量通道费用、面对互联网大鳄抗风险能力较差。

纯互联网企业：如BAT、众安在线等，主要模式是依托较为强大的后台大数据支撑和资金实力，以自营或合资形式开展保险产品营销。优势在于运用成熟的纯互联网模式在小型保险产品创新上（开发航班延误险、手机碎屏险等）快速抢占市场，劣势是在传统车险市场上不具备核心技术能力、放弃售后服务市场（理赔外包）会损失一部分客户黏性等方面。

非保险和非互联网企业：通过一些自有非保险平台（如意时网的旅游平台、北京现代的车主平台）或者定价方式的创新（如单纯以行驶里程测算保费的"里程保"），兼业销售车险产品。此类企业不太具备将互联网车险销售做大做强的长远信心和足够的技术基础。

2. 同昌模式及特色

同昌模式："依托自有售后服务网络，以微信客户端实现整个车险产品研发、定价、销售、服务的全流程重度垂直整合。"同昌做的是车险领域真正的O2O。

作者：同昌保险总经理　邓星

三、中期战略规划

经过领导层长时间充分酝酿，经过多次股东会和董事会的讨论表决，公司经过多次调整和完善，2016年1月15日在同昌保险新三板挂牌暨战略发布会上，董事长范吉智正式阐述了同昌保险中期战略规划。①

（一）战略制定背景

同昌战略的总体背景是：中国保险行业快速发展，保险中介呈现高速发展，行业整合日益加剧；互联网对保险行业形成颠覆式的冲击；公司发展到一定高度的必然选择。

首先，中国整个保险行业持续高速增长，其增速远高于 GDP 增速；2015 年全国保费规模已达 2.43 万亿元，超过英国成为世界第三大保险市场，中国保险发展前景喜人；中国 2014 年保险深度世界排名第 61 位，保险密度世界排名第 46 位，可见中国保险业未来提升空间广阔。

其次，国家对保险业大力支持：2006 年国务院发布《国务院关于保险业改革发展的若干意见》，2010 年保监会发布《关于改革完善保险营销员管理体制的意见》，2011 年保监会发布《中国保险业发展"十二五"规划纲要》，2014 年国务院发布《国务院关于加快发展现代保险服务业的若干意见》，2015 年工信部、公安部等国家十部委联合发布《关于促进互联网金融健康发展的指导意见》，密集发布保险相关文件，表明国家从政策层面全力支持保险业发展的态度和决心。

同时保险专业中介进入发展"快车道"：2015 年专业中介个别企业保费规模超 100 亿元，10 个以上专业中介企业保费规模超 10 亿元；保险中介集团化发展趋势形成，超过 10 家保险专业中介成功登陆"新三板"，资本力量扎堆

---

① "同昌保险中期"是指 2016~2018 年。

进入保险专业中介；保险业"新国十条"明确"充分发挥保险中介市场作用，不断提升保险中介机构的专业技术能力，发挥中介机构在风险定价、防灾防损、风险顾问、损失评估、理赔服务等方面的积极作用，更好地为保险消费者提供增值服务，优化保险中介市场结构，规范市场秩序，稳步推进保险营销体制改革。"互联网保险风起云涌，近年来互联网保险呈现跨越式增长。

（二）战略方向

（1）战略总思路：秉持"中国优质保险服务践行家"的经营宗旨，坚持线上、线下"两手抓"的策略和销售、服务双轮驱动的战术，借助资本和互联网形成双翼腾飞之势。

（2）经营指标：在 2016~2018 年的三年间，每年保费规模和营业收入实现与上年相比翻番的目标。三年内努力成为国内保险中介收入排名前十的企业，在全国保险行业具有较大的社会知名度。

（3）经营模式：双轮驱动，销售与服务并重。销售端：扩充和提升现有线下销售模式的业务渠道、业务规模和业务品质，完善线上销售渠道的产品开发、产品推广及销售结算。服务端：持续提高公估师和地州县分支机构的现场服务能力和客户满意度，并尽快布局全国，全面满足所有客户的售后服务需求。

（4）实施步骤：2016 年深耕云南，年内完成所有县级以上地区的分支机构设立，全年业务规模翻番，争取保费收入规模跃居省内中介行业第一；2017 年全面布局全国，优先在北上广深及西南地区完成分支机构建设，完善所有省内分支机构和所有省外机构的售后服务力量建设，所有省级和地市级分支机构实现盈利；2018 年资本扩张，收入规模跃居全国前十位，借助资本市场力量，有适当机会争取向保险产业链上下游深度渗透。

（5）实施手段：①销售策略——利用挂牌新三板的利好，在各板块全面提高收入和盈利水平。销售模式：传统模式和互联网模式并举，传统模式提升保费规模，同时建立具有较强生命力的线上销售模式，利用互联网作为今后主要的客户获取方式，倚重互联网模式补充保费规模并增强盈利水平，力争三年后线上业务规模超过线下业务规模。市场策略：抓住车险费率改革的良机，迅速做大客户规模；与部分保险公司达成长期持续的合作关系；省内市场上稳居第一，省外市场上，利用挂牌知名度和资金软实力，挑选部分合适的保险中介进行并购。②对外融资及所有者权益的保值增值。融资战略：尽快启动做市交易，通过多种方式使资本金不断扩大并推动市值不断攀升；2017年和2018年利用定增、做市、引入新的战略投资人以及进入新三板创新层，使公司市值达到一个合理的高度。

第三节　战略重点

同昌的远期战略：做全国较大的保险服务公司，业务规模进入全国前十。战略在企业发展中会不断调整，在调整中不断完善。

企业定位：中国优质保险服务践行家。作为中介，公司能提供的只有服务；作为服务企业，只有提供了优质的服务才有出路；公司自成立开始，一直奉行服务为王的思路，以提供客户需要的产品和服务为基础，帮助客户选择适当的产品（今后甚至会为客户量身定制个性化服务），提供超越保险公司的服务（如"及时赔"），也因此获得了发展，公司故而坚持"中国优质保险服务践行家"的定位，并且一再强调。

战略聚焦：专注产险，避开寿险。寿险的经营理念与同昌格格不入，中国寿险行业埋藏着巨大的系统性风险，目前的寿险行业无法提供客户真正需要的产品（香港地下保单长年已达300多亿元，规模可见一斑）。

战略实施：公司一再强调"销售+服务"双轮驱动，"资本+互联网"两翼助飞。

同昌战略中几个重点：一是企业人才战略，二是企业品牌战略，三是企业文化战略。上述几点是公司战略的基石和支撑，以下简述之：

一、人才战略

一个企业的战略能不能成功，关键在于有没有与战略相匹配的能力，而企业的这个"能力"主要构成因素就是人才。同昌对人才的要求是德才兼备，其中要求"德"为先，要求"才"精益求精。金融行业，德不配位容易形成重大隐患，尤其保险业经常与金钱打交道，诱惑太大又无处不在，稍有不慎便会犯错违法。而才则可以学习提高，一旦定型就很难改变。同昌一贯坚持人才为先，不断招纳与公司志同道合的人才，施行内部挖潜和外部引援并举，一方面通过多种渠道向社会正常招聘；另一方面鼓励员工推荐贤能。

保险中介属于人才密集型企业，一个企业不但能招进人才，还能留住人才。公司努力培养员工对公司的归属感和忠诚度。每次年会，都会有一个固定环节：颁发员工忠诚奖，对在公司工作满五年、十年及十五年以上的员工，分别颁发不同金额的现金奖励，以褒奖他们对公司的忠诚和奉献。现在公司拥有一大批工作经验丰富、认同公司文化的老员工，更有一批朝气蓬勃、勤奋进取的年轻人，他（她）们共同撑起了同昌保险的未来。这正是公司人才战略的导向结果。

二、品牌战略

如果说人才是企业战略的根本，那么品牌则是企业战略的核心。没有品牌，就如同战略没有心脏。同昌以"中国优质保险服务践行家"定位自己，从成立之日起就充分发挥保险经纪人的桥梁作用，致力于倾听、挖掘与满足客户需求，在保险公司与客户之间打造方便快捷的对话通道，以优良的服务品质让客户的合法权益得到保障。为优质的保险服务，公司一直在身体力行，不断努力。公司把自己在风险管理方面的专长和经验与客户分享，帮助客户实现风险的有效控制和合理转移，提高抵御风险的能力，使客户的利益得到充分保障。2011 年推出"及时赔"[①] 车险特色服务，一如既往地为广大客户提供最贴心、最便捷的保险服务。从企业盈利角度而言，"及时赔"并不给力，相反为了提供优质的售后服务，还占用了公司大量的人力物力资源，导致不但没有利润甚至亏本。之所以一如既往地坚持，为的是树立品牌，扩大公司影响，这是基于战略而非战术的设计。

成立十年来，同昌保险累计经手保费超过 15 亿元，服务个人客户逾 50万人，企业客户近千家。这些优质服务，为公司赢得了广泛的赞誉及客户的高度认可。同时与市场上各大保险公司保持了长期友好的合作关系，业内信誉良好。2015 年员工发展到 500 多人，业务规模达到 3 亿多元，已经具备

① 由同昌保险提供的一种新型车险服务，指客户出险后现场报案，经现场查勘责任、损失明确无争议，且不涉及三者物损和人伤，单车损失小于（含等于）2000 元，查勘人员将现场支付赔款。

了较强的保险销售及服务能力，已成为以"同昌保险经纪"为中心、以"同昌保险代理"及"同昌保险公估"为两翼的保险中介集团，组织架构完善。

同昌用经营百年老店的心态苦心经营沉淀品牌，注册"同昌"名称及公司的 Logo 商标权，对于"及时赔"的持续宣传投入，400-6688-199 专线服务电话的申请开通等，无一不是基于品牌战略所为，"同昌保险"和"及时赔"品牌现在已具有一定的影响力，品牌积淀初见成效。

三、文化战略

人才和品牌是企业战略的硬指标，而文化则是企业战略的软实力。文化的影响不是显性而是隐性的形式，却又不可或缺、非常重要。"文化"可以决定"人才"和"品牌"的质量，所以同昌把企业文化的建设提升到战略的高度来认识。自同昌成立之日起，就一直在不遗余力地打造企业的文化和氛围。2010 年，时值公司战略思考，领导和员工开始总结提炼公司的企业文化，并加强了公司文化建设。详情在后面章节会有专门阐述，这里仅把有代表性的企业文化作个简单罗列。

（一）股权文化激发潜能

同昌保险一直实行员工制，为每一位员工量身定制职生涯规划，为团队经理搭建内部创业平台，同时实行全员持股制，让广大员工无后顾之忧。如此不仅有效解决了保险中介人员流失的问题，建立了一支专业强、素质高、形象好的销售队伍，也让员工找到了归属感，充分调动了员工的能动性，最大限度激发了员工的潜能。

（二）兄弟文化凝聚人心

同昌保险在长期的发展中，在公司内部员工之间形成了情同手足的"兄弟文化"。员工之间大多有真诚的感情，工作上并肩作战，生活中情同手足，员工之间的社交时间也占据了生活中的大部分。良好的关系让员工既有愉快的工作氛围，也能最大限度为企业工作，让公司的发展如虎添翼。

（三）诚信文化无往不胜

同昌保险一贯秉持诚信为本的经营理念，重合同守信誉，一诺千金。如公司的 Logo 设计，如图 3-2 所示。

图 3-2 公司 Logo

概念出自中国传统的大鼎，取其骨架，为一言九鼎的象征，表明公司立足之本为"诚实守信"。

经过十年磨砺沉淀，公司里随处可见诚信，诚信已成为"同昌人"的一种习惯，这是公司对外最好的名片，让企业无往不利。

（四）幸福文化魔力无限

芸芸众生整日奔碌所为何事？有人为名有人为利，有人为柴米有人为油盐，但最终的目标都落到"幸福"二字上。同昌最高理想是让员工能幸福生活，公司也一直为此努力不止，幸福文化就如一个潘多拉魔盒，激励着所有"同昌人"不畏辛劳为之不懈奋斗。

综上所述，人才战略、品牌战略和文化战略是同昌战略的几大支点，它们相互独立又紧密相连，夯实了公司战略基础，让战略变得切实可行而又生动饱满。

专栏 3-2

同昌，我的家

一

在领到大学毕业证之前，
我以为工作是可以随心情而轻易更换的，
于是，随心随意轻易更换过两次临时工作。
领到大学毕业证之后，

同昌强大的引力把我召唤了过来，

那时的同昌还不叫同昌。

从此，我就像一坨馅儿，

被深深包裹在这个团队里，

十年，

我未曾离开过。

二

一个陌生的行业，

一堆读不太懂的保险条款，

一套在学校里早就不学的 DOC 系统，

一本记满各种客户车辆信息的台账，

一摞摞保单、发票、各种卡片，

一不留神就会弄错的流水号、保单号、车牌号、发动机号……

我开始了我的保险服务职业生涯。

那是一个手忙脚乱、似懂非懂、提心吊胆的开场。

三

同昌人与人之间有着千丝万缕的关系，

这是在我基本结束提心吊胆之后才顾得上发现的。

朋友圈、同学圈、发小圈、邻居圈、亲戚圈，

圈圈相扣、环环相交，

以感情为基础的同昌 3D 立体图就这么呈现在我的眼前。

四

都是自己人，

有事您说话。

慢慢地，我放下所有戒备和担忧，

向兄弟姐妹们学习这个团队的生存方式。

我的各位哥各位姐们每天忙碌奔波于拜访客户、处理赔案，

感觉他们的状态就像迁徙的角马。

从我身边呼啸而过日复一日，

所有人都为某个目标而勇往直前不曾停歇。

我一直坐在一把黑色网面的办公转椅上，

灰白色的实达针式打印机整日嗞嗞嗞嗞地打印着保单和发票。

这声音不消停，就表示他们一直在收获，

感觉这就是我在后方为他们呐喊助威的声音。

五

提起做业务特别是保险业务，

脑海里出现的是这样几张图片：西装、公文包、锃亮的皮鞋和油光水滑的头发。

不不不不，不要这样，回到现实，

各位哥们姐们可不是带这样的装备上战场的。

大方平和、谦而不卑、有情有义、恪尽职守、技能超强，

这些才是最响亮的名片。

失败、打击和挫折总是成长过程中必不可少的几出戏，

开始我也一样以传统套路中的沮丧、伤心、失落几种表情亮相。

结果自然是同昌姐们儿陪吃陪聊陪看电影陪吐槽，

同昌哥们儿谈天说地谈古论今聊人生，

大家慢慢把我拖出泥潭。

突然又有那么一天，

发现镜子中的自己越来越像角马了哦！

六

人各有所长，

术业有专攻。

冲锋不行，

改挖战壕。

我已能像大家一样，

含着眼泪奔跑、忍着伤痛呼啸。

目标就在那里，

我们的绿洲我们的未来。

战略是一门重型武器，

而执行战略需要比角马更勇敢比犀牛更执着。

创立"及时赔"品牌的过程是一段痛并快乐的经历，

所幸这个故事里有您、您、您和您。

我的各位哥们姐们，

感谢有你们！

七

没有一个地方让我心甘情愿花去那么多时间安心待着，

除了学校。

而原来那些年，

我上过的学读过的书做过的作业，

最终是要服务于这个团队的，

好吧，原来这就是宿命。

没有一个地方让我不停地汲取精华，

实现一次又一次的改变和提升。

没有一个地方能够让我既拥有同事、战友，

还拥有兄弟、姐妹、好友甚至闺蜜，

除了同昌。

原谅我没法用煽情的故事和一堆华丽的辞藻来表达我对您的感情。

我表达感情的方式很简单，

俩字儿——执着！

执着地认定您——就是家！

作者：同昌保险　杨静

第四章 同昌业务

公司对外提供保险中介服务，包括保险经纪业务、保险代理业务和保险公估业务，具体分为非车险业务、车险业务和公估业务，作为主营经纪业务的中介企业，同昌的大部分业务为经纪业务，代理业务所占比重较小；而公估业务则是公司的服务依托，其承担着对内服务和对外服务两大职能。分支机构建设是公司业务和服务的延伸，也是实施公司战略的具体举措。

第一节 业务概述

同昌经纪为投保人提供保险经纪服务，根据投保人的委托，协助投保人与保险公司订立保险合同，并为投保人提供风险管理和协助索赔等服务；同昌代理为保险公司提供保险代理销售服务，根据保险公司委托，在保险公司的委托范围内代其销售各类保险产品；同昌公估为投保人和保险公司提供保险公估服务，根据投保人和保险公司的委托，从事保险标的或保险事故的评估、勘验、鉴定、估损、理算等业务。

一、业务模式

公司目前主要提供财产险类保险服务，分为车险业务和非车险业务，如图4-1所示。

公司根据自身业务情况，设置车险事业部和非车险事业部，分别对车险业务、非车险业务进行管理。

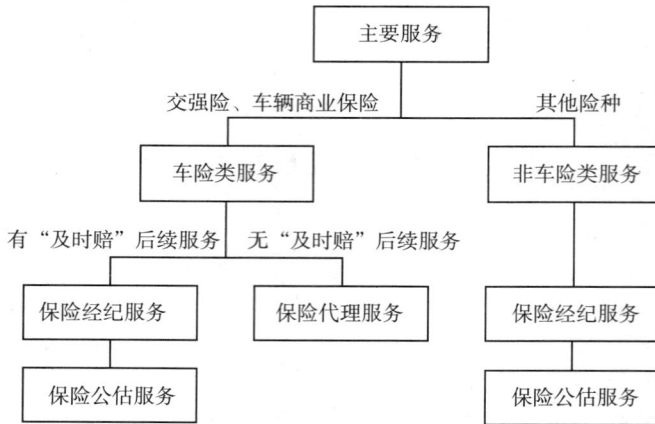

图 4-1　业务分类情况

（一）车险业务

一般国内保险经纪公司很少涉足车险业务，因为车险业务利润比较低，基本属于不赚钱险种，即使做也只是以代理的形式进行。而同昌保险的车险业务是以服务为基础，提供保险经纪人的服务模式，这有别于其他保险中介公司。以 2011 年推出"及时赔"为起点，公司正式涉足车险业务。之后，车险业务保费规模占公司每年总保费规模的 70%～80%，主要为私家车主，车辆价值 90% 以上集中在 10 万～30 万元，其余少量为风险较高的低端车用户和豪华车用户。此类客户大部分对爱车的维修、保养、索赔的便利性较为重视，享受过同昌提供的服务后，续保率明显提升，客户忠诚度较高。

对于车险业务，公司通常会选择认同同昌理念的保险公司签署合作框架合同，销售其产品。

1. 销售模式

表 4-1　销售模式

销售模式	销售内容	销售占比（%）
客户直销	根据以往营销数据和现有客户资料，公司营销团队直接向目标客户销售车险	约 40

销售模式	销售内容	销售占比（％）
定点销售	在闹市、住宅集中区、车市等合适的地点设立售后咨询服务部，为客户提供投保咨询算价服务，对决定投保的客户，由公司具有出单资质的网点提供出单、结算、送单服务	约35
代理销售	通过汽车4S店、汽车修理厂、洗车美容店等渠道销售车险产品	约20
媒介销售	通过在电台、电视、纸媒、网络等媒介公开宣传吸引机动车车主，由车主拨打公司400-6688199电话进行投保	约5
团体销售	通过参加招标、营销人员实地走访、第三方介绍等方式，针对单位团体的车辆保险进行销售	

注：销售占比＝单种销售模式保费收入/车险保费销售总额。

2. 佣金政策

机动车商业保险的佣金率则由保险公司在监管部门相关规定范围内自行制定，主要受市场环境、保险公司当期政策、承保车型、行驶区域以及合作的保险中介的业务量、议价能力等因素影响，变动较为频繁，以结算佣金时保险公司制定的佣金率为准，通常在10%～30%。

部分情况下，如果同昌与某一家保险公司的全年业务量较大，保险公司会根据全年的车险业务总量进行一次性奖励，比例通常为全年保费收入的2%～5%。

（二）非车险业务

公司原本一直以非车险业务为主，2011年后开始并重发展车险业务。此后，非车险业务的保费规模约占总保费规模的20%～30%，省内、省外客户数量共计超过210家。客户多为大型国有企业、政府机关，或国有资金使用方代表，其业务呈现险种繁多、专业性强、单笔业务保费金额高等特点。此类客户主要关注职业风险，重视自身财产或投资的项目风险隐患，希望得到完善的保险保障。因此，他们对价格的敏感度一般，但对采购程序（招标）的合规性重视度较高。日常工作中此类客户最注重保险日常服务的完善性、全面性、便利性以及赔款的及时性。所以，若是保险日常服务工作和客户关系维护工作完成质量较高，将极大提升这些客户的信任度和依赖度，续保率非常高。

非车险业务自开展以来，主要业务人员始终不断学习实践操作经验，以快速提升专业技能、提高服务品质。经过多年的努力与锤炼，不仅形成了一批专业素质极高的队伍，还与中国移动、中国联通、机动集团等多家大中型企事业单位建立了长期友好的合作关系，客户分布于众多行业。

1. 销售模式

非车险业务主要由同昌非车险经纪业务部负责，通过市场营销等方式与投保人建立保险经纪服务委托关系。由于非车险业务自身特点的要求，公司的销售模式一般为先分析目标区域市场，再选取确定重点目标客户和潜在客户，通过拜访、沟通、比选、制作并提交服务方案等流程，获得客户的授权后，再代表客户寻找合适的保险产品提供方，通过客户规定的采购形式与保险公司签订保险合同，保险公司收到客户支付的保险费后按约定将相应比例佣金支付给同昌，完成销售环节，然后转入保险期内服务环节。

2. 佣金政策

非车险佣金率随险种类型、项目风险大小、保险公司当期政策、市场环境等因素而调整变化。通常情况下，保险公司总公司每年会针对各个省份、险种、行业项目等制定一定比例的佣金政策，各个省的保险分公司在此基础上细分至每个市场或某个销售渠道。

同昌取得客户就特定项目的保险委托后，通过招标、询价、谈判等方式确定最终承保的一家或数家保险公司，并与保险公司协商确定佣金率。佣金率主要受当时市场环境、投保项目的风险状况与规模、保险公司的佣金政策、保险经纪机构的议价能力（业务总量与服务质量）等因素影响。

公司在投保人与保险公司签署保险合同之前，会从合作保险公司取得佣金确认函，佣金确认函中列明之前确定的佣金率、佣金支付的方式与时限等内容。

（三）公估业务

一方面，同昌公估对外承接各大保险公司和客户委托的公估案件，对外提供公估服务，收取公估费，为公司创造收益；另一方面，还承担着公司经纪业务和"及时赔"的售后服务。

1. 车险公估费

公估费由保险公司结合其当期政策、当地物价水平、当地公估成本（交通成本、时间成本、人工成本等）、公估公司议价能力等因素确定每个案件的固定单价。

2. 非车险公估费

保险公司根据每个非车公估案件的具体情况，参考案件涉及金额大小、查勘难度、必要的人力物力成本支出、损失理算难度、案件处理周期、公估公司工作情况等因素，确定公估费用。部分情况下，保险公司会就某一个阶段的所有案件或是某一个项目的批量案件的综合处理情况，以案件处理效率、正确率、综合赔付率等作为标准对公估公司进行奖励。

二、盈利模式

（一）经纪、代理业务

保险经纪与保险代理业务的盈利主要来源于经纪与代理业务的佣金收入。投保人向保险公司支付保费后，保险公司会按约定比例，将保费中的相应金额作为佣金支付给同昌保险，该笔收入即为佣金收入，收入佣金扣除公司各项成本后，剩余部分即为业务盈利。

（二）公估业务

保险公估费收入扣除各项公估成本后的结余，即为公估业务的盈利。

通常委托人[1]根据公估报告，按照合同约定支付公估费。针对车险案件数量较多、赔案频繁、金额较小的情况，同昌公估通常与保险公司签签框架性合同（里面有案均公估费的条款，以及公估费结算周期等内容），根据完成的公估案件数量，按约定的时间与保险公司进行公估费结算。

针对单个非车险案件，保险公司通常会在公估报告完成后的 7 日内结算公估费；损失较大的巨灾事故，例如地震、洪水、泥石流、暴雨、爆炸、火灾等，因评估周期长、查勘核算工作复杂、业务同质性较弱，难以通过类别或时间段约定支付方式的，保险公司则与同昌公估就该类案件单独签署公估协议，按商定内容单次结算。

---

[1]　委托人，指保险公司或投保客户。

三、后勤部门建设

为支持业务的更好更快发展，便于业务的集中管理，提高出单速度和质量，配合"及时赔"业务的推进，同昌保险成立了出单中心和 IT 部。

（一）出单中心

对于一个年保费规模上亿元的保险中介企业来说，没有专门的出单中心是难以想象的。做业务的人都知道，一张保单要出来很不容易。客户往往要经过询价、对比、犹豫的过程，之后才作出买或不买的决定。而第一步就是要算价，以便对保费摸底。出单中心未成立之前，公司算价和出单是混乱的，通常各个部门的业务由本部门的内勤算价、出单，但无业务归属的客户，就没有专门的部门负责。各车险团队内勤的工作也不堪重负，为此时常影响业务的开展。试算保费是保险展业中经常必须要跨过的第一道坎，业务员展业本就艰难，如再不能及时提供算价和出单，展业会更加艰难。另外"及时赔"推出后，业务越来越多，"到处打游击"式的算价出单已不能满足实际需求，于是 2011 年 9 月 18 日正式成立了出单中心。

别看简单的算价和出单，其实并不简单。出单员必须熟悉保险原理及保险条款，善于与各种人员沟通交流，有不厌其烦的耐心，有洞察入微的细心，还有高度的责任心。因为要面对形形色色的业务员和保险客户，有懂保险的、有不懂保险的、有和气的、有难缠的；有的客户算价刁钻古怪，一辆车要几套价格方案，比如第三者责任险投保 10 万元、20 万元甚至 30 万元都分别要算、要车损险的和不要车损险的价格方案、要玻璃单独险和不要玻璃单独险的价格方案等；还有客户大多不懂保险，这需要出单员解释清楚；再者每出一个保单，资料必须反复核对不能出错，特别像车架号和发动机号这类精准查询信息，稍有差池会遗患无穷；出单中心作为公司的窗口部门，员工言行代表着公司形象，既要热情服务，又必须谨言慎行。此外，出单中心经常需要加班。随着同昌合作的保险主体发生变动，各保险公司的条款和业务操作系统也必须及时熟悉，这需要出单员还要有吃苦耐劳和善于学习的精神。

事实证明，出单中心的工作干得很出色，为公司的业务发展提供了坚实而有力的保障。

专栏 4-1

真棒，出单中心

出单中心成立于 2011 年 9 月 18 日，我们的诞生强化了出单管理，集中有效力量及时地为广大业务员及客户提供保单及各项服务。成立之初，我们只有 4 名工作人员，主要合作主体公司也只有太平洋保险一家，由于缺乏经验及人手，我们只能提供较为简单的算价及出单工作。但是在公司发展壮大的同时，我们也在茁壮成长。截至 2015 年 3 月，出单中心增加到了 8 人，合作主体公司增加到了 6 家。为了给大家提供更专业更好更及时的服务与后台支持，我们不断学习，不懈努力，并积累了大量的工作经验，更完善了相应的软硬件设施，默默地给予大家支持与帮助。

出单中心时刻遵守公司的规章制度，坚持做到不迟到，不早退，准时上班，为所有人服务完才下班。积极认真地参加公司组织的各项学习和活动。在平时工作生活中吸收各方面知识，学习各式各样的新东西，不断充实强大，努力带给大家更多更专业的支持。

现阶段出单中心的工作不仅仅是出单了，我们是公司直接面对大众的窗口，连接各主体公司与业务员、客户等人的纽带，我们要付出更多的耐心和细致，时刻注意自己的言谈举止，对待客户热情大方，不因为自己的过失而影响到整个公司的形象。在与业务员进行沟通交流时认真细致，能主动说明、解释在进行购买车险的所具有的全面保障，以此达到协助业务员提高展业成功率的作用。

出单员的工作是枯燥重复的，但即便每天重复着同样的工作流程，我们都必须严谨细致地对待每一个保单，必须认真热情地对待每一位业务员及客户。我们深知自己工作的重要性，对此一致抱着认真严谨的态度来完成，每时每刻都督促自己更快更好地熟悉掌握各保险条款和主体公司系统，同时严格遵守公司的各项工作制度，谦虚谨慎，虚心学习，不断提升自己的业务水平和工作能力，给大家提供更好的后台支持。

学无止境，时代的发展瞬息万变，各种学科知识日新月异。我们还存在许多的不足之处，学习的广度和深度还有所欠缺，工作质量的提升也还有进步的空间。在今后的工作中，我们将坚持不懈地学习各种保险知识，并用于指导实践工作；更努力地熟悉承保政策和工作系统，提高专业技能；不断总结经验教训，使自己更好地做好本职工作，服务公司。

出单中心虽只是一个不起眼的小部门，但我们坚持不懈，任劳任怨，默默地为大家服务，不论多么渺小，但是我要骄傲地说一句：出单中心，真棒！

作者：同昌保险出单中心　孙艳琳

（二）同昌 IT 部

同昌的 IT 建设，主要是指电脑系统和网络在保险中介领域内的应用。2012 年，随着业务的蓬勃发展、"及时赔"的推出，旧的业务系统明显不能适应业务发展需要，强化 IT 建设日益迫切。公司领导层非常重视，曾专门组织人员到天津、上海等地考察国内多个保险大型企业的 IT 建设情况，但最后发现，并没有适用于保险经纪公司的业务管理系统。然而 IT 建设却势在必行，在别无选择的情况下，同昌保险只有投入巨资，开始了自己的 IT 建设之路。

同昌业务管理系统包括员工管理、业绩管理和财务管理三大功能，分三期打造，功能强大，并且还在不断完善之中，相信打造完毕的业务管理系统，一定能为业务发展提供有力的保障。

专栏 4-2

同昌业务管理系统简要介绍

同昌业务管理系统于 2012 年开始第一期的开发工作，在同昌业务系统开发工作开始之前，也考察过多个保险业务系统，最终发现现有的保险业务系统均针对保险公司开发，没有针对保险经纪（代理）公司开

发的专用系统。最终，同昌决定自行开发适合保险经纪（代理）业务的业务管理系统。

目前同昌保险业务管理系统完成了员工管理、业绩管理和财务管理的三大功能。同昌业务管理系统基于 BS 架构开发，即网页架构，界面清晰，功能模块划分明确，使用便捷简单。

于 2013 年开始的二期开发，着重加强了业绩管理、财务结费和多保险公司支持的功能。目前，在同昌业务管理系统中，太平洋保险、中保财险、中华联合、紫金保险等数据已经全部进入业务系统管理；员工信息，业务员业绩，团队业绩，公司业绩，单证管理，财务结费，财务管理等功能已经完全实现了信息实时查询，实时共享的功能。

在系统的便捷性方面，在任何地方，大家只需打开网页输入同昌业务系统的登录网址，输入员工用户名和密码，即可正常登录使用同昌业务系统。登录业务系统后，可实时查询到自己当天的业绩和以往的业绩汇总，实时分配自己所在团队的保单给对应的业务员，查询财务结费情况。在同昌业务系统中，根据员工的岗位职责，划分了相应的系统权限，确保大家在系统使用的过程中能够便捷、高效地完成工作。

在系统的安全性方面，与各保险公司采取数据接口的方式传输业务数据，数据的传输过程中采用加密传输，保证数据传输的安全；登录系统使用用户名和密码验证的方式登录，登录账号密码由使用人保存和更改；业务数据共享范围仅为各业务团队内部，团队的业务数据由各团队自行管理，保证了业务数据的一致性和保密性。在云南省内，同昌业务管理系统经过第一期和第二期的连续开发，已经处于同行业信息系统的领先位置。

针对不断发展壮大的同昌保险，信息系统也将继续跟进开发和完善。在同昌业务系统的三期开发目标和远期目标中，保证同昌业务系统处于行业内的领先水平是我们的首要目标。

2015 年开始同昌业务管理系统的第三期规划。在三期规划中，微信平台将纳入同昌的宣传体系，公司网站也将进行彻底的改版，并配合公司的整体宣传策略。同昌公估的"及时赔"业务在三期的规划中，将作为重点进行开发，整合从客户保险出单到客户理赔的全流程服务过程，可实时查询客户的保单状态，保单内容，出险记录，理赔记录等过程；业务员在系统中使用的模块在三期规划中也将进行彻底升级，在新的业务员使用的功能模块中，将能实时查询业务员名下的客户信息、车辆信息、保单信息、出险记录和理赔记录，并提供保单到期提醒的功能，让各位业务团队的业务员，能够更好地服务于最广大的"及时赔"客户。

同昌业务系统的最终目标是：整合同昌保险的所有业务数据，积累形成同昌保险业务管理系统的大数据平台，并最终形成同昌保险的CRM客户关系管理系统。提供包括业务员展业、客户成交、客户理赔服务和第二年续保跟进的所有环节全流程支持。

同昌业务系统的开发和使用，都离不开同昌的具体业务。在同昌业务系统的后续开发和使用中，还要根据同昌员工提出的意见和建议及时完善同昌业务系统，并更好地服务于同昌业务发展。

作者：同昌保险IT部经理　陆燕清

如果说那些在前面打拼的业务员是冲锋陷阵的战斗英雄，那么出单中心和IT部就是后面负责弹药补给的兵工厂，战斗英雄固然可敬，后勤部门同样值得喝彩！可以说没有后勤保障便没有前方战斗的胜利。正是有了这些不计得失的紧密配合，才有了同昌企业今天的繁荣发展局面。

第二节　非车经纪业务

非车经纪业务是同昌保险的传统强项，从加盟江泰至今已有十余年的经营历史。经过这些年的展业磨砺，公司拥有了一批非常专业的保险经纪人才。他们从业经验丰富，爱岗敬业，高度认同公司的企业文化，是公司不断发展前进的主力军，大家都亲切地称呼他们为"老员工"。这个称呼有非比寻常的意义，满含大家对他们的肯定和敬意。"老员工"们早已经养成自觉主动的工作习惯，企业文化已展现在他们的一言一行之中。对非车经纪业务，他们驾轻就熟，每人手上都有一批打交道多年的老客户，各自都做过有代表性的大项目，正是他们撑起了非车经纪的一片天。

公司非车险领域客户众多，主要涉及通信、水电和公路行业。公路行业服务项目最多、服务时间最长、客户最多，是非车经纪业务的主要来源。10年来，公司在云南公路行业摸爬滚打，情况熟悉，服务经验丰富。曹波是这方面的专家，他进入同昌之前在道路工程单位担任工程师。由于非车经纪的特殊性和复杂性，以下通过部分实际案例进行呈现。

一、公路行业

公路工程建设是一项高风险的生产活动，尤其是云南省大部分地处山岭重丘区，山高谷深坡陡，地形地貌及地质水文条件十分复杂，干湿季节明显，引发意外事故造成人身伤亡工程财产损失的概率较大；滑坡、泥石流、暴雨、洪水等自然灾害对已建和在建的公路项目危害极大，并且难以预测和抗拒。所以做好风险管理工作，通过保险转移施工中难以预见的各种自然灾害和意外事故风险，是一个较为有效的风险管理方法，对增强业主、承包商、施工队及其他相关方的抗风险能力，保障经济稳定和项目顺利推进有着不可替代的作用。

云南省于20世纪90年代先后开建的楚大（楚雄—大理）、大保（大理—保山）高速公路开始引入工程保险，至今已历经了十多年历程，工程保险得到了很大的发展，使施工中部分自然灾害和意外事故风险得到了有效的转移，部分工程损失也得到了有效补偿。但由于保险行业和公路建设管理行业都具有很强的专业性，保险人和被保险人之间对对方专业缺乏了解，疏于沟通，客观上存在严重的信息不对称，在保险期间对事故保险责任、范围鉴定及损失程度评估等方面存在分歧，使公路工程保险步入困局，甚至出现部分工程项目未办保险的情况。

同昌定位"中国优质保险服务践行家"，作为云南地区的保险经纪公司，有责任作为投保人和被保险人的代表，为本省企事业单位和各建设项目应用保险机制充分有效地发挥保险保障作用尽心，为促进保险市场的健康发展出一份绵力，并提高公路工程建设项目通过保险转移风险和降低风险事故损失的能力，为工程的顺利推进起到良好的润滑作用。以下呈现几个实际案例。

2006 年，云南某高速公路建设项目 26 合同段受单点暴雨袭击（局部地方强降雨达 50 毫米），致使一沿河路段发生大面积垮塌，数十万方土石方将已经基本建成的两跨桥梁冲毁，造成关河阻塞，河水上涨，213 国道交通中断。此次灾害造成 1.4 万余米锚索及 560 立方米已经施工完成框架梁滑入关河，土石方 20 余万方需外运，河道需爆破清理，14 片已经架设好的 T 梁、12 棵桩基、4 根墩柱、4 个盖梁、2 个桥台及堆放在该区域内的半成品、原材料、橡胶支座、钢模板、钢支架、T 梁活动支座、锚索钻孔、张拉、压浆设备等全部损失。灾害发生后，施工单位向保险公司报了案。保险公司现场查勘后以设计原因拟予拒赔（设计原因为除外责任），施工单位因对保险合同、原理及索赔流程不熟悉，无法提出反驳意见有效维护自身合法权益，想通过找保险公司熟人关系协调给予赔付。经协调后，保险公司答应给予 40 万元的赔付，这与实际损失相差极大。于是指挥部要求施工单位与同昌保险联系（同昌保险为该项目经纪人），并请同昌保险协助处理本次保险事故索赔。同昌保险依据保险合同、保险原理、保险法规及事故事实等，指导协助施工单位收集整理了索赔资料、依据等提交给保险公司，并代表施工单位多次与保险公司进行谈判论证，最终让客户获得了 485 万元的保险赔款。本案总结：通过保险经纪人有利于业主和其他相关方找准事故原因和核准事故损失，通过保险经纪人提供的专业服务，能有效维护被保险人的合法权益。

2012 年 7 月 2 日，云南某新建二级公路因地质条件差、地形陡峭，在强降雨作用下引发公路整体下塌 50 米，并造成一辆面包车坠崖和一人失踪的事故。事故发生后，各路媒体蜂拥而至，提出了各种质疑。同昌保险获悉后，立即赶往事故地点，经现场查勘后初步认定因为该路段地质条件差，地形陡峭，在强降雨作用下诱发了此次事故，属于保险责任范围内事故损失。于是协助指挥部向承保公司报了案，保险公司也给予了高度重视，用最快的速度赶到现场进行查勘、定责、定损，最终认定本事故因强降雨为近因，属保险责任范围事故，并按时限将赔款支付给被保险人。本案，由于经纪人的及时介入，巧妙地通过保险人对事故原因的认定和损失的补偿，为相关方对事故原因的鉴定、澄清媒体的质疑起到了积极的作用。

二、水电行业

2003 年，公司团队开始涉足水电业务，并在为几个水电站项目服务的过程中，积累了经验和口碑。到 2006 年同昌正式成立后，很快就凭自身实力漂亮地完成了一个极具代表性的水电项目——瑞丽江一级水电站。

瑞丽江一级水电站，坐落于缅甸境内的掸邦，是云南省政府实施"走出去"战略中投资最大的一个项目，投资规模达到 4 亿多美元，作为缅甸境内在建的最大水电项目，其地位堪称缅甸的"三峡工程"。此项目从建设期到转为固定资产的发电运营期都需要保险保障，是同昌保险名副其实的重点客户。

2007 年公司开始实现保费收入，第一年保险金额 30 多亿元，实现保费收入 900 多万元。此项目至今已连续委托同昌服务了 8 年时间。

1. 涉外项目保险经纪服务面临的困难

该项目位于缅甸北部山区，虽邻近中国，但驾驶越野车辆从我国云南省瑞丽①边防口岸出境后还需要跋涉 5~6 个小时的不成型山路才能到达。除交通不便外，当时项目所在地人迹罕至、气候湿热，工作人员甚至还面临缅甸地方反政府军的威胁。同昌负责该项目的经纪人在得到被保险人委托后，立即带领团队及保险公司人员，多次深入该项目所在地开展现场工作。了解项目风险状况、为被保险人设计完善的保险方案、协助被保险人完成保险招标、多次现场实地培训、现场处理保险事故及索赔工作，得到了被保险人的高度认可，因此该项目同昌得以连续八年成功续保至今。

2. 完善的人员保障方案

该项目中方需要长期驻守现场的工作人员近百名，虽然已经在意外保险方面设计了较为完善的保险方案，但经过同昌经纪人仔细观察和分析，发现中方工作人员仍存在几个重大风险不能从意外伤害保险中得到解决：一是当地局势微妙，时常有反政府武装人员滋事（曾经炸毁过一座电站输电线路铁塔），现场工作人员面临恐怖袭击、军事破坏等风险；二是当地地理、气候、生活用水、生产环境等条件较差，职工面临热带疾病、职业疾病、患病

---

① 瑞丽距离昆明市 830 千米。

后的治疗、转运等问题急需解决。而以上两点在已有团体意外伤害险中无法得到解决。有鉴于此，同昌经纪人回到国内后认真研究了各家保险公司的现有产品及特点，结合项目需要，设计完善了"一揽子"保险方案。随后与多家保险公司进行反复谈判，最终寻找到性价比最优的保险公司，按照此方案以较低的价格提供了保险保障。

3. 争议赔案的处理

2007 年，正在紧张建设中的瑞丽江电站遭受了 50 年一遇的特大洪水袭击，预计各项损失金额将近 900 万元。同昌率领公估公司及保险公司工作人员及时赶赴现场，进行长期细致的调查、勘验、走访、资料收集、核算等工作。但保险公司却以种种理由拒绝赔付，这当然遭到了同昌的坚决反对。经过近两年的艰苦努力，在以事实为依据、合同为规范，并采取了各种措施之后，保险公司最终向已建成发电的被保险人支付了近 300 万元的赔款。此次成功索赔让被保险人很满意，同昌的付出也被业内充分肯定，经办该项目的经纪人被云南保监局授予了"保险新星"的荣誉称号。

三、通信行业

由于同昌专业性强、服务好，云南联通公司"一揽子"业务（包括其财产险、意外险、责任险等）多年来一直由公司提供服务。

中国联通云南分公司是公司名副其实的大客户，业务呈现风险大事故多的特点。为此公司自己出资专门为其量身定做了一套网上报案系统，便于出险后及时了解事故情况和上传案件资料，以便提供优质服务，深受客户好评。为客户提供"一条龙"式的保险服务，包括售前风险评估、保险方案设计、公开招标、风险管理及培训、出险协助报案、陪同查勘定损、后期协助理赔等全过程。云南联通的基站许多分布于边远山区，一旦发生事故现场查勘非常吃力，好多地方车路不通，要徒步到事故现场处理。公司服务人员不辞辛苦，经常风餐露宿，跑遍了联通云南省范围内的 2000 多个基站。服务在一步步跋涉和一滴滴汗水中得到体现，信任在一个个案件的处理中逐步建立，最终用汗水和敬业赢得了客户的心。十年中，同昌保险共为云南联通公司处理保险赔案 8041 件，共计赔款 3957 万元，平均每年处理案件804 起，每年赔款约 40 万元。最多的一年处理赔案 1300 件，平均每天处理

3.5 件。正是通过这样大量、细致、专业的服务，最终方赢得客户多年来的信赖与支持。

四、服务流程

（一）流程图

在长期的工作实践中，同昌非车经纪服务已经形成了一套完善的制度流程，如图 4-2 所示。

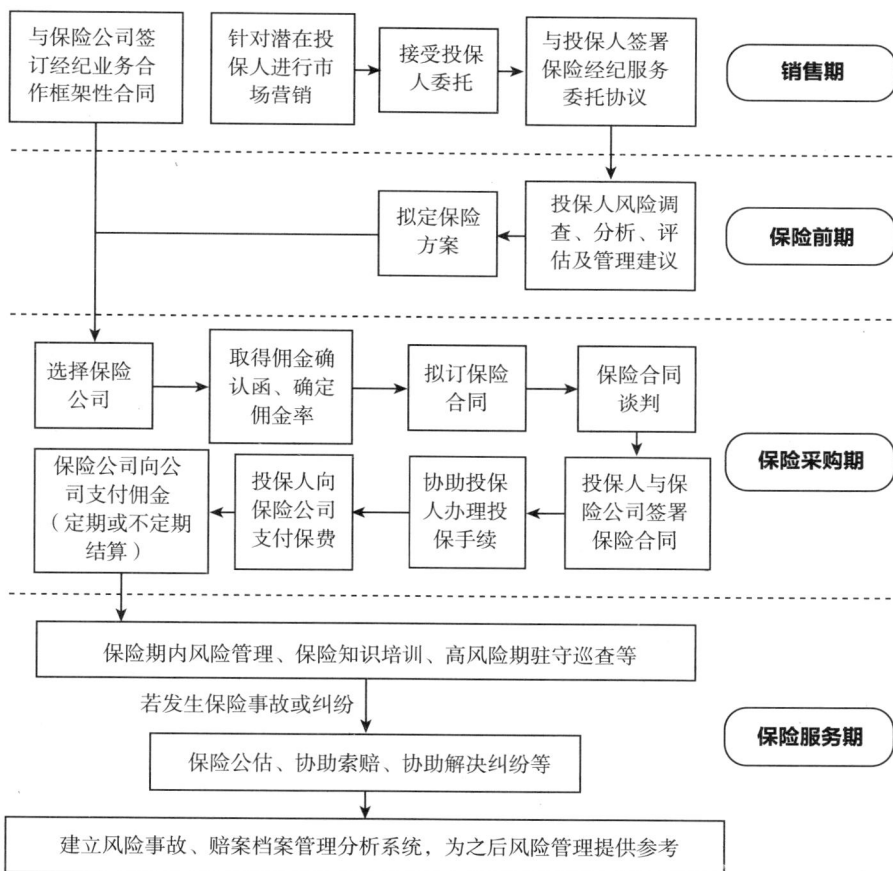

图 4-2　非车经纪服务流程

（二）重点环节

1. 签订保险经纪服务委托协议书

为使保险经纪服务优质、高效、合法，为维护客户合法权益，对于达成合作意向的客户，同昌必须首先和客户签订《保险经纪服务委托协议书》，才能开始经纪服务。

2. 风险分析和评估

风险分析和评估是进行风险管理和利用保险转移风险的基础工作，其目的在于识别、分析、评估项目建设中所面临的各类风险。针对不同标的风险特征，通过风险自留、风险回避、风险控制、风险分离、风险集合、风险转移等手段，制订出合理的风险管理方案。按以下三个步骤进行：①风险查勘，包括收集资料、与相关人员座谈、现场查勘。②风险初步分析、评估。风险查勘工作完成后，然后是对风险查勘收集到的资料进行整理和分类，并运用风险管理技术对包括自然风险、社会风险、经济风险、法律风险和合同风险等各类风险的发生概率、最大可能损失进行分析、评估，撰写并向项目部提供风险评估报告，为项目风险管理建议提供依据。③风险管理建议。风险评估报告经项目部审批通过后，同昌将据此编制并提交风险管理建议。在建议中，对风险评估报告中提出的工程中可能面临的各类风险出具管理意见，把不同风险划分等级以确定通过避免、自留、非保险转移、保险转移、损失控制等具体方式处理，经项目部审批通过的风险管理建议将作为保险采购和风险管理工作实施的依据。

3. 保险采购

保险采购是一项关键性工作，是保险期内实施保险工作的基础。为做好该项工作，公司将按以下步骤开展工作：①设计保险方案。遵循保险原理，并充分考虑工程风险的特殊性，设计出具有针对性、个性化的保险条款。②保险采购。根据项目要求采用询价、竞价、招标等方式实行保险采购，协助项目部及施工承包商与中标候选的保险公司洽谈承保条件、保险责任，起草保险合同文本，以及签订保险合同书。

4. 保险期内服务阶段

（1）培训服务。为使风险管理及保险管理工作可以有效地贯彻和实施，同昌将在保险有效期内为项目部及施工承包商相关人员提供一次以上关于风险管理、保险合同、保险索赔等相关知识和流程的培训。

（2）保险索赔服务。为使项目部及施工承包商发生保险事故后能得到快速、有效的赔偿，同昌将提供全方位索赔服务，包括但不限于协助办理报案手续、协助准备索赔资料、协调事故责任的认定及最终赔偿金额的确定、沟通协调与保险服务机构的关系等。

五、非车经纪业务概况

非车险业务主要由公司非车事业部负责，通过市场营销方式与投保人建立保险经纪服务委托关系，再按服务流程进行保险经纪服务。总公司有两个经纪部专门从事非车业务的展业，而地州市、县分公司也进行零散非车业务的展业。

（万元）

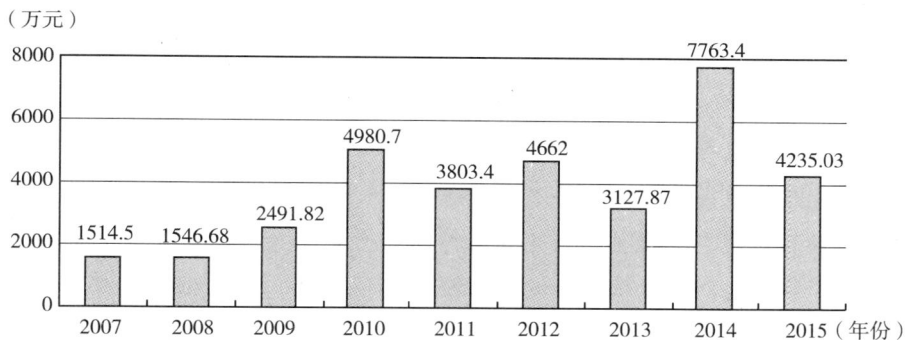

图4-3　非车险经手保费

专栏 4-3

不一样的同昌

同昌人是自信、真实和敢于创新的一群人，他们来自保险公司、银行、国有企业、工程建设单位、个体工商户、应届的大学毕业生等不同单位和领域。每个人的自信来源于对自己能力、勤奋的肯定，更为重要的是对公司的信任，对公司领路人范总人格魅力及其对公司员工负责态度的认可。这样的信任是公司 10 多年发展历程里，每位老同事亲身经历过的，是经历过时间上、工作上的点滴积累，沉淀下来的是深深的情谊，外部人无法理解看不懂的充分信任。从 5~6 人的微小公司到数百人的行业龙头企业，这份信任仍然不变，即便是已经离开公司的人，仍会把同昌作为自己的家看待，仍有对企业的认同感、自豪感。

从我到公司的第一天起，公司就一直在变，每一天都在变，每个人也在变，将会给你一种不断向前的动力，公司会给每一位员工创新的思想和行动最大程度上的尊重，能够给每一个人都有展示发挥自己才智的机会。来到公司你才会真正明白什么是优秀的自己，不是比别人优秀，是与过去的自己比，这样的公司自然就是比昨天的公司更优秀。敢于创新、勇于创新的企业文化氛围下，以为客户提供优质保险服务践行家的企业发展思路下，创立车险"及时赔"新型服务产品，大型项目的服务条款等，在任何微小的部分上都体现出每位员工智慧和团队的力量，是任何一个同类企业无法复制的，也是我们自信心的来源地，更是一种团队成员间的信任。

同昌人有一种看得到的坚持，一种外人看来不应有的坚持，是坚持自己的价值观、坚持自己的方式，同昌一直在坚持，同昌人敢于坚持。自公司创立之初，每位员工就能与公司共同发展，可成为公司的股东，企业的未来与每一个人都是息息相关的，每位同昌人只要在同昌就能享受到公司远期的经营效益。公司对每位股东的贡献度是以股东的实际能力为限，而非以利益贡献大小论英雄。每位同昌人为自己付出的奉献将能获得企业最大程度上的尊重，坚持每位员工都要过上有尊严的幸福生活，坚持在这样环境走出来一定是个真正强大的人，这也是同昌坚信的坚持。

作者：同昌保险机构部副经理　杨明

第三节　车险业务

一般国内经纪公司因其利润较低不做车险业务。同昌涉及车险业务是企业定位和战略转型的需要，其做法与其他经纪公司有所不同，是做有服务的车险业务，并实行经纪人服务模式。公司车险业务分为经纪业务和代理业务，代理业务很少，基本为经纪业务。同昌与太保合作业务最多、时间最长，太保也是最早与公司对接"及时赔"服务平台的保险公司。至今双方合作已十余年，业务范围涉及车险、非车险、人身意外险及公估业务等，双方秉承互惠互利、合作共赢的原则，紧密合作，取得了良好的效果。2006～2014年，车险约6亿元，非车险约2亿元，公估案件约40万件。车险业务由公司车险事业部统一管理。

一、团队运营及管理

（一）车险部职责

（1）制定和修改车险经纪团队管理办法。

（2）规划和设计车险经纪人的管理模式。

（3）审批和考核车险经纪人及车险经纪团队的申报、考核。

（4）贯彻、监督车险业务管理办法的执行与实施。

（5）监控车险经纪团队的业务规模和业务品质。

（6）协调处理"及时赔"业务开展过程中出现的问题。

（7）车险经纪团队的业务统计分析。

（二）车险经纪团队

车险经纪团队是指按照同昌的保险团队成立标准建立起来的，以完成销售"及时赔"业务及长期服务客户为主要职责，经公司审批确认的销售部门。2011年"及时赔"推出后，公司开始大力招聘车险业务员，组建车险团队。

团队是发展"及时赔"业务模式的核心单位，公司将建立以团队为单位的独立运营体，团队拥有较大的经营权限，包括费用的支配权，人员的调整权，客户开发后的拥有权等。

（三）团队职责及服务流程

同昌车险团队的工作职责包括团队"及时赔"的销售，团队年度计划任务的达成，按照公司规定执行业务流程，客户的服务等。所有团队应遵循公司制定的业务流程、销售服务规定，包括但不限于：

（1）履行告知义务，包括车险保单的告知义务，"及时赔"的意义及要求，"及时赔"的流程，"及时赔"服务方式等。

（2）客户资料的收集，包括《客户信息表》、《经纪人授权委托书》、《客户告知书》回执等。

（3）送交客户的文档，包括保单及发票、"及时赔"告知书等。

（4）要求：

1）团队不应以任何形式给予客户保单价格以外的任何销售折扣。

2）客户信息应真实有效。

3）团队正式业务员原则上应在接到客户出险通知后40分钟内赶到现场，与现场查勘人员共同确认损失并支付赔款。如正式业务员确实不能赶到现场，应保持与客户的沟通，做好服务；不符合"及时赔"的赔案，应积极跟进，做好代理、协助客户索赔等服务工作。

4）对于未能及时赶到现场的"及时赔"案件，查勘员有权自行确认并支付赔款，团队须予以认可。

此外，公司还对车险经纪团队的人员职责（团队长、业务员及内勤）、团队和人员的业务考核标准、团队人员编制、团队组建流程、团队及个人的考核薪酬、团队的福利及奖惩等方面都作了详尽规定。通过这些管理制度，明确了车险团队管理办法和车险业务团队建设流程、岗位职责，规范了车险业务员日常展业及服务行为，有利于车险业务的健康开展和良性循环，如图4-4所示。

与保险公司合作
（与保险公司签订经纪业务合作框架性合同，约定合作范围、双方权利义务、保费交付与佣金结算方式、违约责任等内容）

市场营销
（针对机动车车主、有车险投保需求的企事业单位等潜在投保人进行市场营销）

投保人委托
（投保人与公司进行接触，表明投保需求）

询价
（根据投保人需求，对保险产品进行询价对比，并反馈给投保人）

业务检查
（公司对车险类经纪服务进行定期或不定期检查）

售后服务
（公司向投保人提供"及时赔"售后服务）

单证管理
（公司将车险相关单证整理归档）

投保
（协助投保人选择保险产品、填写车险保单、完成投保流程）

保费与佣金结算
（保险公司向投保人收取保费，并按约定时间向公司支付佣金，佣金率以佣金结算时保险公司的规定为准，车险类业务通常每隔一段时间结算一次佣金）

批改
（协助投保人对已生效保险单内容进行变更）

核保
（保险公司审核投保资料，决定是否承保或批改）

保险单签发
（核保通过后，保险公司签发保险单）

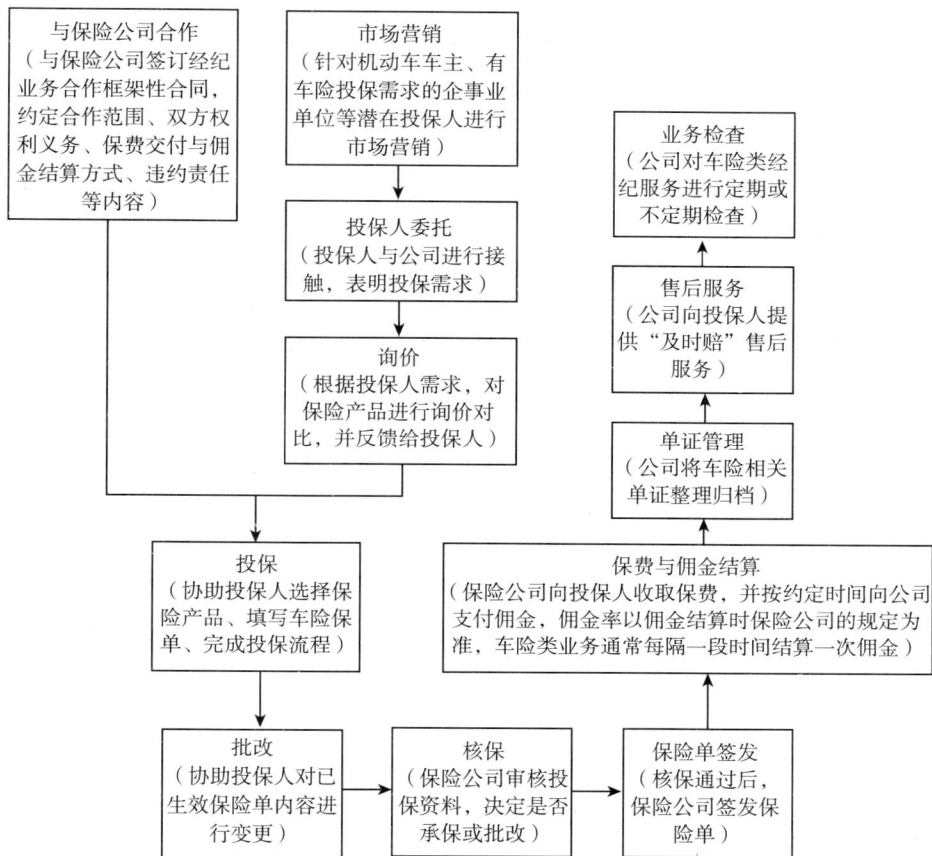

图4-4 车险经纪业务流程

专栏4-4

保险业务员的一天

如何提升业务水平，争取更大的业务量，一直是所有保险业务员最关注的问题。没有特殊的人脉关系和背景，只靠诚信、专业、智慧和勤奋，可以不断实现自我突破吗？答案是肯定的。

每个代理人面对的都是一样的问题：怎样开拓客户？怎样和客户沟通？怎样增员？如何对待拒绝？一个业务员想要不断提高，需要的不仅是勤奋和努力，更是自身的态度和智慧。要想真正找到属于自己的蓝海，就应该从每一天做起，不论你是老手还是新人，只要坚持下来，都一定能超越自己，取得梦想的成功！

下面结合我个人的工作经历说说保险业务员的一天日程安排和心得体会。

1. 早晨上班，充满自信

（1）业务员从醒来开始，就要舒舒服服、快快乐乐的。

（2）不要赖床，要果敢、快速地起来，起床时间 6:30 分最适当。

（3）用适度运动来激发身体活力。

（4）阅读新闻报纸或收听电视、电台新闻，准备、充实与客户见面时谈话的话题。

（5）整理仪容、服装，高高兴兴准备离家上班。

（6）再检点一下业务员必备的用品。业务员必备的七项用品：名片、钢笔或签字笔、笔记本、钱包、手帕、打火机、月票或车钥匙。

（7）亲切地与家人打招呼，冲劲十足地往外走。

2. 上班途中，充分利用

（1）上班途中，遇到认识的人，先亲切地打招呼，这也是自我训练的重要工作。

（2）偶然改变一下上下班的路途，没准儿会碰到意想不到的好机会。

（3）坐汽车上班，在车上是读书、看报的好时间。

（4）看报纸要先看国内外大事、经济新闻、社会新闻。

3. 准备妥当，然后出发

（1）到公司的第一件事，是向公司同事、上级、下属打招呼。

（2）好的业务员最好在上班前 20 分钟到达，以便做准备。

（3）主动参加扫除活动，跟大家交流。

4. 周密计划，成功之本

（1）明确今天活动的内容、目标及要点。

昨天预约客户的两份保单出具，刷卡、打单，封套装好。

中午约了客户吃饭，顺路送单。

下午预约了汽修厂老板商讨业务合作事宜。

（2）充分拟订今天的活动计划及预定路线。

5. 精神饱满，领头出发

（1）先与预约的对象电话联系好。

（2）拟定拜访路线和拜访次序。

（3）向上司或有关人员说明自己的去处。

（4）好的业务员要比任何人都提早走出公司大门。

6. 推销秘诀：勤于访问

（1）访问前应有的准备事项。

（2）先作严密的访问计划，拜访要殷勤，多跑几家，并配合对方时间去拜访。

（3）要准备开始交谈的话题。

（4）不要认为访问一次就可以大功告成，要有耐心，多跑几次，机会更大。

7. 成功与否，重在方法

（1）成功的业务员，要能在最短的时间内，吸引住客户的注意力。

（2）请注意，当你敲门时，客户就已经开始对你评价了。

（3）要清清楚楚地自我介绍，不卑不亢，保持适当的尊严。

（4）要认真听取对方的话，并表示真切的关心，用语简洁、有力，绝不啰唆。

（5）要有自信心，接洽态度要认真诚恳，注意对方的长处，适当地赞美对方，不可与客户争论。

（6）避免使用一般陈腐老套的做法。

8. 按部就班，商谈必成

（1）推销必须按部就班，注意商谈的每一个阶段，以掌握其效率。

（2）坦诚以待，不可玩弄手段。

（3）对客户的感谢心情，必须诚心诚意表示在态度上，不能只挂在口头上。

（4）避免做理论性说明，应以具体容易了解的方式去说明。

（5）告诉客户更多同业间的信息，供其选择。

（6）明白约定可随时提供的服务。

9. 坚守目标，摒弃偷懒

（1）业务员容易染上坏习惯，宜避免之。上班时间不可打麻将、泡咖啡厅、溜进电影院、逛商场，更避免饮酒作乐。

（2）访问计划安排紧密，严格遵守，可以避免偷懒。

（3）谨记在心，染上游乐习性者，主要是没有勇气面对严厉竞争的人。

10. 意气风发，返回公司

（1）事情办妥，心情轻松，回公司的途中，正是增广见闻的重要机会。

（2）反省今天拜访的成绩，勇气十足地回公司，如果自觉不够，不妨再拜访一两位客户。

11. 精确整理，检点工作

（1）将今天的业务，详细地填在日报表上。

（2）对照今天的访问计划及实际成果的异同。

（3）已签订投保单的必须核对资料有无错误，再做交单。

（4）对今天客户所提出的抱怨，应立即处理，编入备忘录。

（5）与有关部门协商、协调业务上的问题。

（6）简单明了向上司汇报工作概况，并规划明天的工作。

作者：同昌保险车险管理部副经理　刘效松

二、业务激励机制

利用"及时赔"品牌不断扩大的影响，同昌不断招兵买马。业内听闻有"及时赔"这个平台，纷纷来投。公司业务队伍不断发展壮大，车险团队不断增多。面对新形势，公司调整了业务激励制度，奖勤罚懒，分别以日、周、月、季度、半年、全年为时间单位，设立各种奖项：个人业务日、周、月、季度、半年、年的冠亚季军，团队业务日、周冠亚季军，业务增长最快奖，新人进步最快奖等各种奖项，只要条件符合可累计奖励。此举大大提高了业务员的积极性和展业热情，业务员们斗志昂扬，各自使出浑身解数，挖掘一切资源，废寝忘食地展业。

同昌的代理业务，在整个公司业务中占比很小。非车经纪业务皆以经纪人的模式进行服务。车险业务90%以上属于经纪业务，只有很少一部分因为客户的特别要求，办到未对接"及时赔"服务平台的保险公司便为代理业务。2003年8月成立的"云南长江保险代理有限公司"，2007年被同昌保险收归旗下，先后做了云南机场集团、铜湾电站、小湾电站等几个大项目的保险代理业务。最近几年，公司保险代理业务越做越少。随着客户对服务要求的日益苛刻，保险经纪服务模式越来越受到市场的欢迎，而单纯重销售的保险代理则逐渐没落。

三、业务发展情况

同昌保险于2011年3月开始涉足车险业务，大力招聘车险业务员，组建车险团队。推出"及时赔"，与实力强信誉好的保险公司合作，签订销售代理合同以及售后服务对接协议，开展"及时赔"服务。利用"及时赔"不断扩大的影响，以及公司适宜的激励机制，车险业务逐年稳步发展，如图4-5所示。

（万元）

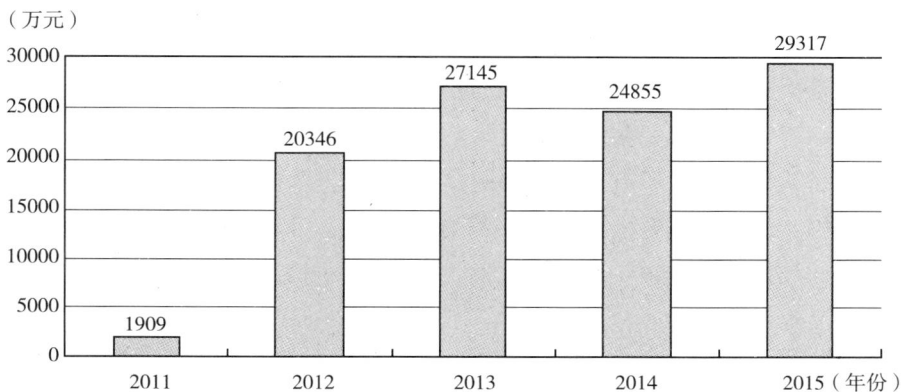

图4-5　车险保费

四、存在的问题

车险业务中存在的问题主要有两方面：一是业务质量方面，二是车险团队建设方面。

（一）业务质量

作为主推"及时赔"服务的同昌，车险客户定位是广大的私家车主，车价在10万~30万元的人群，需要的业务是优质的个人业务，主要服务对象是零散的个人客户。这样便于直接给服务终端的客户以最良好的服务体验，以此获得好口碑，扩大影响招揽客户。经过测算，当客户达到一定数量后，公司便可实现盈利，追求的是规模效应。然而实际中则不然，在激励机制影响下，部分业务员以获取业务为目的，不论业务好坏一律照单全收，导致泥沙俱下，如出险率较高的大货车和诚信度不高的修理厂业务，有违"及时赔"的初衷，造成服务出力不讨好的尴尬。

（二）车险团队建设

再成熟的管理制度，如果没遇到对的人，也是枉然。车险业务技术含量不大，招聘业务员要求不高，组建一个车险业务团队不难，但让团队成员理解企业文化，与公司保持步调一致却不容易。因为人各有其价值观和积习，"冰冻三尺，非一日之寒"，正所谓"江山易改，本性难移"。

同昌的车险团队管理制度还算成熟，但实际运行中还是出了很多问题：团队间的抢单现象、业务员之间交集业务冲突、团队凝聚力不足等情况时有发生。另外，有的团队都是"裙带关系"，一旦出现辞职会整个团队走光，造成人员流失严重，影响业务发展的稳定性。因车险业务员流动性较大，进出比较频繁，导致了一些混乱，也给管理增加了难度。

公司认为，不是所有人都适合同昌。有的业务员虽然业务能力很强，业务做得好，但因无法融入公司，不符合要求，最后不是自行走人就是被辞退。因此如何选拔招录一批德才兼备的人才和志同道合的战友，是公司一项长期而又艰巨的任务。

第四节 公估业务

作为公司的全资子公司，同昌公估在云南保险中介占有重要地位，虽然规模不如分支遍布全国的"民太安"那样庞大，但在本地的市场地位和机构网点却是绝对第一，公司聚集了一大批经验丰富的公估师。他们大都是从各家保险公司出来的老查勘定损员，曾经都是独当一面的公估师，因为抱着让业务技术更上一层楼的想法，踏上了公估之路。加之近几年招聘的一大批年轻人，使同昌公估经验与朝气并存，老少结合、相得益彰。公司实行人性化而又不失严谨的管理，使得这支队伍焕发出了极强的战斗力。就是这支队伍，承担着公司的售后服务，也因为拥有这样的队伍，公司才推出了"及时赔"。

公估在国内发展尚不成熟，保险公司处于绝对的强势地位，导致公估人常常不得不按保险公司的意图办事，往往沦为保险公司的附庸，有违公估人第三方的独立性地位。同昌公估则有所不同，其通过提供专业的公估服务，有效降低了赔付率，从而提升了自身的地位，有利于坚持公估人不偏不倚的公平公正原则。

一、公估发展背景

传统型的保险理赔由保险公司一手操办。其害有二：一是成本过高，从查勘定损到核损理算核赔诸多环节，所需人力物力甚大，造成了保险业务成本居高不下，不利于保险公司的竞争；二是程序不公，保险公司作为业务的提供者，又作为赔付的核定者，"既是运动员，又是裁判员"，在程序上难免有"松保严赔"之嫌，给客户留下诸多口实。即使近年来各大保险公司在公平赔付方面做得越来越好，客户对此却不大买账，理赔纠纷照样屡见不鲜。

保险公司的商业性质，决定了其严格的核算和考核制度。其中有一个考核指标是"赔付率"，当赔付率过高时，为维持正常经营和利润，让其不得不收紧理赔政策，难免出现"惜赔""严赔"等牺牲客户利益的行为，为此严重影响了保险赔付的合理性和公平性，给了客户不好的保险服务体验，让保险的社会形象一再恶化。

国外保险业解决这些弊端通行的办法是采用保险公估人制度。国内保险业发展起步较晚，保险市场发展也不成熟，公估人制度的进入也较晚。云南非车险公估大约在 21 世纪初被保险公司引入，车险公估直到 2006 年左右才被保险公司所采用。近年来，公估人以其专业性和独立性，越来越凸显出其不可替代的作用，有力地促进了保险市场的健康发展。保险市场呼唤公估人，保险业需要公估人。

二、同昌公估概况

同昌公估前身是"云南天一保险公估有限公司"（以下简称同昌公估），成立于 2005 年 4 月 6 日，2007 年被同昌保险收归旗下。2007 年 8 月，公司开始与太保合作开展车险公估业务。因为人员较少，初期承接案件量不大。这时期云南车险公估尚处于破冰阶段，所承接的案件都是些"难啃的骨头"，案件的调度量时多时少，让公估师无所适从。车险公估当时在云南省刚刚落地，保险公司要对公估进行摸底和考察，为进一步合作打基础。让人啼笑皆非的是当时的客户和修理厂根本不知道"公估"为何物。

对于云南的车险公估师来说，那是一段刻骨铭心的艰难岁月。工作不分昼夜、废寝忘食，有时半夜为一个 200 元损失的小案子，有可能跑出 200 多千米的路程，没有周末没有节假日。天道酬勤，辛苦工作逐渐换来了市场对车险公估的认可，保险公司的委托案件越来越多。

案件增多让公司人员调派捉襟见肘，招兵买马势在必行。2009 年 3 月，公司一次招聘了 10 名成熟公估师，让队伍战斗力顿时大增。之后又陆续引进了一批成熟的车险和非车险公估师，不但进一步加强了车险公估力量，也让非车险公估业务的发展成为可能。2010 年，公司开始开展非车险公估业务。这一时期，公司继续筑巢引凤，广纳人才。至 2011 年，公估团队进一步壮大，服务能力进一步加强，为同昌企业战略提供了坚强的保障。

在此背景下，公司出于企业战略考虑，于 2011 年 3 月推出"及时赔"。车险公估人员分为两大部分：一部分按原来的模式继续负责处理各保险公司的委托案件，另一部分专门负责公司的"及时赔"服务。

2012 年公司正式开始分支机构建设，按规定配备售后服务公估师，"业务未动，服务先行"，地州分公司案件非常少，导致公估人员安排成本较高[①]。然事关公司战略，兹事体大，不得不行。

截至 2015 年，同昌公估拥有员工近百人，持证率达到 90%（部分公估师持有高级或中级技师职业证书），大专学历占 80%；专业覆盖全面，囊括汽车维修、金融、工程机械、土木建筑、水电、公路桥梁、水工、保险等专业领域。公估建成两个职能：一是服务集团公司的保险业务；二是对外承接处理各家保险公司（或被保险人）的委托案件。

公估业务分车险和非车险两块，操作模式都是通过承接保险公司或被保险客户的委托，处理保险案件收取相应的公估费以维持正常运转，所接案件越多，公司收入越高。车险案件和非车险案件有不同的特点，以下分述之：

1. 车险公估

"及时赔"客户的车辆公估业务，占公司车险公估总业务量的 30% ~ 35%；对外承接的公估业务，占公司车险公估总业务量的 65% ~ 70%。根据公司经营要求，任何一家保险公司与同昌开展"及时赔"业务合作，则该保险公司必须与同昌公估签订保险公估业务委托合同，由公司完成"及时赔"理赔服务。

车险公估业务主要来自大型保险公司。自从 2007 年 8 月开展业务以来，截止到 2015 年 4 月，公司承接车险案件 40 多万件，与合作保险公司配合默契，合作愉快。公司与其他保险公司也有过合作，但案件数量较少。

车险公估案件呈现案件发生率频繁、时效要求高、结案周期短、服务质量要求严格、案均公估费低等特点，所以属于人才密集型行业，服务成本较高。近年车险公估案件情况如图 4-6 所示。

---

①　因远离昆明，对服务分公司的公估师要给予一定的补贴，但其创收的公估费却相对较少。

（件）

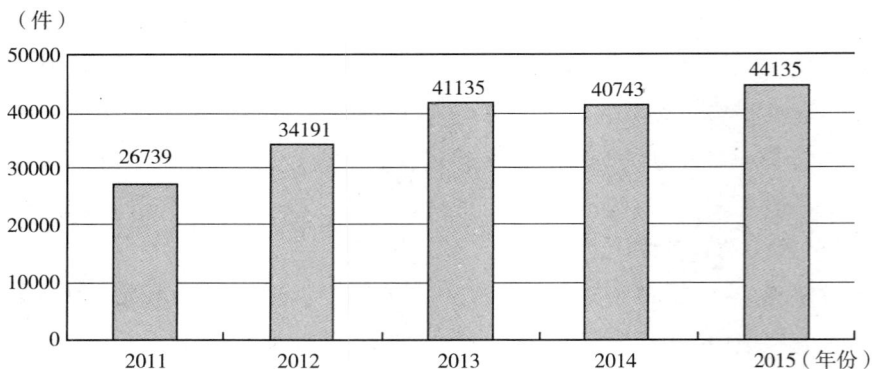

图4-6 车险公估案件数

专栏4-5

车险公估师的一天

"丁零零……"一阵急促的电话铃声传入我的脑海，我非常不情愿地睁开眼睛一看，7:41。接起电话，一个温柔女声传来："老师您好！有一起事故发生在新螺蛳湾，两车碰撞，看见您没有回复信息，所以来电提醒您一下。"我瞬间清醒过来，说了声谢谢之后匆忙挂断电话联系了客户。那么早的案子，客户一定很着急吧，我居然睡过了，都怪昨天做案子睡得太晚。

起床穿衣，随便洗了把脸，下楼开车直奔现场。25分钟后，我到达事故现场，一个很小的双方事故，符合我公司"及时赔"要求，正在填单子时，第二个案件来了。刚把电话挂掉，来了第三个案件，我不禁抬头看看天空，自言自语道："今天是什么日子，不让人吃早点了吗？"我无奈地对着客户笑笑，"哎，师傅，有时候我们来晚了，还请您谅解一下。"说完我对着客户摇摇手机。这个客户在螺蛳湾开店，早上出车位时不小心碰到了旁边的车子，他对着我微笑点头示意，并接过了我递过去的赔款道："你们服务真好！"

我喜欢客户这样说，因为能从工作中获得一种成就感，每当客户拿到赔款，说一句谢谢，我就能体会这种平凡中的开心，这也是我工作中的动力。

处理完随后的两起案件，已经 11:50 了，早已饿扁的肚子已经咕咕响了几次，我最喜欢吃世纪城那家牛肉面，心里想着，脚下不禁深深地踩下油门，还有一个路口就到了。

"您收到一条短消息！"我心里凉了半截，看着手机，果然又接到一个报案：单方事故，东绕城高速，客户翻车了，没有人员受伤。我深深地看了牛肉面馆那个方向一眼，立马掉头赶赴事故现场。

车辆在高速上飞奔着。"您收到一条短消息"，我熟练地拿起手机，用胳膊肘掌着方向回复了呼叫中心并拨通客户电话，通话还未结束，又收到两个报案，我苦笑一声："早点攒着下午饭一起吃吧。"……

刺骨的寒风吹在我的脸上，我看着一辆因为积雪打滑撞到隔离带的车沉默了，客户抱着手微笑着："师傅不好意思了，路太滑我没控制住撞到了，那么冷的天还害你跑那么远。"我摇摇头，对着客户笑笑："师傅您去车上坐着，我来处理就可以了。"客户答道："我帮你打着伞吧，那么大的雪。"我再次摇摇头，坚定地看着他说："不用了师傅，你打着伞会影响我操作的，你去车上坐着，一会儿我就处理完了。"雪天案件是非常难以取证的，因为现场照片并不是照给我看的，我在雪地里记录着每一条胎痕，每一次碰撞点。

等施救车到达现场，送走客户之后已经是 20:36 了，我朝家里的方向开去，那么大的雪，想必晚上不会有案子了。

终于吃上了一口热饭，我打开电脑处理着白天的 11 起事故，果然到 0：40 都没有来案子，我也在迷迷糊糊中进入了梦乡。

次日凌晨 1:35，刺耳的铃声再一次响起，我极不情愿地接起电话，还是那个温柔的女声："老师您好！这边有个单方事故，看见您没有回复，所以来电提醒一下，客户已经催促了，麻烦您尽快与客户联系。"我拨通客户的电话："您好师傅，我是同昌保险的公估师，您在什么地方出什么事了？""我在老机场背后的路上，转弯时撞到墙上，气囊弹出把我打伤了，我要去医院，我可以叫我朋友来帮我处理吗？"客户焦急地说，我回答："可以的师傅，请你保留事故现场，开启危险警示灯，让你朋友与我联系。"

凭着多年的案件处理经验，我觉得该案存在疑问，迅速穿衣起床出门，还好，雪已经停了，只是有点冷。

40分钟后我到达现场，一辆白色的福特蒙迪欧轿车车头已经完全变形，安全气囊弹出，右前轮脱出，一地的油水，一个穿着大衣的人微笑着看着我。我示意他去查勘车里坐着，开始仔细地在现场收集证据：现场没有任何制动痕迹，主副安全带锁死，安全气囊没有血迹，驾驶位车门有擦拭过的痕迹，副驾驶有明显的比我的鞋子大的脚印，而后排有较小的新鲜脚印，而驾驶位有三角形的脚印，说明驾驶员应该是女性，而且受伤。终于，皇天不负有心人，我在驾驶位车门下部找到一滴已经干涸的血迹！

凌晨04:45，取证完后，我将车门封条贴好，对着那个穿大衣的人微微一笑："师傅，你朋友伤得重吗？我想去看看他。"他一愣，随即笑道："师傅，天那么冷，你早点休息吧，明天再处理吧。"我摇摇头："不行，师傅，今天我一定要见到驾驶员，我要看他的受伤程度，方便他索赔。"对方犹豫了一下回答我："刚才我联系他了，关机了，我也不知道在哪个医院，可能明天会开机吧。"说完他眼里闪过一丝得意的神色，我友善地帮他系好安全带道："师傅，我们公司就在附近，这样吧，去我们公司坐着喝茶，我陪您等到天亮。"

时间就这样在漫漫长夜中流淌着，闲聊中，我从该人口中问到了很多我需要的东西。

第二天早上9点，被保险人来到公司，经过长达9小时的调查过程，我终于锁定证据，还原了事故真相：被保险人当时在副驾驶，已经喝醉，其妹坐在后排，车辆由被保险人的妻子驾驶，属于酒后无证驾驶，由关上吃完消夜行至亚家坝前卫二手车市场方向时发生事故，后因无证且酒后驾驶，被保险人报案后回家醒酒，打算次日找保险公司理赔，岂料天网恢恢，在铁的证据面前，被保险人同意放弃索赔，按下手印，本案减损70000余元。

17:30，我回到家里，终于美美地进入了梦乡。

作者：同昌车险公估师 刘富祥

2. 非车公估

非车险公估业务，是指建工险、财产一切险、责任险、机损险等非车险业务。方式也是通过接受保险公司的委托，承接公路桥梁、厂房、水电站及各类设备因灾受损或是失误操作造成的损失评估。非车公估不同于车险公估，往往呈现单个案件损失金额巨大、处理时间比较长、专业性强等特点。同昌非车公估队伍素以专业强大著称，在云南行业内颇有名气，深受各大保险公司信赖。他们的足迹遍及云南各地州县，经常穿梭跋涉于大山深谷中，拍照、清点、测量、问询、统计、绘图、调查、取证、谈判、沟通、协调是他们的日常工作，频繁出差、饥饱无常、风餐露宿是他们的常态。非车公估师必须用最丰富的第一手查勘资料、有理有据的专业见解、论证严密的公估报告说服保险公司和被保险客户，需要认真细致、专业严谨、原则与灵活、协调与沟通等十八般武艺。

同昌公估针对保险公司单独委托的公估业务，为出险案件提供现场查勘、损失理算、出具公估报告等服务；针对同昌现有的保险经纪客户，在保险标的风险高发期、特殊地理环境、气候恶劣等情况下提供专业风险提示和风险管理建议，特别在保险标的损失发生后，需要提供保险公估服务时，公司根据委托合同的约定完成相关公估业务。

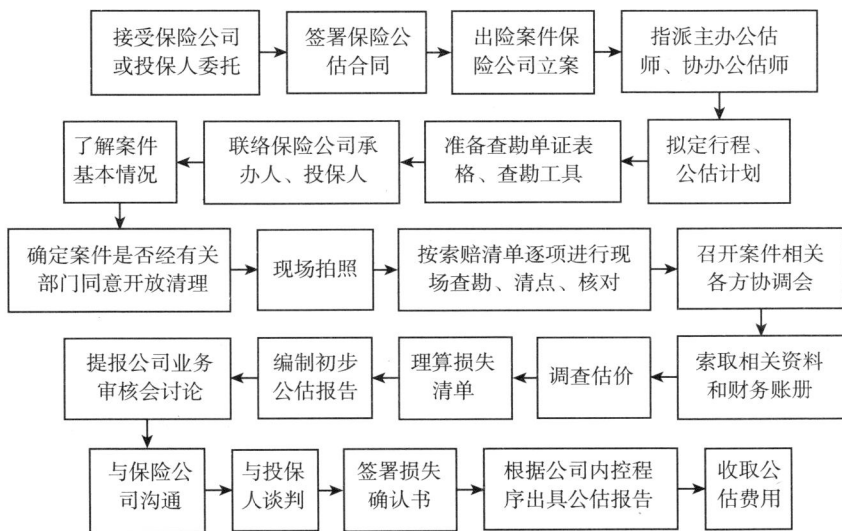

图 4-7　非车公估业务流程

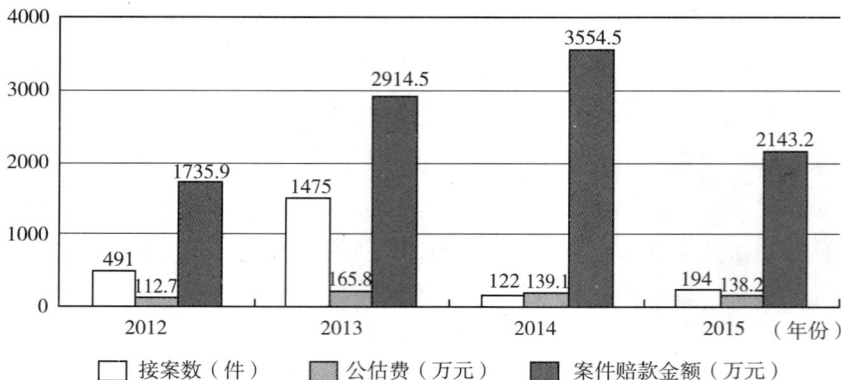

图 4-8 非公估近年业务情况

专栏 4-6

非车公估工作中的酸甜苦辣

正所谓食肉方知肉味。就如人们普遍乐见成功故事的表面光辉而往往忽略其背后的艰辛和付出一样，更多的人只看到了某个非车公估师顺利完成某个经典公估案例被人羡慕嫉妒恨的一刹那喜悦，却往往选择忘记了他如何从一个外行的专业人员蜕变为合格非车公估师的那个艰辛历程。在这条蜕变为合格非车公估师的马拉松式的赛道上，可以耳闻目睹许多曾比自己起步早的因为犯规而被取消了资格，跟自己齐身出发的部分因为经不起诱惑而开了小差，后面追赶的部分因为目标遥不可及而自动放弃了，而唯有那些明知不可能登上领奖台仍在坚持向终点进发的人赢得了尊重和自信，成为那为数不多的合格非车公估师。因此，如果你想要成为一个真正的非车公估师或者试着想去了解他在工作中的酸甜苦辣，你应该先试着去了解保险公估以及非车公估到底是怎样的一项工作，因为一个没有真正做过非车公估工作或没有真正了解非车公估工作的人是无法体会其中的酸甜苦辣的。下面谨将本人从事非车公估工作以来的心路历程呈献给大家：

记得刚入行那时国内公估公司仅有三十多家，全部经营非车公估业务，能取得从业资格的公估师屈指可数，除了大城市的保险公司开始接受保险公估之外，其他中小城市连保险公司都对保险公估这个行业感到很陌生。就是在那时，我平生第一次接触到了保险公估这个行业，并懵懵懂懂地经过一番了解之后便开始了我的非车公估职业生涯。作为一个专业技术人员，一夜之间突然从一个自己熟悉的行业跳到一个完全陌生的行业，往日取得的荣誉都成为过眼云烟，一切从头来过，心里忐忑不安。因为工科出身，不苟言笑，事情做起来似乎总无法达到预期的效果，眼看着同时入行的应届毕业生都能独立进行个案处理，而自己需要依赖于他人来协助沟通，那时候内心极度煎熬，甚至怀疑自己选择非车公估工作是否是一个明智的决定。直到半年后，自己被安排协助一位专业方面的长者做一个项目的全程保险公估服务，在向委托人陈述案件处理思路时，委托人在倾听我和长者的陈述后，当即表示我的思路更清晰、言简意赅、判断准确，建议公司由我主导该项目的全程保险公估服务。在从事非车公估活动的过程中，独立性是非车公估师取得工作成效必须具备的基本功。正是因为那位委托人的建议，在后续该项目相关的保险事故查勘定损过程中，我根据自己的知识和经验，通过自己的独立思考，辨别出险近因，核定损失程度，做出正确判断，独立完成了自己非车公估的处女秀，从此我不再怀疑自己，这是我非车公估生涯第一次被客户肯定和信任，也让我初步完成了由普通专业人员向非车公估师的蜕变，在这里特别感谢信任和支持我的那位委托人！

在非车公估这条道路上，从来都不存在"先入关者为王"的观念，每一个从事这个行业的人，都有莫名的压力，你在这个行业做得越久就越感觉非车公估领域就像黑洞——无穷无尽，而自己知道的却少得可怜，就越会产生一种"前不见古人，后不见来者"的恐惧，有一天突然发现自己在遇到问题的时候没有了能给建议的人，而你从此却要时刻去面对这种情况，内心那种孤独、无助其实身边的很多公估师都会有。

非车公估可怕的不是无知，而是无知又无所谓以及一知半解却自以为是。非车公估师活动中难免会遇到自身专业以外的案件，因为非车公估它几乎涵盖了除车辆以外所有的行业或专业领域，保险标的无处不在，或天上，或水上，或高山，或深壑，或城镇……标的无所不包，或机械，或化工，或建筑，或利润，或责任……因此对非车公估师的要求是无限的，而非车公估师的个人能力是有限的，怎样让有限能力的公估师去完成无限要求的非车公估工作呢？有些直面自己的无知，通过自觉的学习弥补不足去解决问题，而那些一知半解却又自以为是的选择"打肿脸充胖子"，也许能暂时忽悠过去，但终有一天会穿帮，违背"专业服务市场"的宗旨，也就失去了非车公估生存的基础。承认自己无知并不可怕，毕竟任何人都不是万能的，知耻而后勇，学无止境。

非车公估实行的是不定时工作制，意味着你的时间不由你自己掌控，手机必须保持二十四小时开机，也就是你全天候随时都要做好准备听候公司的调遣，因为保险事故往往是偶然突发的，可能是深夜十二点也可能是凌晨四五点。遇到此类特殊情况，一般通人情的公司领导，也许调遣通知会等到第二天上班时间，但更多的是为了体现非车公估的优质服务以及方便公估师的提前准备，往往都是即时通知，也就是无论何时何地何种情况下都可能接到电话，被告知你必须何时赶到指定地点。

还记得 2008 年春节前三天期间那场席卷全国的冰凌灾害，南方大部分地区电网遭到几近毁灭性的破坏，接到委托人的委托后公司立即调集所有公估师前往受灾地区待命。因为事发突然，公司事先并未预订酒店和餐馆，来自天南地北的人挤在餐馆仅剩的三个饭桌前面面相觑，这也许是桌前每个人今生最独特的除夕晚宴吧。从那天开始，我们即各奔东西穿行在荆棘遍布、杂草丛生的高山田野之间，跋涉在寒风刺骨、白雪茫茫的冰天雪地之中，有时一天要翻越几个山头查勘一条因为覆冰而被拉断的输电线路，有时花几个小时爬上一个山头只为查勘一座被覆冰压垮的输电铁塔。一个星期查勘下来，每个人只要一下车就爬山，因为受损的电网需要尽快恢复；一上车就呼呼大睡，因为即使是铁人也经不起如此高强度的体力消耗；一有水就尽量喝足，因为爬山需要尽量减少负担；一有饭吃就尽量吃饱，因为不知道下一顿什么时候才可以吃到。在这场灾害持续 3 个月的查勘过程中，每个坚持下来的人都经历了一场肉体和心灵的洗礼，无论其中是否有人因此而离开了这个行业，但至少他们为中国的保险公估行业赢得了尊重。

同样还有 2013 年，由我们全体非车公估人员及部分车险公估人员花费了大半年的时间共同完成了客户委托的某地区烟叶种植保险全程查勘、定损、理算等非车公估工作。在接受该项非车公估委托之前，我们都是从事非车公估多年的成熟公估师，都接受过许多艰难、艰巨的公估任务，但这次此案例算是从事非车公估工作以来，完成得最辛酸、最典型的案例，查勘地区属典型的山地构造地形，山高谷深，地势险峻，海拔高差大，交通条件极差，最高海拔 4040 米。面对着艰巨的任务，顶着烈日曝晒，饿着肚子，行驶在悬崖峭壁之巅、穿梭于高山峡谷、田间地头，就在这样恶劣的环境下，我们公估师以大无畏的牺牲精神、高度的大局观、优良的职业素养，恪尽职守、认真负责的工作作风，进行着艰苦卓绝的烟叶灾害查勘、评估工作。烟叶种植地区民风彪悍（当地群体暴力事件常有发生）、区域文化差异大。因当时是保险方首次承保该地区烟叶种植保险，且在当地尚未设立分支机构，保险方在灾害发生前，与各地烟草公司、烟办及当地政府关系疏通协调严重滞后；承保之后，灾害频繁、波及范围广、受灾面积大、地域分散，给查勘工作带来极大困难，经常前一次灾害尚未查勘完毕下一次灾害又一次发生。公估师在查勘过程中，不得不一边协调与烟司、烟办、政府部门的关系，一边安抚情绪激动的受灾烟农，为他们及时带去保险方的慰问和关怀，虽然工作量大大增加，但庆幸的是我们兢兢业业的付出获得了当地烟农真诚和热切的回报，在查勘的过程中，甚至无偿为我们提供饮水和充饥之物。前路虽已走完，但回眸的瞬间，艰险和惊心动魄仍历历在目，期间的故事数不胜数，我们不应忘记，前事不忘后事之师！

在非车公估这条道路上，感谢那些始终信任我们的委托当事人，感谢那些始终支持我们工作的同袍，感谢替代自己在背后默默付出的家人，是你们的信任、支持和付出给了我们足够的信心和勇气去面对所有困难，因为有了你们，我们不会放弃！

作者：同昌公估非车险公估师　王梦林

三、管理制度

作为同昌售后服务的执行部门，公估的工作质量直接关乎公司业务的成败，所以必须制定完善的管理制度，以确保万无一失。

（一）制定背景

首先，公估是个关键部门，同时也是窗口部门，经常直接面对客户，一言一行都代表着公司形象，稍有疏忽不但得罪被保险客户，也同样影响到合作的保险公司，更损坏公司形象甚至危及公司业务，可谓事关重大。

其次，查勘定损工作无时间规律可言，公估师的工作不分昼夜、没有周末、没有节假日，非常辛苦。他们的工作地点不固定（守点的除外），因此要对公估师进行打卡考勤是不可行的。在上班时间是否在岗公司不得而知，唯一可掌握的是查询所调度案件的处理情况。对于大部分自觉性好的公估师，这不是问题，但有极少数公估师，上班时间不是不在工作片区，就是在片区上做与工作无关之事，直接影响案件的处理时效和客户满意度，造成推案转案或是客户等待时间过长，结果造成公司案件流失、客户不满和投诉、合作伙伴有意见等。

最后，查勘定损工作有一定的权利，动辄跟金钱有关，诱惑无处不在，所以要求从业公估师必须具有拒腐抗蚀能力，廉洁自律恪守职业道德。虽然公司随时有培训教育，时常警钟长鸣，但随着人员不断增加，队伍不断壮大，还是发生过个别公估师收人钱物的事情。同昌对涉事公估师进行了严厉惩罚，除经济上高额的罚款，公估师也被开除。此类事件给公司形象带来了不可估量的损失，也给合作主体的关系蒙上一层阴影。

（二）管理制度

公估公司首先遵守集团公司的管理制度，而后根据自己的具体情况和特殊性，特别制定了针对公估师的考核管理规定，有《车险公估质量考核管理办法》、《非车业务管理办法》、《云南同昌公估车险查勘估损工作质量要求》、《同昌公估外勤管理规定》等，以此来约束规范公估师日常工作行为和公估案件的处理质量。如在《车险公估质量考核管理办法》中，对公估师的日常工作行为分为 A、B、C 类项目进行考核规范，项目不同处罚力度也不同，每一类都有相应的处罚标准。内容包括上班着装、电话联系客户的时间等细节，最严重的违规是 C 类："徇私舞弊，玩忽职守""收受礼品、礼金、索取回扣及其他贿赂的"，被列为禁止类，如若有违反处罚相当严厉。后来根据实际工作情况和发展形势，公估师的考核办法也相应做过调整：把日常工作行为分类列项，规定各种分值，违反扣分，执行得好的加分，每月底按考核计分发放薪酬及奖金福利等，而摒弃了之前单纯的经济处罚方式。

同昌公估的管理除了严苛的制度外，还有很人性化的一面。因为查勘工作是不定时工作制，公估师普遍很辛苦，所以平时并不要求公估师到公司打卡或是签到；公估师有事请事假，公司也不扣工资；每年给公估师调休一段时间等，让公估师忙碌之余能感受到公司的关怀和温暖体贴。

（三）案件质量管控

案件质量是公估公司的立足之本，是招来业务的根本保证，管理制度很大一部分都是为把控案件质量服务的。案件的发生并不以人的意志为转移，往往具有突发性、时多时少，日常繁忙的工作中，公估师难免会有无心的疏漏，有的年轻公估师由于经验不足，偶尔对案件性质造成误判，或者有公估师会有违反工作流程的情况等。同昌对公估案件质量要求很高，专门设置了"质量检验岗"，对公估案件的质量进行把关。这个岗位由从事查勘定损多年的公估师担任，专门负责全公司案件的质量检验，对问题案件和未按公司流程操作的案件及时发现，同时督促经办公估师整改。这样，不但公司经手的案件质量得到了保障和提升，也能及时有效地发现一些问题的苗头，防患于未然。另外，通过质量检验能成功拒赔一部分虚假赔案，通过与客户沟通做工作能让客户自行撤销一部分问题案件，既为合作保险公司挽回了损失，也提升了公司的专业地位。然而此举无形中增加了公司的运营成本，这笔费用由同昌自己埋单。

专栏 4-7

漫谈车险公估案件的质量管控

1. 资源管控

云南同昌保险公估有限公司目前是省内公估团队人数最多、专业性最强的车险公估团队，拥有公估人员近百人，其中 90% 持有公估师上岗证，80%具有大专以上学历，大部分公估师来自汽车维修、金融专业等，具有较强的专业经验，部分公估师持有中级技师和高级技师职业证书。公司在查勘用具方面都是配备具专业，优良的查勘用具，其中我公司的查勘车是自带车工作，查勘车均是品质优良的品牌汽车，这样给查勘工作的方便快捷奠定了基础。

公司秉承以情带兵，以情管理，领导带头，骨干当楷模的形式进行传帮带，所以同昌公估整合资源、合理配置是实现优质服务的前提。

2. 时效管控

为配合"及时赔"服务的开展，接受案件的委托、现场查勘、定损的及时率自然成为了基础和保障，故我公司要求接受案件委托2分钟内给予委托公司回复，3分钟内与客户取得联系，并明确具体到达事故地的时间（具体要求市内30分钟），这样充分体现了公估人真诚、用心的服务。严格要求中途不间断地与客户保持沟通，从而真正做到主动、热情、耐心、准确、快速、合理地服务好每一位客户。

现场查勘符合"及时赔"的案件务必现场进行核定损失、确定损失金额，并且与协商好维修方案，及时支付赔款。实时将处理的案件发送到公司进一步处理。

3. 工作流程管控

（1）现场查勘过程中不仅只对公估师人车合影，还要求出险驾驶人与标的车合影。通过驾驶员的人车合影，结合驾驶证的情况，行驶证的登记记录，逐一排查驾驶人是否为维修企业人员或存在其他疑问等。

（2）比对现场碰撞痕迹，发现疑点要求报警等，但目前单车事故案件交警一般不出警，这样的案件，我们会要求驾驶人及相关人员次日一并到我公司详细说明情况，由专案调查岗配合共同制作询问记录后进行案件排查工作。

（3）现场查勘中发现疑点后立即上报，建立良好的沟通机制，针对现场有疑点的双方车损案件，通过收集对方车辆的保险信息，收集对方车历年赔付记录，采集事故当事人通话记录的方法排查道德风险。

（4）所有公估师将本日公估的案件以邮件方案次日上传公司质检岗，质检岗将对所有案件逐一排查，逐一审核，重点核实驾驶人身份信息，车辆使用性质，历史赔案等信息找可疑之处。

（5）事故管控，如把握最佳调查和取证时机，损失金额 1 万元以上的案件，单车 5000 元以上的案件，必须现场上报质检岗沟通。

（6）事后管控：报案驾驶员是否多次报案，是否为修理厂人员，是否存在重复索赔行为，是否存在上次报案未修，隔一时段再次重复报。双方事故标的车已向第三方取得赔偿的，及时关注及时处理。

4. 品质管控

为保证"及时赔"工作的顺利开展，同昌建立了自己固定的询价体系（来源于省内各配件经销商及 4S 车商渠道）。该体系的建立分担了保险主体的大量工作，又作为一种监督制约机制，保障了查勘及时率和定损的合理性，质检负责人配合与保险主体的定期及时的沟通，将沟通工作和监督机制贯彻到日常工作中去。

公司还配备了专门的业务内勤，对质检认为有疑问的案件及时反馈公估人，进行督办造册，以备查询，业务内勤不单是案件的录入，还要进行日常案件规定动作的监督，时时监管公估人日常案件的结案率，催促公估人尽快结案，从而确保保险主体案件的结案率，结案时效。品质的管控不单是监督与管理，其实是每一位公估人细心、耐心、用心的服务的具体表现，是公估人真诚服务的体现。

5. 案件性质管控

针对保险主体该赔不赔，我公司充分体现公估人公平、公正的原则，以实事求是的原则去把握每一个车险案件，并且充分保障了一大批被保险人获得了应有的合法权益，同时也提升了保险主体的声誉。

例如：2014 年 3 月张某将自有的水泥搅拌车在××保险公司投保了车辆损失险，第三者责任险 100 万元，扩展责任险，不计免赔特约险等。

同年 8 月的某天，张某向其投保的保险公司报案称其驾驶投保的水泥搅拌车在某工地输送混凝土时因泵管爆裂，其管内混凝土喷散涉及第三者财产损失。该案件保险公司委托我公司现场查勘，查勘后我公司如实将案件呈保险公司审核，却得到保险公司的回复"不属保险责任"，应拒赔处理。

同昌公估一直以来都秉承、客观、实事求是的原则而存活于保险市场的，为保护被保险人合法权益，通过与保险人沟通，针对该保险产品的条款及解释，保险人认同我公司公估报告，给被保险人挽回了数万元的损失。

6. 考评管控

时时管控，环环管控，扣扣相连进行相关的考评，根据规定进行扣分、奖分，最终考评结果与收入挂钩。违反公估人相关规定涉及道德风险、经济问题的将依据相关惩罚规定进行处罚，造成严重后果的根据所违反的情节追究法律责任。

综观各种案件的管控，其实管控并不是目的，而是通过管控的手段，将整个业务流程梳理成一个能够畅通流动的闭合回路，为客户提供高质量、高水准、高品质的一流服务创造条件，为同昌"及时赔"打下坚实基础，确保公司顺利运行。

作者：同昌公估车险部经理　张云才

四、内部职能转变情况

为了配合公司的业务发展，公估的角色职能必须调整转变。

（一）原运作模式

自 2007 年 8 月开展车险公估业务以来，同昌公估一直都在与不同的保险公司合作。保险公司疲于抢占市场，售后服务工作做得比较滞后，把部分前端售后服务交由公估公司代为完成，既节省成本又提高了效率。被保险人是公估公司的服务对象，同时保险公司也是公估公司的服务对象，公估公司主要是分担保险公司的售后服务工作。

（二）艰难转变职能

作为"中国优质保险服务践行家"，同昌在强烈的行业使命感驱使下创立了"及时赔",理赔服务工作交由公司公估部门来执行。按照服务承诺，公估就由原来的单纯对外提供公估服务获取公估费，转变成既对外服务又为公司业务提供售后服务保障。由于"及时赔"的所有理赔环节查勘、定损、理算、赔付都要由公估来完成，无形中加大了公估的工作量，提高了对公估师的责任心及综合素质的要求。

五、专业即王道

公估公司要生存发展，唯有专业才是王道。同昌公估在专业化建设方面一直不遗余力，不断带领员工提高业务水平，取得了良好效果，其专业、诚信、敬业的形象已得到合作主体的普遍认同。

非车公估涉及的专业领域众多，保险标的无所不包，再专业的公估师也会遇到自己未曾涉足的领域，因此要求有较强的学习能力。没有专业素养，非车公估师既无法说服保险公司，也无法说服被保险客户。同昌拥有一批各有所长的非车公估师，他们不但有自己擅长的专业，更有不断接受新事物钻研新领域的习惯，因此深得各保险公司的信赖。

车险公估师，不但要掌握普通查勘定损员的必备技能，还要掌握一些疑难案件的处理技巧，要有娴熟的专业技术，要有敏锐的判断眼光和灵活的沟通方式，这样才能在公估案件的处理中去伪存真，坚守公平公正，对客户负责。同昌公估一年中要为合作主体拒赔几百万元的案件，全靠拥有一大批专业的公估师。

专栏 4-8

车险疑难案件查勘技巧及案例分享

随着我国汽车业和保险业的高速发展，越来越多的车险事故发生在人们的生活中，作为市场主体的保险公司，却面临着越来越多的道德风险事故，各种欺诈手段层出不穷，让人防不胜防。每年保险公司都投入大量人力物力来防范此类风险，但收效甚微，保险人与被保险人之间不公正的情况时有发生，矛盾也日益增多，使得保险主体一直处于非常被动的局面。业界出现了一批拥有针对性的专业技术群体——车险公估师，他们介于保险人与被保险人之间，拥护着公平、公正，致力于防范道德风险，让大量的道德风险案件得到明显有效的抑制，下面我有幸与大家分享一些防范道德风险案件的经验和技巧。

1. 作案动机的有效判断

很多查勘员，看见标的受损部位有明显旧痕，就说别人有作案动机，这是非常不正确的。真正的作案动机，往往是与最直接经济利益挂钩，最为明显就是驾驶员掉包案件。在一般车损事故中，如何判断为有效作案动机呢？我在这里浅谈一下，例如 A 车，前杠有明显碰撞过的痕迹，本次事故中，行驶路线及避让方向符合日常驾驶常理，但该部位再次发生碰撞并导致不能使用，该车有作案动机，但不能判断其为有效，因为该事故近因成立，的确为意外事故。如本次事故 A 车行驶路线及避让方向完全不符合驾驶常理，即可判断为有效作案动机，这就是区分点。作案动机的有效判断，是整个案件能否成功拒赔的基石。

2. 证据的有效判断

证据，包括最直观的碰撞痕迹、间接的力传导方向、隐性的驾驶者意图。为什么有很多案件明知有疑问，却拒赔不掉，因为取证环节失去了对证据的有效判断，导致无效证据过多，难以打开突破口。什么叫无效证据？A 车与 B 车发生碰撞，两车未移动现场，所有的碰撞痕迹，都是本案的无效证据，因为它们一定是吻合的，小部分查勘员喜欢拿着相机认真记录车损、车身痕迹，却忽略了至关重要的散落物、附着物和驾驶者的意图等有效证据，导致最后本案因为无效证据过多而无法赔偿。在一起事故中，有效证据往往能告诉你一些十分有效的东西，让你可以结合有效证据还原事故真相和驾驶者意图，什么是有效证据呢？例如胎痕，它反映了标的的行进轨迹；附着物，它反映了标的去过哪里，和什么物体发生过碰撞；散落物，它反映了这里是否是事故第一现场；飞溅物，它反映了碰撞的力度，碰撞点和力传导方向。看到这里，您觉得碰撞痕迹有多大用处？碰撞痕迹唯一的用处就是隐性证据完全缺失或部分缺失的时候，可以作为判断参考。我遇到过一个案件：一辆黑色的凯迪拉克报案称与固定物发生碰撞，到达现场后发现痕迹完全吻合，无旧痕，驾驶轨迹符合常理。但此案最终拒赔成功，减损 20000 多元，用的就是标的底盘下面的几条胎痕，这几条胎痕充分告诉我，标的在案发现场倒了两次车，最终驾驶员无法回答为什么倒车，成功拒赔。这就是有效证据的判断。

3. 询问笔录的制作

这个是大家最常用的手段，但绝大多数人局限于一个固定的问答模式，往往无法得到有力的佐证，每一次都与拒赔成功擦肩而过，留有遗憾。我浅谈下我的方法，通常我在做笔录之前，会掌握尽可能多的有效证据、作案动机等客观因素，来决定我如何对被询问人发问，而每一次我的问题都是不一样的，在整个过程我会录音，甚至摄像。整个过程中，会一直与被询问人聊天，普及保险欺诈的量刑、定刑的标准，穿插一些我想知道的问题，不绕弯子，通常一针见血地发问，伴随推断性发问，没有局限性，没有任何固定的问题，甚至有些问题结合了前面的答案，无论被询问人回答是与否，都已经肯定了拒赔结果。我手里有六个案例，都是在第五个问题以内，当事人就按手印放弃索赔了。我想表述的是，制作笔录不要有局限性发问，事前准备充足了，才有一针见血式的发问，无论你用什么办法，只要让被询问人说了第一个谎言，那么你就成功了，因为不断地圆谎，就会出现前后矛盾，前言不搭后语，最终他自己会主动要求放弃索赔的。有个案例：某同事接到报案：凌晨 1 点，标的追尾前车，前车飞过中央隔离带。由于查勘条件受限，现场照片无法反映任何问题，只能看到直观的车损。唯一的证据是，驾驶员没有使用自己的手机报案。最终本案在询问环节的第三个问题时成功拒赔，减损 50000 多元。我用的方式就是抓住"为什么不用自己手机报案"的疑点进行突破式询问，最终驾驶员无法自圆其说，前后矛盾。

案例一：双方事故

2014 年 5 月，我接到报案：李某驾驶标的车左转时与直行车发生碰撞，导致两车受损，已报交警，无人受伤。

到达现场后，我发现两车前轮有明显的红色泥土，判断两车来自同一方向，两车驾驶员有认识的可能性，于是我采取简易询问得知两车来自不同方向，仅此一证据，最终在笔录中成功拒赔本案。

事实如下：李某为修理厂工作人员，张某车辆大灯受损，企图想要走保险赔付的方式换一只大灯，于是找到李某协商，李某有过多次作案经验，于是两人协商找个僻静的地方伪造事故现场，意图骗取保险金20000余元来修车，最终在铁的证据下，李某同意放弃索赔，并多次要求我公司不要追究其刑事责任。

案例二：单方事故

2014年6月，我接到报案：王某驾驶标的车起步时，未注意观察四周，导致标的撞到固定物，标的前杠、大灯受损。

到达现场后，痕迹吻合，行驶轨迹及驾驶角度均与报案人描述一致，无疑点可循，最后我在车辆底盘下发现3条胎痕，判断标的在此倒车两次，于是做了简易询问，最终本案拒赔成功，减损30000余元。

事实如下：王某为修理厂员工，因某客户大灯过了质保期进水，给了王某好处费后王某答应为其伪造事故现场骗取保险金，王某以前是某保险公司查勘员，有着丰富的经验和反侦察意识，但因角度问题，在现场倒了两次车进行比对后碰撞，胸有成竹的王某，在铁的事实面前，主动向我公司要求放弃索赔。

案例三：第三者损失事故

2014年7月，我接到报案：张某驾驶标的倒车时撞倒民房1间，标的无损，民房倒塌。

到达现场后，一片狼藉，根本没有什么证据可以追寻，且张某提供了事故认定书，最后我在拍摄保险卡时发现商业险起保才9小时，有倒签单的可能，随后在现场展开调查，最终获悉，张某是报案前一天发生的事故，当时并未购买保险，在多方证据面前，张某承认自己企图骗取保险金50000余元的事实，并同意放弃索赔。

作者：同昌车险公估师 刘富祥

第五节　分支机构建设

作为一个以服务为中心的保险中介，必然要铺设遍布四方的服务网点，否则优质服务便无从谈起。公司分支建设首先着眼于云南本地，通过建立遍布地州县级的分支机构，拓展公司的服务范围，延伸服务触角，让优质的保险服务成为现实。首先做到在云南省内客户服务无死角，然后在公司得到资本助力的情况下，再向省外谋求发展，逐步在省外建立分公司，让同昌保险在全国范围内逐渐成长壮大，最终遍地开花。

同昌保险分支机构建设要求是：打造一个拥有自主销售、服务及综合管理能力的创新型平台①；要求复制"及时赔"服务模式，分支机构员工必须认同总公司企业文化，遵守总公司管理制度。

一、建设初衷

按国内目前保险经纪行业的发展思路和发展惯例，保险经纪企业属于保险咨询服务类行业，对同一个标的而言，佣金是固定的，付出的人力成本越少，利润越高。这类似于银行和保险公司，总希望用最少的柜台人员和后勤人员，服务最多的客户群体。部分企业为了追求利润而忽视客户服务体验，此举必然导致客户服务质量大打折扣。国内的保险经纪企业对分支机构和员工数量历来比较吝惜，即使是国内排名前十的几家著名经纪公司，在全国的布局思路也几乎一致，每个省只设立一家省级分公司，对于市级、县级分支机构，除有特殊业务需要外，一概不设，因为成本开支会无限扩大，而且在人员配备上重业务轻服务。

同昌保险当然也知道行业仍处于红海模式，人力资源成本上升，就会压缩利润空间，降低企业竞争力。但"同昌人"想得更多的是：保险经纪人既是客户的保险顾问，又是客户的风险管理专家，不能让自己的客户在购买

① 创新包括业务创新、服务创新和经营理念的创新。

了保险后需要服务时却辗转折腾。如果客户出险时不能及时赶到现场，一切服务便无从谈起。另外，分支机构的建设也是公司战略的必然要求。再者，分支机构不仅能确保客户的售后服务满意度，同时也能拓展公司的地州和县级业务。

早在2010年，公司领导层就全面思考过以昆明为基点，向地州县辐射布局的问题。随着"及时赔"业务蒸蒸日上，向地州铺设分支机构显得尤为迫切。为了满足分支机构铺设的监管要求，同昌于2010~2012年进行了三次增资，最后注册资本金达到5000万元，完全满足了政策方面的要求。同时公司广纳人才，优先发展云南省内地级市的分支机构和昆明地区的县级分支机构，公司为此专门设立了"机构部"，全面负责此事。

2012年开始，分支机构的建设进入实施阶段。

二、规划、困难

公司分支建设的短期目标是要让分支机构及服务网点遍布云南省每个县级城市，中期目标是在省外设立3~5个省级分支机构，长远目标是让分支机构在全国遍地开花。因为同昌人坚信，同昌模式就是保险业内的"海底捞"，有了优秀的企业文化传统、优秀的保险产品、良好的售后服务，就应该把它复制到全国各地。

保险法规中有明确规定，保险经纪公司成立分支机构必须上报保险监管部门批准或备案。在分支机构的审批中，因为现实中发生了不少问题，使得保险监管部门存在不少顾虑，因此审批工作进展缓慢。往往经纪公司的分支机构设立已万事俱备，却迟迟未见监管部门的批复，为此耽误了很多后续工作和商机。但这种情况很快就成为过去式了，近年来随着国家经济体制改革的深化推进，保监会采取了一系列减政放权的便民措施，关于保险中介分支机构的设立审批已经进一步简化，越来越方便，现在分支机构的设立只需向监管部门报备即可。

云南地区在全国属欠发达省份，省内各地州又有其特殊情况。总体而言发展程度较低，保险市场环境不成熟，人们的保险意识比较落后，保险发展还处于初级阶段。

州县特点是地方小、人际圈子窄，不论好事还是坏事都传播得比较快，群体关系相对固定，不论是企业模式还是合作关系都不容易被改变。思想保守，地方抱团现象严重，对外来事物不容易接受甚至于排斥等。保险公司方面，可能总公司或是省级分公司与同昌保险合作很好，但地州公司却不一定。因为地州保险公司在地方上已形成一个稳定的运作模式和关系网，都有固定的做事和思维习惯，要一时改变很难。因此"及时赔"服务要在地州落地不容易。

另外，要复制"同昌模式"到地州，必须有人执行，找一个合适的分支机构负责人至关重要。公司在这方面有过不少尝试，总结起来不外乎两种：一是从总公司派人到地州成立分公司，二是在当地物色人选，这两种模式都各有利弊得失。从总公司派人，好处是熟悉公司规定和业务流程，认同公司企业文化，对复制公司"一揽子"服务模式很有优势；弊端是不熟悉当地情况，业务开展基础薄弱，实际工作起来比较吃力，而且展业成本较高。从当地招聘人员，好处是比较接地气，熟知当地的风土人情，做业务有天然的人脉优势，展业方式比较对口得体，业务容易做起来；弊端是不熟悉公司制度流程，更谈不上认同公司的企业文化，对快速复制"同昌模式"不利。总而言之，要找一个合适的分支机构负责人比较困难。

三、建设情况

尽管有诸多困难，但在同昌人坚持不懈的努力下，2012 年 9 月，呈贡、安宁、禄劝 3 家分公司率先开业；2013 年，丽江分公司、西双版纳分公司、楚雄分公司、普洱分公司、昭通分公司、大理分公司成功挂牌营业；2014 年，迪庆分公司、德宏分公司、临沧分公司、红河分司、宜良分公司、嵩明分公司也顺利开业；2015 年，曲靖分公司、怒江分公司、保山分公司、晋宁分公司等成立。按分支机构建设要求，每个分公司同时配备了售后服务公估师。

这些分支机构在成立之初，毫无例外地面临着当地市场影响力不够、业务难做、合适的管理人员和业务员难找、总公司投入资金但分支机构仍难以养活自己等困难。但"同昌人"迎难而上不屈不挠，帮助一个又一个的分支机构平稳渡过难关，最终走上了正轨。

截至 2015 年，同昌分支机构已覆盖云南所有地州市，建成 18 个地州分公司、6 个县级分公司、63 个县级服务网点；自 2012 年建立分支机构开始到 2015 年，累计完成车险保费 21944 万元，累计完成非车险保费 4670 万元。同时服务了大批出险客户，积累了许多分支机构建设的经验，并在各地宣传了同昌保险和"及时赔"，提高了公司品牌的知名度。

四、分公司速写

在成立的众多分公司中，有业务发展得非常好的（如大理州分公司 2014 年业务达到了 3000 万元），也有业务开展得不太顺利的（如普洱分公司 2014 年业务仅 90 万元），按照最具代表性原则，在这里随机选择一家"同昌保险嵩明县分公司"（以下简称"分公司"）作简单勾勒，希望能达到"窥一斑而知全豹"的效果。

（一）嵩明分公司概况

嵩明分公司成立于 2014 年 1 月，共有员工 4 名，拥有完整的保险销售、服务及公司管理职能。2014 年完成保费 800 万元，人均保费 200 万元/人（昆明地区保险行业一般人均保费为 100 万元/人），分公司及其负责人聂文平多次被同昌总公司表彰。聂文平及其妻丁忠英自从加入同昌大家庭后，充分展现了农村人的踏实勤勉。分公司新建时可谓百废待兴，事情千头万绪，业务更是从零开始，压力很大。聂文平夫妇在抓分公司建设的同时，也不放松对业务的开发。一单一单地跑，一个一个地找客户谈，每天早出晚归，没有周末，没有节假日。步调上与总公司保持高度一致，坚决贯彻执行总公司的政策思路和战略部署。

（二）具体做法

嵩明县分公司人均保费高，发展速度快，除了敬业勤奋外，他们还善于发现问题，总结经验，不断进行调整改进。

1. 服务至上，加强宣传

嵩明分公司从成立伊始，就一直把总公司的服务理念放在第一位，并紧随总公司步伐，在嵩明市场推出"及时赔"服务。

为开拓市场，提升知名度，分公司从当地业务员和修理厂入手，多宣传多交流，同时直接跟客户作宣导，力争让更多人知道"及时赔"，了解并认同"及时赔"。在日复一日坚持不懈的努力下，开始有业务员、修理厂，甚至客户选择"及时赔"，逐渐有越来越多的人关注同昌。

2. 有的放矢，解决问题

彩虹总伴着风雨，分公司在发展的过程中也同样遇到诸多问题，像业务规模上不去、有时案件处理未达"及时赔"标准要求、团队缺乏凝聚力等。分公司领导团结全体员工群策群力，有针对性地解决问题，保证了分公司的健康发展。

业务上不去。首先就"及时赔"加大对业务员的宣传力度，一对一地接触业务员，及时沟通了解他们的需求。得知他们最关心报价出单高效和兑费及时等问题，于是对报价、出单、结算几个环节进行改进提速，减少人为失误，出单后对业务员及时兑费。经过一系列整改，慢慢地，业务员开始对分公司放心，"及时赔"的品牌知名度也逐渐树立起来。

修理厂开始时对"及时赔"持怀疑态度，分公司一直秉持合作共赢的心态与之合作，并坚持"及时赔"的服务承诺。后来在经历了多次2000元以内案件的现金现场赔付后，修理厂开始信任"及时赔"，开始选择分公司，修理厂方面的业务越来越多，"及时赔"在嵩明市修理行业慢慢赢得了一个较好的口碑。

同时，分公司大力开展乡镇业务，在嵩明各乡镇都设立了服务点，大力宣传同昌"及时赔"，让其深入到农村，从而拓展业务渠道以增加业务来源。

在内部管理方面，分公司本着"以人为本，客户至上"的经营理念，完善管理制度和服务流程，提前一个月把保险将到期的客户续保清单以及每一单报价明细发到每一个渠道和业务员手中，同时合理分配保险客户资源，杜绝公司内部业务员间的业务交叉冲突。该做法在业务员中获得了很好的评价，消除了业务员间的许多矛盾，大家都愿意过来合作。

理赔未达标。分公司业务有起色后，"及时赔"案件也随之增多，有时会遇到案件比较集中的情况。分公司理赔力量有限，偶尔会出现案件积压。分公司一方面要求公估师提高工作效率，跟客户沟通到位，以获得客户的理解支持，另一方面增加理赔力量，夯实理赔基础，严格执行"及时赔"服务流程。

分公司高度重视保险理赔，对公估师的管理非常严格。平时经常组织培训，严禁公估师违反职业道德，要求必须公平、公正、准确、合理地核定事故车辆损失。

通过这些工作，分公司理赔工作得到了全面提升，售后服务客户零投诉，满意率达到95%以上。

缺乏凝聚力。对于一个新组建的公司，员工们缺乏了解和交流，缺乏共同愿景，必然缺乏凝聚力和战斗力。分公司为统一员工思想，灌输同昌企业文化，让员工愉快工作，以公司为家，做了大量的工作。

所谓家有家规，除了总公司的管理制度外，分公司根据地区的具体情况制定了自己的管理制度，以规范员工的言行。同时，分公司是一个整体，每位员工必须具有团队意识，大家都要为团队的成长贡献力量，公司也随时要整合团队力量解决困难。分公司还帮助员工树立"我们是来学习的"工作心态，让大家动力十足，公司和员工都在学习中不断成长。由于大家的目标思想一致、团结一心，分公司很快在嵩明市场上站稳了脚跟，业务规模市场占比达到了5%。

第五章　创新业务——及时赔

"世上本没有路，走的人多了，也便成了路。"这是伟大文学家鲁迅先生的名句，他充分诠释了创新的含义。一个企业要不断向前发展，必须锐意进取，敢于创新、善于创新，想前人所未想，为前人所未为，如此才能从没有路的地方开辟出路。尤其在当今时代各个领域竞争日趋激烈，墨守成规只会被淘汰出局。可以说，创新是企业的灵魂。同昌保险作为云南省首屈一指的保险中介企业，在许多方面都有开创性的举措，比如闻名遐迩的"及时赔"。

第一节　不走寻常路

借用时下一句广告词"不走寻常路"来形容同昌的创新，可谓恰如其分。公司的创新很多，这里主要阐述创新业务——"及时赔"。该创新服务模式颠覆了人们对保险的一贯偏见，而且创立者不是保险公司而是保险中介，可谓意义非凡。

世界上万事万物的产生都不是偶然的。范吉智是20多年的"老保险"，而同昌浸淫保险行业十年。"及时赔"的产生有某种程度的必然：一是公司的发展需求；二是保险业诚信建设的呼唤；三是公司自觉的行业责任感和使命感驱使；四是公司深厚的行业底蕴滋养。同昌有培育"及时赔"的土壤和空气，有切中时代痛点的睿智，有冲破行业困局的勇气，有敢为人先的传统。以上诸般因素风云际会，公司与"及时赔"的相遇其实在情理之中。

一、推出背景

2010 年是国家"十一五"规划的收官之年，但当年动荡的资本市场拖累了保险公司的投资收益。当年提高保险公司特别是车险经纪公司收入的普遍做法是增加业务量，手段是打价格战，不断给予业务员和各渠道更高的费用。由于各家公司不断追加费用，致使费用越来越高，最终容易造成行业性亏损。同时，由于保险公司将费用都花在了销售环节，过度依赖渠道展业，客观上无法在售后服务上有更多投入，造成服务质量下降。这种状况监管部门多年整顿也无济于事。曾是太保寿险高管的金文洪认为：产险是理赔难，这是服务问题；寿险是分红少，是投资问题和系统性误导问题。

"目前保险行业的年营业额已经超过 1.5 万亿元，成为我国年产值上万亿元的少数行业之一，然而以投保容易理赔难为代表的售后服务体系仍然是困扰保险业发展的主要问题。而今年因政策调整影响到整个车险销售，对之前仅靠市场扩容就可获得保费市场增长的代理公司来说，市场压力尤其凸显。"① 与其他行业相比，保险售后服务的确较为落后，加上保险公司体系庞大，管理层级较多，从内部风险管控的需要出发，往往在理赔流程上设置了多个烦琐环节，以确保理赔质量。

此前，同昌保险与太平洋汽车网联合做过一次调查显示：80%以上的车主对车险的第一需求是"方便、快捷的理赔"，而且根据保险公司理赔数据，所有出险案件中，赔款金额在 3000 元以下的案件占总赔案数量的 80%以上，赔款金额在 2000 元以下的案件占总赔案数量的 70%以上。"需求和实际市场现状之间存在着巨大的机会，只要我们顺应市场及客户需求，就能在车险代理竞争激烈的红海中找到一片蓝海。"②

国内保险经纪公司因为种种原因涉足车险的很少，但同昌企业战略规划，以及"中国优质保险服务践行家"的企业定位，使其不能拒绝车险。公司深知国内保险行业现状，欲参与竞争，策略上必须反其道而行之：重视理赔，以优质的售后服务，促进承保业务的增长和客户的积累。

---

① 云南省保险行业协会副秘书长何明昭。
② 同昌副总经理陈亚刚答《中国经营报》记者问。

基于上述种种原因，最后"及时赔"应运而生。

二、提出及讨论

2010 年 10 月，同昌保险领导层初步提出车险"及时赔"的概念。当时广大员工对其概念很是模糊，不明白究竟为何物，只知道是公司即将要推出的一项服务。于是，在公司领导层的主导下，围绕"及时赔"的大讨论展开了。

公司为此特意举行了"及时赔"征文比赛。征文内容：如何做"及时赔"、"及时赔"的意义、"及时赔"的利与弊、对"及时赔"的建议和意见等。目的是通过征文比赛听听大家的声音，集思广益，广泛收集员工意见，论证"及时赔"的可行性，并完善操作流程。全体员工踊跃参加了征文比赛，毫无保留地提出自己的观点和看法，有的建议后来被直接采用到推出的"及时赔"当中。当时的观点大致可分为两派：一派赞成搞"及时赔"，并为此阐述了好多理由，摆出了很多论据，还提出了不少实际操作建议；另外一派反对搞"及时赔"，也提出了许多反对的理由，主要是顾虑，同样摆出了不少论据。

后来事实证明当时的反对意见并非没有道理。当时有个反方观点：认为推出"及时赔"会引来同行及各大保险公司的竞相效仿跟风，招致更猛烈的还击，以同昌保险之实力不足以与各大保险巨头分庭抗礼云云。"及时赔"推出后不久，各大保险公司频频推出理赔新政，慢慢有弱化"及时赔"之趋势，当然这是后话。

"及时赔"的设计理念紧紧围绕客户需求，同昌相信只要做对客户有利的事就不会错，于是毅然推出了"及时赔"。

第二节 横空出世

之所以用"横空出世"形容"及时赔"的推出，是因为它的推出确实惊艳了行业、震动了社会，影响非凡。

一、未雨绸缪

"及时赔"是同昌保险经过很长时间的酝酿结果，推出之前自然要精心准备以做到万无一失。首先是它的合规性，作为一种全新的服务模式，是否会与国家现行的相关法律法规和监管规定相悖？公司就此详细地向专业律师进行了咨询，并向云南保监局作了汇报，在得到肯定的答复后才开始后续事宜。其次是"及时赔"与保险公司现行理赔流程相冲突，公司如何与之对接等，都提前作了充分沟通和协调，进行了周密安排。最后是"及时赔"售后服务力量的保障，必须提前部署到位，确保万无一失。

（一）人员部署

确定推出"及时赔"后，最繁忙的要数公估部门，因为售后服务是重中之重。领导开始找部分精英公估师谈话沟通，并把他们从原来的工作岗位中抽调出来。服务"及时赔"的公估师，要求专业素养和道德人品都要过硬，必须德才兼备。"及时赔"的服务要求很高，选不好人就没办法做好服务，更遑论让客户有最好的服务体验！所以选拔公估师，选择标准很严，相关领导慎之又慎。

"及时赔"理赔服务包括现场和非现场两部分，公估师也相应分为现场查勘和驻点定损两类。

现场查勘是保险服务的生命线。及时地查勘现场，可以为客户指明后续处理程序，能避免客户因不懂流程而往返浪费时间和精力，让客户第一时间感受到保险的价值。一般而言，客户往往不懂案件处理程序，出险后常处于一种焦急无助、不知所措的状态，这时保险公司的一个电话犹如一颗定心丸，及时到达现场处置可让客户如释重负，给客户从情绪到思想上莫大的慰藉。

昆明市现场查勘区域划分为东、南、西、北及城中五个片区，经过测算，每个片区需配置1~3名公估师，能保证"及时赔"服务的需要。

（二）机构设置

非现场（俗称"二现"）服务点设置两个，分别是南、北交通事故快处快赔"及时赔"服务点。保险案件现场主要确定事故的性质（是否真实），非现场主要确定事故车辆的损失情况。

考虑到昆明市政府所倡导的轻微双方或多方交通事故，及时撤离现场以避免交通拥堵，到就近的交通事故快处快赔点处理的指示精神，必然会有很大一部分客户出险后不能在现场等待，要去快处快赔点处理。于是同昌保险与各合作保险公司及交通事故快处快赔点协调，携"及时赔"做法和思路沟通，获得各方赞同欢迎，最后商定南北方向的快处快赔点由公司派人驻守，这就是南、北交通事故快处快赔"及时赔"服务点（以下简称"南、北服务点"）的由来。

南、北服务点谋划于2011年初，同年5月16日工作人员正式进驻，是为"及时赔"而设立的直赔服务点，它不只承担"及时赔"业务的案件处理和赔款支付，还要兼顾公司合作保险公司的快处快赔点案件处理。

为什么选择南北两个点？就地理位置而言，南服点可兼顾东片区，北服务点可兼顾西片区，故而设置南北两个点便可承担全城"及时赔"案件的处理任务。从此，南、北服务点便成为同昌"及时赔"对外服务的两个重要窗口。

南、北服务点人员构成：1名负责人，2名查勘员，1名内勤。负责人全权负责服务点的一切事务，包括对内对外的人事关系协调，服务点上的案件处理、是否支付赔款的案件审批、重大案件或问题的上报请示等；查勘员负责处理案件，严格核实碰撞痕迹、落实事故责任、轻微损失的核定，对符合"及时赔"条件的案件提请现场支付赔款等；内勤负责服务点案件的及时录入上传提交，案件统计，负责保管赔款备用金，并对符合"及时赔"条件的案件报送负责人审批后支付赔款。可见服务点具备了保险理赔的"一条龙"服务功能。

专栏 5-1

我在"及时赔"服务点，我骄傲

自2011年5月16日我公司开展"及时赔"这一全国首创的高品质理赔服务伊始，我就受公司指派进驻"昆明市道路交通事故快速处理第四便民服务中心"（暨原昆明市道路交通事故快处快赔南区服务点）开展"及时赔"服务工作，至今已整整四年了。回首这段走过的岁月，感慨良多。

南、北"及时赔"服务点是我公司"及时赔"服务开始最早设立的两个直赔服务点，也是首批设立的两个"及时赔"服务窗口。"及时赔"服务工作一开始，我就深深感到自己身负同昌重任，不敢懈怠。直赔点的工作一开始面临的"及时赔"服务工作量很少，重点还是积极进行"及时赔"的宣传、引导，全力配合公司所做的各类广告，积极向前来点上处理交通事故的人员耐心地进行推介、解释、宣导"及时赔"以及发放宣传页。一开始，针对很多人对"及时赔"的质疑、怀疑、顾虑及将信将疑等进行了大量宣导工作。随着"及时赔"业务的不断发展壮大，我们直赔点上也开始一单一单地迎来了"及时赔"客户。从一开始十天半个月才有一单逐渐发展到现在几乎每天都有"及时赔"业务。

还清楚地记得我们直赔点上第一个"及时赔"案件：一个"及时赔"客户驾驶一辆微型车与三者一辆别克凯越轿车发生碰撞事故，交警判定标的车负全责。由于标的车已较老旧，只投保了交强险，加上标的车驾驶员是地州的人员，在强势的别克凯越轿车车主面前，显得非常无奈和无助，看到这种情形，我们马上召集双方并指导双方办理快处快赔，定完损，并立即与保险公司后台"及时赔"核损人员联系，通过"及时赔"核损通道让案件快速核损通过，同时，耐心安抚好三者车主情绪，并按"及时赔"规范将现金赔款交到标的车驾驶员手上，标的车驾驶员连连表示感谢，三者车主获得赔款后，脸上一扫愤怒的表情，也露出满意的微笑。看到我们的"及时赔"服务这样高效、优质、快捷，三者客户非常欣赏和赞许，当即表示今后保险也要买我们的"及时赔"。

这样的故事，在"及时赔"直赔点发生过很多很多，相信只要有我们"及时赔"的地方，也都会不断发生着"及时赔"的精彩、动人的故事。

在"及时赔"直赔点上，由于多家保险公司同在一个快处大厅办公，很多前来办理快处业务的驾驶员和随行人员，非常直观地看到了我们的"及时赔"服务，特别是我们进行的现金赔付，引来不少对"及时赔"美慕的眼光，很多人都前来咨询和了解我们的"及时赔"，纷纷表示要来体验我公司的"及时赔"，无形中也成了我公司"及时赔"义务宣传员。周围的其他保险公司的驻点人员也不时来到我们面前了解我们的"及时赔"，并给予充分的肯定和赞赏。

通过这许许多多的案例和经历，我深深地感到，我们的"及时赔"在我们身边已经生根发芽、开花结果了。身为同昌人，我自豪，在"及时赔"直赔点，我骄傲。

作者：同昌车险公估师　雷庆

二、同昌特色："及时赔"

同昌主要研究保险市场的变化趋势和客户需求，及时提供契合市场需要和客户欢迎的服务模式，最具代表性的"及时赔"，公司投入巨大的人力物力重点打造。

经过长时间准备，2011年3月公司正式推出"及时赔"车险服务。"及时赔"是同昌独创、国内首家为车险投保人提供的一种方便、快捷的现场赔付特色模式，具体服务内容为：在被保险车辆出险后，由同昌保险提供现场勘验、保险责任认定、损失核定等服务，对于责任明确、无人伤亡和三者物损、单车损失金额小于（含等于）2000元的保险事故，公司将现场支付赔款，再向保险公司代办全套理赔手续，投保人不再需要担心较为耗时的定损、修理、索赔、等待赔款之类的烦琐事宜。

云南省昆明市"及时赔"客户暂时执行：在昆明市三环路范围内出险，客户现场报案，经现场查勘，责任和损失明确无异议，不涉及人伤和物损，单车损失小于（含等于）2000元，理赔人员将现场支付赔款的政策。随着公司分支机构和服务网点的不断扩张，以及和保险公司合作的不断深入，"及时赔"的服务地域范围和现场赔付金额也将不断调整变化。云南地州上分支机构的"及时赔"服务，复制昆明地区服务模式，具体地域范围由各分公司根据实际情况确定。

三、操作流程

下面简要介绍"及时赔"的投保和售后服务流程。

(一) 如何成为"及时赔"客户

通过同昌保险办理车辆保险的客户即成为"及时赔"客户①，全面享受"及时赔"相关服务。

办理方式多样化：客户可亲自到同昌保险办理，也可拨打同昌保险"及时赔"服务专线 400-6688-199，即可享受以下服务：①专人上门服务。客户表明投保意愿后，经纪人上门当面接受咨询，并根据客户实际情况提出投保建议；客户确认投保后，由经纪人上门递送保单、收取保费。②拥有专属经纪人。保险期内一对一地跟进咨询服务，在客户最需要帮助的时刻提供专业的指导意见和建议。

(二) "及时赔"售后服务流程

一直以来，传统的车险理赔往往要花很多时间到保险公司去办理。传统程序为报案、查勘、定损、开发票、交资料、理算、划款，其中有可能涉及差资料或是定损争议等，其间颇多周折。

"及时赔"保险车辆出险后，客户第一时间向承保公司报案，保险公司会在 3 分钟内调度案件给同昌公估师，公估师在半小时内赶到现场，完成查勘、定责、定损、理算等一系列步骤。如确认多车损失在 5000 元以内，单车损失在 2000 元以内，责任和损失无争议，即由公估师将赔款直接垫付给被保险人；如果多车损失超过 5000 元，单车损失在 2000 元以上，同昌保险则为车主代理后续索赔，真正让车主省心无忧。

在车险理赔中，车辆维修发票是拖慢赔款速度的一大因素，对于"及时赔"客户未提供发票的案件，由同昌自己到便民服务中心代开车辆维修发票，资料齐全后再提交到合作保险公司索赔。这自然增加了经营成本，一年光是代开发票产生的税金就达几十万元，这笔费用完全由同昌自己承担，但为了提升客户服务质量，公司没有推脱。

---

① 除少数客户有特殊要求，指定要办在某某保险公司，而那家保险公司刚好跟同昌保险没有签署合作协议的情况，无法享受"及时赔"服务。

（三）问题说明

作为一种开创性的服务模式，有几点需要补充说明。

1. "及时赔"客户和一般客户的区别

"及时赔"客户：要成为"及时赔"客户，一是通过同昌办理保险，二是按同昌推荐选择保险公司。同昌保险选择合作"及时赔"业务的保险公司都是综合实力强、口碑信誉好、性价比较高的保险公司，会对承保客户负责。公司80%以上的车险业务都是"及时赔"业务，"及时赔"客户出险，符合现赔条件的享受现场赔付，方便快捷省心。

所谓"一般客户"，是指通过同昌保险办理业务，但尊重客户意愿选择保险公司，其所选并非同昌"及时赔"合作公司，没有对接"及时赔"服务平台，出险后无法享受"及时赔"服务，只能按一般保险公司理赔流程办理，但可享受公司提供的车险经纪人服务。

2. "及时赔"的优越性

选择"及时赔"，客户将彻底摆脱小额事故出险后耗时耗力的索赔烦恼，客户现场获得赔款后，即可轻松上路，撤离出险现场，公司将凭借行业经验和平台优势全权办理好余下的索赔事宜。

3. 尊重客户修车意愿

车辆出险后，客户可以任意选择综合修理厂或者4S店对事故车辆进行维修，公司负责提供专业的查勘定损服务、便捷的索赔服务、及时的保险赔偿，但绝不因此指定车辆维修单位，干涉客户的修车意愿。

4. 开创车险经纪服务新模式

一般市场上的车险服务，保险中介采用的通常是代理式服务，即代保险公司卖保险，出险后车主自行找保险公司索赔。同昌立足于提高客户服务体验，在省内率先引入"车险经纪人"服务模式，"及时赔"客户将享有专属经纪人，由其全权代办投保、咨询、索赔相关事宜。

四、对"症"下"药"

"及时赔"是一种全新的服务模式，推出前有些固有的难题，推出后也出现了一些新的问题，这些都在之前的意料之中。"及时赔"迄今之所以仅有同昌保险一家公司推出，是因为这种服务模式蕴藏着诸多风险和难题，其他保险公司和保险中介很难复制。① 的确如此，之前国内不是没有保险公司在这方面有过尝试，但很快都无疾而终，原因就在于此。现在同昌保险下决心和血本去啃"这块硬骨头"，目的是给车主一个良好的服务体验。一方面希望获得更多的保险客户，另一方面希望逐渐扭转保险行业理赔难的困局。

（一）难题及应对

（1）自掏腰包垫付赔款，同昌保险自身的流动资金和现金流压力会很大。

应对方法：公司通过"及时赔"试运行期测算，昆明车险市场，这种2000元以下的车险现场赔付，公司一天会支付数十万元的资金，而通过与太保和交通银行的合作，将索赔资金的周转期控制在7天左右，仅会产生几百万元的资金压力。对于注册资本为5000万元的同昌，这完全在可承受范围之内。

（2）现场损失核定如何做到专业准确？如何保证公估师的专业素养？

应对方法：公司的公估师大都是有多年查勘定损经验并且对昆明汽修市场和汽车零配件市场比较熟悉的老手，无论是普通修理厂还是4S店的价格，他们都胸有成竹，而服务"及时赔"的公估师，又是他们之中筛选出来的精兵强将。公司经常组织培训和交流，加强与本地修理行业的联系互动，掌握修理行业的动态，根据修理市场的价格变化适时作出相应调整，以此来保证定损金额的准确性，让客户和保险公司双方都满意。

（3）大量赔款备用金由负责"及时赔"服务的现场公估师24小时自带自管，如何保证这部分资金和公估师的安全？又如何防范道德风险的发生？

应对方法：一是进行数据分析，找几个有代表性的时段进行测试，以统计各片区案件的大概数量，从而计算出相应的赔款准备金金额，根据各片区、各时段案件多少情况相应发放给查勘员备用金；二是加快案件回笼速度（即所赔案件资料交回公司），要求在3~5天内，有时周期更短；三是夜间除现金赔付外，也可通过网银等电子手段支付②。以此来规避风险，保证赔款资金的安全。

如何控制道德风险的发生？同昌保险负责"及时赔"服务的公估师，都是精选出来的，除了考量专业素养，更看重其人品和职业道德。另外，公司经常性地开展职业道德教育培训会，做到警钟长鸣；公司实行的是全员持

---

① 一位车险界资深人士曾如此评价。

② 实践证明夜间发生赔款的很少，视线不好，客户大都不愿意贸然定损，查勘相片也不能很好反映车辆损失情况。

股制，大部分公估师都是公司股东，违规成本较高。

（二）服务点问题

任何新生事物的成长都不是一帆风顺的。"及时赔"服务点也是一种新的探索和尝试，这种"摸着石头过河"的方式必然会遇到问题。

（1）有加扣免赔的情况未加扣，给予全额赔付，结果赔款追不回来。①现场查勘报告或定损单上主张加扣并已注明，但赔款支付时未注意；②事故类型属于无主事故①，处理时未核对报案记录给予正常定损赔付的；③三者无责情况，三者车交强险未见却未加扣三者无责代赔部分的；④此种情况最隐蔽，商业险和交强险在两家保险公司购买，标的车全责，标的车商业险赔付时未加扣100元的②。

（2）重复报案情况。因为服务点处理时只看到车辆受损情况，未能看到电脑系统中报案的历史记录，甚至是事故照片，故无法及时发现重复报案情况，"及时赔"现场支付赔款，发现时已晚，款项赔出容易收回难。

（3）未足额投保情况。这种情况比较难发现，只有在进入理算，核对电脑上车辆承保情况时才会知道，在服务点上根本不可能查到保险公司内车辆的不足额承保情况，大部分车辆都不可能不足额投保，只有少数车辆存在这种情况，可以说防不胜防。

应对方法：对于"及时赔"服务点上出现的问题，采取的解决措施有加强培训，提高查勘定损公估师和内勤间的配合默契度，增强公估师和内勤的工作责任心，提醒大家多注意核实查勘报告和定损单上的备注信息，处理案子时充分利用点上的电脑，多查询案件报案情况和保险承保情况，对于拿不准的多与承保公司沟通，甚至请承保公司核实承保情况等，做到万无一失。

事实证明，通过以上措施，自"及时赔"开始运作五年来，从未发生过任何重大事故；至于定损偏差和赔付差错，发生率不到1%，且呈现逐渐减少之趋势。

五、今日"及时赔"之思考

2015年11月3日，中国保监会发布《保险小额理赔服务指引（试行）》，

---

① 按行业惯例要加扣30%免赔处理。

② 按保险行业惯例：三者交强险无责代赔100元要赔付给标的车交强险承保公司。

规定 5000 元以下的小额案件（不涉及人伤、物损）进行快速理赔；倡导保险公司建立健全营业网点、电话、互联网等多样化服务渠道，前伸服务触点并逐步推行索赔单证电子化，做到"让数据多跑路，让群众少跑腿"；倡导合并索赔单证、减免理赔证明材料、减免车辆损失在 2000 元以下的维修发票等；鼓励通过即时通信工具，推进 O2O 服务模式，完善线上报案、受理、单证提交、审核反馈等功能，加强线上线下协同的快速高效理赔功能。

这与四年前同昌保险推出的"及时赔"可谓异曲同工不谋而合。

现今保险行业越来越重视服务，各大保险公司都开始狠抓服务，并依托移动互联网进行服务探索创新，监管部门也鼓励各保险主体提供简便、快捷的保险服务，可以说优质高效的保险理赔服务已经成为现今行业共识。

服务无止境，服务一直在路上。作为盛极一时的"及时赔"，如何在新形势下借助高科技与时俱进完善升级，继续把握时代脉搏和行业痛点，永葆"及时赔"的青春与活力，是摆在同昌保险面前的急迫现实命题。我们欣喜地看到公司已经在行动："同昌+互联网"模式和"及时赔"理赔服务 APP正在酝酿开发中，相信一贯顺势而为的同昌，这一次也不会落于人后，会将优质保险服务进行到底。

第三节　业务情况

"及时赔"推出后，出现了各种各样的问题，同昌都一一化解并加以改进，使之慢慢步入正轨，也渐渐被客户所认识并认可。这种前所未有的新颖模式，如一石激起千层浪，在社会上很快传开，反响非凡。

一、社会反响

"及时赔"让人们眼前一亮，客户体验到了实实在在的现场赔付，才知道原来保险还可以这么贴心，于是争相传颂。加上同昌投放的广告，一时之间昆明大街小巷皆可见"及时赔"的身影，听到它的议论。嗅觉灵敏的新闻媒体蜂拥而至，欲向同昌保险一探"及时赔"之究竟，一睹其真容。

2011年，"及时赔"服务模式刚刚在昆明市场推出就受到2000余位车主的追捧，社会各界反响强烈，大家一致叫好!《中国保险报》、《中国经营报》、《春城晚报》、《生活新报》、《都市时报》等报媒，先后多次关注并给予过报道介绍。详见专栏5-2、图5-1。

由于"及时赔"良好的社会反响，以及对保险业所做的贡献，2011年12月，同昌保险在云南省人民政府主办的"首届春城金融博览会"评选中，荣获"2011年度最佳保险中介品牌奖"，并且在此后的2012年和2013年，连续三年蝉联此项殊荣;2012年、2013年和2014年蝉联"最佳保险中介机构"等荣誉;2015年12月，同昌保险再次独家斩获"2015年度云南省保险业车险服务满意度奖"和"2015年度云南省保险行业品牌大奖"。

推出"及时赔"服务以来，同昌公估共计提供了4万多次的现场服务。总体来看，监管部门、保险公司、市场反馈都是比较好的。"及时赔"模式至今没有公司能模仿、复制，是中国保险界的第一个自主优质服务品牌，也必将成为公司达成最终目标的推动点。

专栏 5-2

同昌"及时赔"将服务进行到底

生意场上没人愿做亏本买卖，保险行业更不例外，对于一家保险企业亏本做生意是无法想象的。但在云南的保险行业却有着一个特例，云南同昌保险经纪有限公司连续两年为旗下一项主营业务"及时赔"做着年亏损上百万元的预算。目的只为一个，将此项服务进行到底。

该公司的"及时赔"是什么? 及时赔业务从2011年开展以来，得到了广大客户的一致好评。"及时赔"就是一项为客户及时垫付理赔款、解决小额赔付车险的服务。车辆出险后，客户第一时间通知承保公司，同昌工作人员将在半小时内赶到现场，完成查勘、定责、定损、理算等一系列步骤。如果确认损失在2000元以内，即由同昌将赔款垫付给被保险人;如果损失在2000元以上，同昌则为车主代理事后索赔。

据了解，此项业务目的就是为了方便客户，充分为客户解决"理赔难、理赔慢"问题，同昌保险率先在全国保险行业中推出"及时赔"业务，也开创了保险业由"价格营销"向"价值营销"转变的新模式；从理赔环节看，更加明确保险公司和中介机构的责任和义务；优化的服务流程，让客户在感受高品质服务的同时也切切实实感受到保险给生活带来的美好。"2013年同昌将在云南省内实现所有州市的全覆盖，随着及时赔业务不断受到消费者认同，相信此业务必将开创美好前景。"

记者　虞南

资料来源：报媒关于"及时赔"的报道。

车主现场可领赔款

1秒钟之内发生的事故，却要耽搁数日的时间去跑理赔，投保容易理赔难被车主们称为车险"顽疾"。最近，昆明部分车主却在事故发生后的1个小时之内当场获赔，这是云南同昌保险经纪有限公司与太平洋财产保险股份有限公司云南分公司在滇首推的车险服务模式——"及时赔"业务，破冰车险理赔难，实现客户小额损失现场赔付。

1小时之内获赔车主叫好

周一上午8点，正是昆明每周最繁忙的早高峰。朱先生从新闻路出发送孩子上学，不料在拐东风路时被两辆车"夹击"，其中一辆车更是亲密地擦了上来，"当时就郁闷了，之前出过一次事故，从保险、定损、送修、索赔整整跑了三四天，而且要到指定的地方去修理，费用还不可预测"。

出乎朱先生意料的是，当他拨通报险电话，却被告知可以享受"及时赔"业务，下午1点，事故双方相约到北市区快处快赔点处理，朱先生自由选择了修理点，1个小时之内就拿到了634元的赔偿金额，"非常方便快捷，节约了车主的时间"。　　　本报记者　杨抒燕

图5-1　《春城晚报》关于"及时赔"的报道

二、运作效果

"及时赔"为客户解决了许多实际困难，深得人心。像涉及第三方损失的案件，传统赔案的做法是：现场查勘—交警裁决（定责）—定损—修车—开具修理发票—找责任方赔钱—责任方到保险公司交资料索赔，标的车和三者车主前后要预约见好几次面，无形中耽误了大家的时间，浪费了大家的精力。而"及时赔"的做法是：只要现场查勘双方责任清楚损失明确，当场支付赔款，双方各走各的互不牵扯。因此确实为客户解决了好多急难和矛盾，深得客户好评！南、北"及时赔"服务点虽然也出了些小偏差，但瑕不掩瑜，这种全新的现场处置现场赔付让多少开始还势同水火的客户双方最后和乐融融地走出快处点！快处点各大保险公司都在一起办公，客户心里有杆秤，同时进来的这边都赔款了，那边的客户却还吵得不可开交，坐不住了过来问"什么情况"，于是主动了解"及时赔"，声称下次要买这种方便的保险。

"及时赔"推出后，到服务点上咨询业务的人络绎不绝，服务专线400-6688-199也整天响个不停。推出的第二年，理赔案件开始增多，公司再次扩充了"及时赔"的服务力量。作为同昌保险的一部分，公估必须无条件配合集团公司业务的开展，即使因此造成人力资源的巨大浪费也在所不惜，公司为"及时赔"倾注的心血由此可见一斑。

同期，各大保险公司先后推出有关理赔的新举措，像"闪赔""e赔付""万元一天内赔付""24小时快赔"等。公司掀起了一场有关保险理赔的变革，让保险行业又开始重视理赔服务，这对于广大客户而言，未尝不是一件幸事。

专栏 5-3

关于"及时赔"的二三案

"及时赔"这种优质服务品牌，一经推出便受到客户广泛认可，自有其可取之处。所谓"事实胜于雄辩"，这里仅呈现几个案例：

案例一

"及时赔"轻松消除了车主心头之恨

2011年12月7日发生了一件让陈先生哭笑不得的事情：陈先生在驾驶车辆进入某院区时，不幸被"卡"在了大门口，不但吃了闭门羹还致使爱车受损。由于院门太窄，两边还有门栓杆，陈先生的爱车经过大门时刚出头就被两边的门闩杆狠狠地画上了两道记号，虽说车身没有遭到碰撞、挤压导致变形，但面对这长长的划痕，陈先生是又气又无奈，赶快去修理吧，又没时间，不去修理呢又没有修理发票去索赔，真是让陈先生左右为难。当"及时赔"理赔人员赶到现场进行认真的查勘定损之后，"及时赔"理赔人员告诉陈先生，"及时赔"是不指定修理厂也无须车主修车后再提交索赔资料的，车主在确认损失金额后，可以现场领取赔款，之后车主可选择任意修理单位和时间对受损车辆进行修理，无须等到修车后再索赔。陈先生听到此番解释和介绍后，大呼"及时赔"有个性、人性化！

案例二

"及时赔"迅速化解双方矛盾

2011年11月29日15时左右，周先生驾驶马自达在行驶过程中由于压线行驶未按规定让行，致使周先生驾驶的车辆与颜先生驾驶的别克车发生碰撞，周先生驾驶的车辆左前角受损，而颜先生驾驶的别克车则整侧多处受损。

虽然颜先生在此次事故中无责，但看到自己驾驶的车辆无辜受损，还是很生气，而周先生也以为这次事故将给自己带来很大的麻烦。为尽快处理本次事故，双方相约来到昆明北市区"快处快赔"点签订了《机动车轻微交通事故当事人自行协商处理协议书》，经过同昌公估师的定损，本次事故损失金额为1250元，根据事故责任认定和双方签订的协议书，由周先生承担本次事故造成的全部损失，而周先生恰好为"及时赔"客户，同昌理赔人员在完成查勘定损工作后当即向周先生支付了本次事故的赔款，双方情绪很快得到平复，矛盾也迅速化解，双方对此大为称赞。

案例三

"及时赔"轻松解决索赔麻烦

2011 年 9 月 22 日，"及时赔"客户叶女士驾车回家时，在小区院内停车过程中不慎与停放在路边的红色凯迪拉克发生剐蹭事故，致使两车同时受损。虽然自己已经为爱车买了较为全面的保险，但由于自己将停放中的高档车剐蹭受损，应承担事故全责，叶女士非常郁闷且担心赔付不顺利，叶女士报案之后，同昌"及时赔"现场理赔人员迅速赶往现场对事故进行查勘定损。经查勘，本次事故符合"及时赔"理赔条件，事故损失金额共计 1900 元，叶女士在事故现场就领取了赔款，忐忑的心情很快就平复了，大赞"及时赔"服务省时省心。

资料来源：同昌保险网站。

三、业务简况

在云南省保险中介行业，"及时赔"服务模式处于一枝独秀的状态。

车主最担心的问题，通常莫过于车辆出险后的保险理赔，"及时赔"正是专注于保险理赔服务端，以优质的理赔服务争取留住客户，以赔促保。所以业务员们在进行展业时，总是底气十足，因为同昌保险自己有一支很出色的售后服务队伍。随着"及时赔"的深入推进，随时有客户出险享受服务的现实际案例，事实胜于雄辩。加之客户口耳相传，让业务员省心不少。另外，公司制定的激励措施也相当到位[①]，还有公司的员工制，让业务员们干劲十足，展业情绪高涨，因此"及时赔"业务发展很快。

因为有"及时赔"平台，业务部门开展业务更轻松，公司业务团队的建设也更容易。保险行业消息传播很快，"良禽择木而栖"，同行业务员纷纷来投，业务团队如雨后春笋般迅速增长。有了人才能做事，这是人才密集型的保险行业最朴素的真理。公司很多优秀的业务员，都是奔着"及时赔"创新理念而来的。

---

① 这在第四章第三节"车险业务"中有论述。

有了平台和人才，公司的业务发展如火如荼、顺风顺水，"及时赔"客户数量逐年增长。2012 年客户数量 45230 人，2013 年客户数量 65000 人，2014 年客户数量 73180 人，2015 年客户数量 77920 人。业务情况如图 5-2 所示。

（万元）

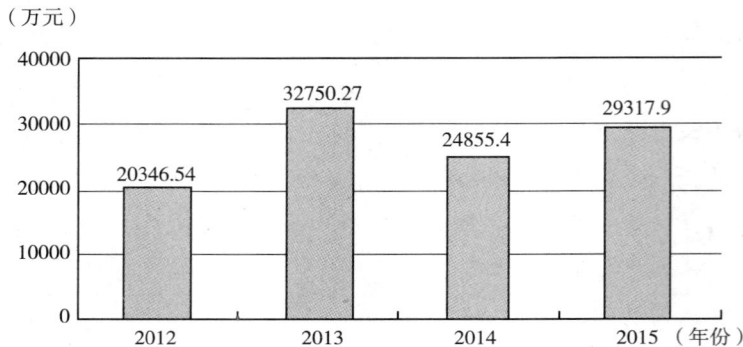

图 5-2 "及时赔"业务

专栏 5-4

"及时赔"平台上的车险展业心得

同昌保险经纪公司顺应市场及客户需求，在云南省行业内率先推出了针对车险服务的品牌"及时赔"——2000 元以内的损失现场赔付，是保险业的一件大事。

2011 年"及时赔"启动，掀起了整个云南保险市场的千层浪！这是一项艰巨的任务，是一份责任，是一份爱！在做业务这条路上，有很多心酸，很多困难，也有快乐。因为，我发现，客户是很感性的，客户需要拥有这份关爱。下面是我四年来的展业心得：

2011 年"及时赔"推出初期，创新的东西，总是让人抱着观望、怀疑的态度来审视。我们公司，通过电台广播，公交车车站打广告，报纸刊登，口碑宣传等方式进行宣传和说明，希望能够获得广大车主的了解和认同。很多人提出疑问，"及时赔"是赔什么，怎样及时，能赔多少等问题。在我们专业的销售人员耐心解说下，很多车主尝试了我们的车险及时赔保单。后来，"及时赔"客户车子出险了，我们通过良好的现场服务和及时赔付，赢得了客户的好评。

一个真实的案例：2011年3月，我的一位客户开车在学校门口接孩子时，因距离不够，不小心碰到了前车，把前车的左后方碰掉了一小块油漆，在现场，客户第一时间拨打了我们的电话。20分钟后，我们的勘查人员到达现场，在确定了责任后，双方进行了有效协调，收集完毕客户资料后，对前车进行了一次性现场赔付800元，前车满意地接过钱，走了。本车客户非常满意这样的处理方式，表示感激。后来，这位车主成了我们"及时赔"的忠实客户。至今，四年的车辆保险都委托我办理为"及时赔"保单。我深受鼓舞：是"及时赔"这样的平台，让我获得了这样忠诚、稳定的客户。

2014年，我有一位合作伙伴，她为客户咨询了多家保险公司的价格，通过价格比较，伙伴建议他办理为其他保险公司。但是，这位客户坚定地要求伙伴为他办理为"及时赔"保单。这件事情，让我感到非常欣慰，找到了做"及时赔"这件事情的价值，觉得付出的那么多都是值得的。

为了扩大及时赔业务，我们不断开拓市场，除了直接面对客户，我们寻找到一些合作伙伴，有修理厂，有车商，有4S店等，我们要让"及时赔"走进家家户户，让更多的人了解"及时赔"。这个过程业务员们很辛苦，垫资金、奔走市场，付出许多眼泪和汗水。但是，为着这么多可爱的客户们，我有信心将这条路走下去，我要通过"及时赔"这个平台，服务好所有的"及时赔"客户。

作者：同昌保险车险九部团队长　幸丽红

第六章　管理制度

就企业架构而言，同昌保险已形成了以经纪为主体、代理和公估为侧翼的集团化框架模式，一个功能完善的保险中介集团已经成型。经过 10 多年的发展，公司已经形成了较为完善的治理制度，有集团公司层面的总制度，也有子公司和特定部门的具体管理规定，还有细分业务流程等，共同构成了同昌管理制度。

第一节　制度综述

每个企业的制度都有其独特性，都深植于自己所处的行业、企业文化和发展历史，服从公司实际发展需求而制定，并不断调整完善。

一、员工为本，服务至上

同昌独特的企业文化决定了公司既严谨而又不失人性化的管理制度，并由此形成了企业独有的、和谐积极的人文氛围，也决定了公司在人力资源管理上必须突破行业传统，创新具有自身特色的人员管理模式。同时还决定了公司全员持股制，只有这样的制度才能保障企业、股东和员工的利益一致，愿景一致。

公司以"中国优质保险服务践行家"定位，并且自始至终朝着这个目标不断努力。公司的发展目标不是成为市场占有最大的，也不是成为盈利最高的企业，而是希望成为服务最好的保险企业，同时也希望通过服务上的不断创新和升级去改变重销售轻服务的行业现状。

二、差异化管理

公司集团框架主要由"云南同昌保险经纪股份有限公司"及其下属子公司"云南同昌保险代理有限公司"和"云南同昌保险公估有限公司"组成，下属各地州（县）分公司及服务机构；公司各职能部门以集团化模式提供集中管理和服务，以业务单元模式运营。

（一）管理特点

在管理架构上努力实现扁平化，各职能部门和服务部门与业务单元实现平行对接，而不是逐层逐级地复杂化管理，保障了公司运营高效性，同时大大降低了中间管理成本。总体而言有如下特点：

1. 团队运营专业化

在业务体系上，分公司以业务单元独立运营，管理、服务部门集中化，大大降低了对公司对人才的综合能力要求，很大程度上缓解了保险中介行业的管理人才"瓶颈"。目前保险行业的管理人才主要集中于保险公司，而中介行业更多集中的是销售和服务端的专业人才，在不具备大量专业管理人才的条件下，分公司以业务单元模式运营更能实现团队的专业化。

在服务方面，同昌目前拥有云南保险中介行业比较专业的非车险公估和车险公估团队，专门设立了技术部对保险方案和后期服务进行辅导、审核、监督和评价，同时为了保障服务的专业性和持续创新，特别设立了客服部。客服部对客户服务工作流程作制度化规范，以保证服务的持续性和稳定性；根据市场客户不同需求持续升级和创新服务模式并在市场运用实践，评价良好的服务模式将复制，推广到各业务和客户服务部门实施。

2. 企业运营高效化

管理、职能和业务部门平行化实现了企业的管理流程最短，各业务单元可根据不同工作分类直接对接相关管理和服务部门，免除了传统管理模式中逐层上报、逐层审批的过多中间环节，保障企业运营的高效化。

公司组织架构的建立立足于"以感情为基础，以股权为纽带"，因为以感情为基础所以各部门各员工之间才具备快速沟通交流和信任的基础，因为以股权为纽带所以每一个员工才具备更多的责任感、使命感和共同利益。

3. 管理成本最低化

保险中介企业主要的运营成本就是人力资源成本，同昌保险管理模式省略了大量的中间环节和管理人员，降低了企业的管理运营成本。公司把节省的管理成本再次投入到员工福利保障、专业技术和服务保障中，组成专业技术和服务能力过硬、服务意识较强的专业团队，进一步提升了客户服务的能力和质量。

（二）员工制

保险中介企业通常实行代理人管理制度，导致保险业务员的专业能力、归属感、责任感和客户服务的持续性都存在较大缺失，造成大量客户对保险普遍质疑，这也是制约国内保险业健康快速发展的原因之一。

同昌在行业中率先实行员工制管理，增强了员工的归属感，为业务员提供了一个有保障可依赖的平台，免去了业务员的后顾之忧，提升了业务员责任感，从而保障了客户服务的连贯性、持续性和专业性。

为了提高员工素质，人力资源部一直为员工持续提供各种培训，除了常规的职业道德和业务培训，公司更重视员工在企业的持续发展及个人职业生涯规划，长期投入对员工进行系统化的个人综合能力提升培训。这是保险中介行业很多企业都不愿意做的一件事情，保险中介行业对人才发展的态度大多是一种"拿来主义"，由于行业人员的流动大、稳定性差，绝大多数中介企业都觉得企业自身培养人才成本过高，都不愿意对人才进行长期持续的培养投入。

三、制度变革

管理制度的制定和完善是企业的一项长期任务。保险市场是一个不断变化的市场，作为身处其中的保险企业，如何让自己的制度与时俱进，适应现实的发展要求，达到既有效约束规范员工日常行为又有利于提升公司业绩、促进公司发展的效果，是企业管理制度不能回避的关键问题。同昌基本制度的发展同样经历了一个发展完善的过程。

加盟江泰时期（2002~2006年）。本时期的经营管理制度主要遵照江泰总公司的管理制度来执行，有一套完整的业务管理制度和人力资源管理制度。在员工招（解）聘、员工薪资标准、员工福利、员工休（请）假、行政级别、晋升标准等方面都参照国家的相关行业标准制定，可谓中规中矩。因为有相对完善的管理制度，以及江泰总公司的指导帮助，昆明分公司（以及之前的"客服六部"）做成了数笔大型项目的保险经纪业务，也在这个过程中学到了丰富的专业知识和从业经验、熟悉了保险经纪的业务流程，锻炼了自己的队伍，为同昌继续向前发展储备了人才。

同昌成立八年（2006～2014年）。在管理制度方面以江泰的制度为基础，总结对比保险公司和保险中介的管理制度，结合数年来自己对保险行业的认识，发现江泰的管理制度是长期实践的总结，值得借鉴，但在文化理念和服务认识等方面与自身所形成的认知有相悖之处。在此基础上通过扬弃取舍制定了自己的管理制度，在规范业务管理的同时兼顾员工的福利待遇和客户的服务质量问题，以及员工的培训与人才招聘储备等。公司成立之初的制度重点依旧集中在非车险业务项目方面，按照常规的保险业务流程实施，直至2011年公司创立"及时赔"，将大部分精力集中到了车险业务上。随着车险业务规模的扩大，不仅需要将业务部门管理流程细化，还需要专门的部门为"及时赔"保驾护航，更需要针对"及时赔"制定种种管理新举措，也要对原有的管理制度作相应的调整。经过近年来的磨合调整，公司最终形成了较为完善的内部组织结构。职能部门为公司业务的开展提供了强力支持和内部保障；业务部门和分公司有效提高了工作效率和业绩；公估及客服部门保证了公司的客户服务满意度。

多年的行业历练，让同昌逐渐形成了自己的管理理念和企业文化，同时也结识了一批志同道合、同甘共苦的"兄弟"。通过多年经营打拼，公司意识到推动一个保险企业不断发展最重要的两点：员工和客户，在管理制度制定方面相应要从员工和客户的角度出发，进行不断的调整和完善。

股改完成阶段（2015年）。同昌于2014年下半年开始股改及新三板筹建运作，陆续发现公司管理制度方面存在缺漏，并适时作了调整和改进。2015年1月股改完成，公司进入规范化管理时期。

1. 制度建立健全情况

在有限公司阶段，公司治理结构较为简单。有限公司设立初期未设董事会，设执行董事1名；未设监事会，设监事1名。2011年10月30日，有限公司股东会决定设立第一届董事会，选举董事7名，董事会选举董事长1

名；有限公司股东会决定设立第一届监事会，选举监事 3 名，监事会选举监事会主席 1 名。有限公司阶段，公司能够按照《公司法》及公司章程的有关规定有效运行，且在股权转让、增加注册资本、整体变更以及重大投资等事项上认真召开股东会并形成相关决议，董事能够履行公司章程的权利和义务，勤勉尽职，监事能够对公司的运作进行监督。

股改后，公司整体变更为股份公司，按照股份公司规范治理的要求，建立健全了由股东大会、董事会、监事会及高级管理人员组成的公司法人治理结构。2015 年 2 月 9 日的股东大会选举董事 9 名，监事 3 名，同日召开的董事会、监事会分别选举董事长 1 名、监事会主席 1 名。

股份公司制定了"三会议事规则"以及《总经理工作细则》、《关联交易决策与控制制度》、《对外投资管理制度》、《对外担保管理制度》、《投资者关系管理制度》、《信息披露事务管理制度》、《防止控股股东或实际控制人及关联方占用公司资金管理制度》等公司治理制度，及权力机构、决策机构、监督机构和经营层之间权责分明、相互制衡协调的治理机制，为公司的进一步规范治理奠定了制度基础。

2. 公司隐患防范安排

股份公司成立以后，同昌通过制定《公司章程》、《股东大会议事规则》、《董事会议事规则》等内控制度对公司资金、资产及其他资源的使用、决策权限和程序等内容作出了具体规定。

为进一步完善法人治理结构，建立健全公司内部控制制度，规范关联交易行为，切实保证规范运作，建立防止控股股东、实际控制人及其他关联方占用同昌保险资金的长效机制，杜绝控股股东、实际控制人及其他关联方资金占用行为的发生，保护全体股东的合法权益，制定了《防止控股股东或实际控制人及关联方占用公司资金管理制度》，对防止公司股东非经营性占用、转移公司资金、资产做出了明确规定。

四、部门功能架构

(一) 财务部

财务部门作为企业最直接的资金管控机构，承担着企业资金流动管理的重大责任。现今中国保险行业的资金运转和税收问题由于受到社会环境的影响无法得到极为规范的管理，但是同昌自从成立之初就努力使每一笔账目都有据可查、清晰准确，因此每逢税务局的抽查基本都合法合规，不存在重大违规问题。

公司的财务管理依照基本的财务责任管理方法，认真做好财务收支计划、控制、核算、分析和考核工作，并按期编制各类会计报表和财务说明书。财务管理是企业经营管理的一个重要方面，企业的财务管理中心对财务管理工作负有组织、实施、检查的责任，财会人员要认真执行《会计法》，坚决按财务制度办事，并严守公司机密。

公司财务部门的主要管理内容包括基础管理工作、资本金管理、现金和银行管理、资产和负债管理、收入成本费用管理、利润管理、会计报表管理以及电算化和网银管理共八项。

（二）技术部

技术部属于同昌的特色部门，负责解决公司非车经纪业务方面所面临的专业技术问题，以及公司员工业务技能的培训工作。部门工作内容包括严格按照公司的风险管理体系，审查和评估客户面临的各种风险；对客户提出风险回避、控制、分离、集合、自留、转移的建议；提供与客户保险采购（含续保）相关的风险识别、保险方案设计；在保险期内为客户提供风险及技术培训服务；在保险期内为客户提供咨询、研讨、定期风险回顾等服务；向有需求的客户，提供风险转让、转包、出租、担保和项目融资服务；帮助客户建立健全公司索赔机制，编制应急计划以及应用金融工程技术，利用资本市场转移风险等服务；对大项目团队成员进行风险知识、技术培训；对大项目新入职员工进行风险知识、技术培训；收集保险风险技术方面的信息收集、推广及应用；协助或指导员工开发非车险业务，并负责保险项目招标和询价、与保险公司往来保费和佣金的结算、针对业务员的保费和手续费结算、相关项目资料档案管理、指导或代理客户的保险索赔。

（三）行政部

行政部是企业管理的基础部门，承担着维持企业正常运转的内部保障责任。同昌行政部的主要职能有制度管理（包括制度的建设与实施）和行政、公共事务管理①。除去普通行政部门的职能工作外，由于保险行业的特殊性，要求相关企业与保监局保持密切联系沟通，严格遵守保监局颁布的规定和条款。因此行政专员需要随时依照监管局的要求办理或更换公司证照；再加上公司近几年来大力铺设分支机构，要对分公司建设的报批和证照变更严格管控，保证每一家分支机构的成立完全合法合规。

(四) 人力资源部

同昌人力资源部在公司内除履行常规的人力资源管理职能②之外，还需结合具体人力资源管控体系与行政部共同承担公司制度管理的责任。

(五) 机构部

机构部属于同昌管理分支机构的职能部门，全面负责分支机构建设事宜。为了能给客户提供更全面、更方便快捷的高质量服务，也为战略扩张需要，公司一直在铺设分支机构。云南省境内的所有地州、县份都能享受到同昌的优质服务，同时也尽力保证客户不论在云南省的任何地方出险，都有人及时提供专业贴心的服务。

第二节　财务管理

对于企业，财务管理的重要性不言而喻。它承担的不只是对内的成本核算和把控，为公司决策层制定政策提供依据和参考，提供现金流以保证企业正常运转，同时也承担对外与税务、工商等部门协调衔接，以保障企业依法纳税、合法经营，并及时收取应收款项以维护企业的经营利益等。

一、财务制度

财务管控是维持企业正常运行经营最基础的工作，是对企业整个经营活

---

① 公共事务管理包括公共、会议、文书、印章、证照、办公用品、耗材设备、档案管理以及其他行政事务的管理和秘书工作。

② 常规的人力资源管理职能包括人力资源规划管理、人员配置、人员补充管理、招聘管理、薪酬福利管理、绩效考核管理、培训开发与实施、再上岗培训、员工关系管理、人事管理。

动施行日常资金运营和科学管理、合理创新，以及进行投资决策和筹资分配的重要手段。作为企业经营能力的指标，发展状态的镜子，财务工作为企业的基本情况提供了及时的信息和依据，为企业的进一步发展进行预测和分析，并及时规避风险，为企业发展争夺先机。同时，良好的财政税收理财机制能为企业合理节税，减少企业的成本支出，以增加利润额。因此，财务部门的良好运作是一个企业得以健康发展的重要条件。

保险中介行业需要大量专业技术人员，人力成本是企业的主要费用。对于财务管理来说，采用内控手段，结合业务信息系统，按照销售政策精确计算劳务费用是对公司财务资金进行合理管控的重要环节。结合目前实际情况看，公司在未来一定时期内，劳务费用的核算与支付仍将是财务管理的重心。

公司目前劳务费用占总成本比例较高，是公司支出的重要成本。强化劳务成本的内控管理，是公司生存立足之本，有以下措施：

（1）销售政策费用的制定必须经过严格的审批程序，结合市场外部环境和企业内部环境而定。

（2）依据强大的业务系统管理，与合作保险主体业务数据及时对接，为业务结算提供强有力的数据支持。

（3）与团队的积极配合，强化结算前的双方数据核实，成千上万条数据必须逐一核实。

（4）结算前的单证管理是支付过程中必须严格检查的项目，严防单证管理出现遗漏。

（5）规范税务管理，为每个业务员及时代扣代缴个人所得税。

（6）采用银行支付手段，逐笔支付到个人银行账户，杜绝现金支付。

二、风险管控

（一）资金周转情况

作为保险中介行业，公司资金周转频繁，属于资金密集型企业。公司经过努力，与保险公司达成佣金每周结算一次的协议，以保证业务费用的正常周转。应收账款周转天数为 10 天左右，在同行业中属于周转较快的，但仍需尽量减少应收账款的沉积时间，加快资金周转速度，以保证公司的高效运作。

公司日常的费用支出主要包括人员工资、劳务费用以及其他管理费用。

其中，劳务费用结算一般为每周一次，以保证业务员的资金正常周转，保证展业的正常进行。从目前经营现状看，为了维持公司发展，保持团队建设稳定，业务规模不断扩大，充裕的资金周转将是必要条件。

（二）对各种费用支出及财务风险的管控手段

成本费用主要包括人力成本、办公成本及其他管理费用。其中，人力成本约占总成本费用的70%以上，是公司的主要成本开支。同昌的人力成本主要包括员工工资、福利及劳务费用。因此有效地控制费用支出、节约成本，则必须将管理重点放在解决人力成本的支出方面，让人尽其用，不多设冗余岗位，不养闲人。

"及时赔"作为一项推陈出新的服务模式，存在诸多风险，在财务管理上必须制定严密的内控政策以降低风险。采取的应对措施有：

（1）"及时赔"案件必须经公估质量检验合格的，财务部门才能予以核赔，否则该费用由公估师自行承担。

（2）每个公估师根据所在区域不同以及案件的发生频率，向公司提出申请借支"及时赔"赔款备用金，在保证赔款充裕的前提下不能多借。

（3）尽快将检验合格的赔款资料提交保险公司索赔，一般赔款到账需要7~10天（划款速度在业内属较快的，但同昌还要争取更快才能适应公司业务发展需求）。

对保险中介来说，合理规避风险是重中之重。对于保险行业中的财务管理来说，不但要强化企业财务风险控制，把保险业务中不实的收入与支出作为重点关注对象，对企业的资金流动做好严格把控，还需控制虚列收入或虚列成本，杜绝现金套现行为的发生和其他违法违规现象。

2010年开始，公司开始战略转型，调整为非车业务和车险业务并重"两条腿"走路的发展模式。由于中国保险业的发展较发达国家晚了近百年，相比成熟的西方国家，我国的规范管理、风险控制、市场环境存在较大的不完善和不合理的地方。初级阶段的保险中介行业，依靠大量的简单劳动力来实现规模上的飞跃，以达到原始的客户及保费积累。部分保险中介企业利用市场的不规范，为争夺客户不择手段，以价格竞争为主要手段，造成保险中介市场秩序混乱。

公司财务管理风险主要包括规范管理风险、税收管理风险、资金管理风险。就云南省所处的环境而言，绝大部分保险中介企业无法摆脱困境，只能在现状中随波逐流而无法根本转变。业务市场的风险与困境又转化到财务管理中，进一步加剧了企业的危机。如劳务用工不合规、税收缴纳不及时准确、缺乏内部管理的严格控制等，给企业带来极大的风险隐患，一旦有突发事件，企业就将面临灭顶之灾。

面对财务管理中的风险问题，公司采取各个击破、排除风险、强化管理、规范制度等举措，同时杜绝洗钱、控制现金的使用、准确及时核算经营成果，根据公司实际情况，采取了许多行之有效的措施：

（1）保费与收入完全分离。由于公司业务的多样性，涉及车险和非车险业务。严格区分客户的保费与公司的佣金收入，实行保费与收入完全分离，从银行账户与核算上都区分开来，避免保费与收入的相互混淆，不能真实反映保费与收入情况。杜绝保费与收入的相互挪用与套现，完全分离后，形成保费与收入两条线互不交叉，独立核算。

（2）赔款与收入完全分离。公司与其他保险中介有所不同，即推行"及时赔"服务，代保险公司提前赔款。从银行账户上和核算上完全分离，赔款账户作为专门账户，只能用于为客户代收代缴赔款，不能与收入同账户核算，相互之间完全分离，能够清晰地核算出各项收支情况，从而避免发生套现和挪用资金的情况。

（3）劳务费用支付采用银行支付，减少现金支付。中介行业依靠大量的人力实现规模的扩大，劳务费用是企业的主要成本，大量的劳务费支付安全是公司的财务管理重点。依据劳务费用发放清单，逐一根据名册清单，采取银行支付方式发放劳务费，尽量减少现金的支付，保证资金的安全使用，同时规避现金监管风险。

（4）资金管控分开独立管理。资金管理是公司财务管理的根本，日清月结，做好银行调节表和现金盘点表。账实相符，保证资金的有效使用和安全保存。资金的支付由两人独立操作，相互监督制约，以保证资金的有效安全支付。为杜绝财务人员挪用和截留资金，公司采取定期或不定期的盘点检查，并进行财务人员轮岗，以保护资金的安全和监督财务人员的职责。

（5）退保与费用完全分离。保险行业中，退保的事时有发生。为了准确核算到每个客户，必须建立退保明细账，并与费用分开管理，从银行账户和核算上完全分离，不得挪用和截留退保款。退保是公司代客户代收代付保费，与费用支付不在同一账户核算。

（6）保单的分开管理。保单是有价单证。由于公司合作保险主体较多，各保险公司的保单又不一样，必须分别管理。利用业务系统进行管理，能够及时掌握各种保单的使用、结余情况，以及超期提示，保险单证的有效合理使用和周转情况等。单证核销必须严格把关审核，避免各保险公司单证互相混淆、互相串用，建立单证领、销、存明细台账，做好记录。

（7）POS 机的使用与管理。POS 机只能用于指定保险公司的保费支付使用，不能作为他用，杜绝套现。建立 POS 机台账管理，定期检查终端流水。保证每台 POS 机的有效使用，按照银联要求保证每台 POS 机的保费数量，减少不必要的资源浪费。

（8）赔款支付与质量检验结合。"及时赔"服务关系着保险公司与客户的利益。为保证赔付质量，每个案件必须经过公估质量检验审核通过后，财务才能支付赔款。同时建立赔款支付明细台账，定期检查应付赔款和赔款账户的银行余额，做到账实相符。

（9）与代理业务员签订委托协议，规范劳务用工。由于保险业务员流动性大，为了规范劳务用工，和与公司有业务合作的保险业务员签订委托协议，建立劳务用工档案，按照劳务用工管理办法发放劳务费，并代扣代缴个人所得税。

（10）集中核算集中管理模式，规避管理风险。公司业务覆盖云南全省各地州，为了规范财务核算管理，实行集中核算管理方式，规避由于各分支机构财务人员素质参差不齐、核算不准确带来的财务风险，并了解各地的税收政策，督促相关财务人员定期与各地税务机关进行有效联系与沟通。

（11）加强报销凭据管理。现今社会制假贩假发票层出不穷，给企业财务规范管理带来了许多风险。为了规避风险，公司财务规定每张流入公司的发票必须通过专业途径进行检验，有问题的即刻退回，不予报销，以杜绝假发票进入公司。

通过采取以上措施，同昌保险财务管理已步入健康规范的正轨。于 2015 年 12 月 9 日成功挂牌新三板。

三、规范性建设

财务规范性主要包括部门人员的配备设置，以及履行国家和行业相关管理规定方面。

（一）财务制度的制定及执行情况

建立了完善的会计核算体系，严格按照财政部《企业会计准则》的规定进行会计核算，建立规范的会计管理制度。主要包括《财务管理制度》、《会计核算基础管理规定》、《费用报销流程》、《单证管理制度》、《备用金管理制度》、《关联交易决策与控制制度》、《信息披露管理制度》、《对外担保管理制度》、《对外投资管理制度》等一系列财务管理制度，并严格遵照执行。

（二）财务机构设置情况

财务部在财务总监领导下独立开展工作。公司配备财务人员9人，其中财务总监1名、财务经理1名、会计4名、出纳1名、单证员2名，财务人员能够满足公司目前财务工作的要求，并且符合相关法律法规的规定。出纳和其他的财务岗位分离，符合财务职责分离的要求。财务人员通过用友财务软件进行财务核算，能够满足公司现有的财务核算需要。

第三节　客户服务制度

在当今保险市场中，由于业务发展需求，大多数保险公司根据客户所能带来业务价值的多少而将其分为三六九等，被尊为VIP而备受重视的往往是能迅速带来大量业务的"大客户"。相较而言，目前我国私家车保有量急剧增长，在此趋势下，本应凭借庞大的数量成为保险公司争夺对象的广大车险客户，却因为个体太过分散，加之续保率低、理赔纠纷多等一系列特殊问题，致使普通车险客户在保险公司眼中没有存在感，常常深陷于理赔速度慢、服务质量差的窘境。

同昌遵行服务至上原则，充分履行保险经纪人的职责，从每一位客户的立场出发，继2011年推出"及时赔"后，又于2012年2月成立了专业的车险客服团队。针对车险客户群体，公司对症下药，组织一批高素质的售后服务人员为客户提供专业、全面的服务。在长期的实践过程中发现，普通客户和特殊客户对服务侧重点和服务涵盖范围的需求往往存在着很大的差异。为使不同的客户都能享受到满意的服务，经过不断的调整改进，公司成立了客户服务部，目的是为每一位车险客户提供方便、快捷、高效的理赔服务。

一、设置初衷

众所周知，要维护一个品牌的形象，使之被大众认可，在不断吸引新客户的同时也要守住老客户，除了品牌本身的价值之外，售后服务是关键。只凭一味压低价格来扩展客户资源绝不是长久之计，更何况在保险同质化严重的今天，消费者有绝对的自主选择权，他们也深知"小便宜"与"吃大亏"之间的微妙关系，并且早已学会在价格与价值之间寻找平衡点，当无法在价格上做文章的时候，服务质量就成为他们选择的关键。同昌深谙服务质量关系重大，因此自公司创建之初，便着重招募、培养服务意识强、能力高的客户服务人员。历经长期摸索总结，在面对复杂的案件和挑剔的顾客中积累了丰富的服务经验，充分练就了为客户提供高水准、高效率、及时回访、全程跟踪的售后服务能力。

为了做到给客户带来专业全面高质量的理赔服务，仅有人才是远远不够的。古人云："闻道有先后，术业有专攻。"因此还需要合理的岗位结构调配，才能使人才资源得到最大化的利用。在这方面，公司根据自身业务的特点，形成了由理赔专员、理赔客服、理赔对账专员、理赔助理、赔案缮制和400-6688199客服专员共同组成的客户服务链，并通过不断地磨合调整，争取把客户服务提升到一个新高度。

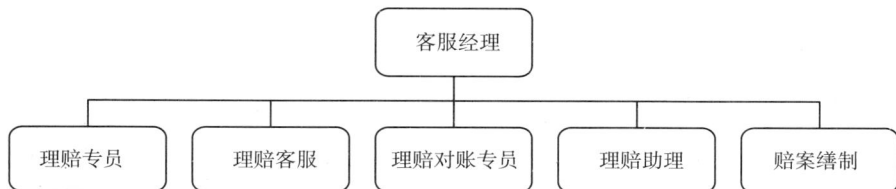

图6-1 同昌客户服务岗位架构

二、客服基本制度

同昌根据以往的理赔经验，在客服部中设置了理赔专员岗、理赔客服岗、理赔对账专员、理赔助理岗、赔案缮制岗和电话回访岗位，从指导客户如何提供完整的理赔资料及理赔资料的收集整理，到最终完成理赔回访客户，在整个理赔流程中尽可能地使客户在最短的时间内领取到赔款。合理的岗位划分及明确分工优化了一系列的理赔流程，且大幅度地为客户解决了在理赔环节中因对理赔资料提供不完全而造成理赔时效慢的问题，缩短了理赔周期。

为了能及时了解客户对服务的满意程度，不断发现并改善理赔服务中存在的问题，客服部专设了电话回访岗位。回访人员通过400-6688199专线倾听客户心声，深入了解客户的建议、投诉、需求，并及时协调跟进处理。此举不仅能提高客户体验预期，维护客户资源，防止客户流失，还可以直面自身服务中的问题并逐个击破，有针对性地不断改进服务。

此外，为保证赔款资金的安全，同昌特别开设了理赔专用账户并在中国保监会云南监管局进行备案，旨在合法履行保险合同规定的权利和义务、维护保险合同双方的利益。

客服部是同昌与客户沟通的桥梁。为规范其服务过程，使之流程化标准化，成为稳定品牌发展的中流砥柱，特制定了一套完善的服务流程，并明确了各环节岗位的职责。

1. 客服经理

客服经理主要负责监管客服部的赔案工作；负责协调客服部与保险公司之间的整体工作；负责客服部与本公司各业务部门之间关于理赔工作的协调。

2. 理赔专员

理赔专员主要服务于"及时赔"车险客户的快处快赔网点及各位公估师，负责初审和收集公司全辖区域的"及时赔"赔案并且制作相关报表。在理赔开始前提前领取赔案所需备用金，在理赔工作中负责与保险公司进行赔案对接，最后进行"及时赔"赔案数据的收集及报表缮制和上报客服部经理等收尾工作。

理赔专员的工作内容贯穿了整个理赔流程始末，严格把控着每件赔案的进程和理赔质量，是保障理赔合规、顺利进行的重要服务岗位。

3. 理赔客服

理赔客服负责"及时赔"超权限赔案的初审、收集，核对划款具体金额后制作相关报表；负责初审及收集个案并制作报表，对符合"及时赔"的案件给予现场赔付；负责收集超"及时赔"权限赔案数据、缮制报表并及时上报客服部经理。

4. 理赔对账专员

在理赔工作有条不紊进行的同时，为保证理赔账目能够得到及时的整理汇总，需有专人负责理赔款项与财务的及时对接。

公司的理赔对账专员承担着作为"及时赔"客户、公估师、财务部之间沟通纽带的责任，理赔对账专员的首要工作是核对赔款、保证每一项账目的清晰准确，每天必须核实赔款的及时性和赔案金额的准确性，并核对各地州分公司赔款及划款金额并制作相关报表；同时还需将划拨到公司的赔款专用户赔款与汇总报表相核对，逐一核销各赔案，若出现存在差额，或是最终客户退案等情况，则应及时将具体事宜登记在案。

同时，还需对未到账案件进行整理，具体每月月初盘点和跟踪上月未到账"及时赔"案件情况。为确保账目数据的准确无误，理赔对账专员还要按时根据理赔专员及理赔客服提供的理赔数据进行汇总，缮制汇总报表并及时将报表上报财务。

除此之外，理赔对账专员还需负责对"及时赔"相关案件的划款工作，并解答公估师有关"及时赔"理赔赔款的问询。

5. 理赔助理

理赔助理主要负责协助理赔专员完成理赔流程，在与案件公估师对接确认理赔金额无误后负责直接将赔款划拨至客户账户。具体是对"及时赔"案件进行初审，并协助理赔专员整理资料、缮制报表并及时将报表上报给客服经理。同时负责与保险公司之间进行赔案对接，并在其余时间辅助其他岗位完成"及时赔"赔案的相关工作。

6. 赔案缮制

赔案缮制工作内容：负责收集各"及时赔"公估师赔案，并按保险公司赔案要求进行扫描缮制完成上传；负责收集各直赔网点直接划拨客户账户的赔案，并按保险公司赔案要求进行扫描缮制完成上传；赔案缮制完成上传后由保险公司核赔审核，核赔通过后由保险公司财务进行赔款划拨结案。

三、各岗位流程

1. 客服理赔流程

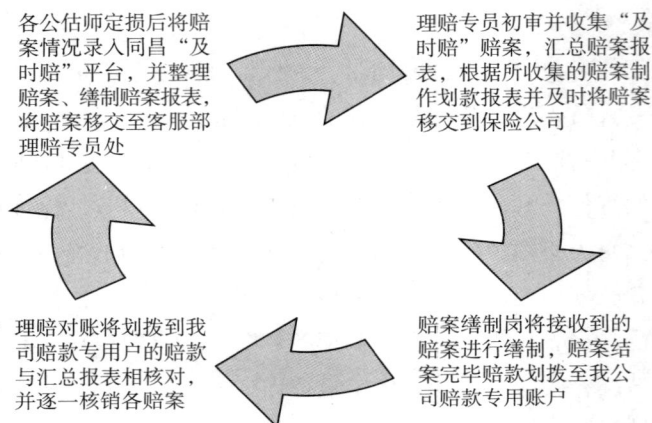

各公估师定损后将赔案情况录入同昌"及时赔"平台，并整理赔案、缮制赔案报表，将赔案移交至客服部理赔专员处

理赔专员初审并收集"及时赔"赔案，汇总赔案报表，根据所收集的赔案制作划款报表并及时将赔案移交到保险公司

理赔对账将划拨到我司赔款专用户的赔款与汇总报表相核对，并逐一核销各赔案

赔案缮制岗将接收到的赔案进行缮制，赔案结案完毕赔款划拨至我公司赔款专用账户

2. 理赔专员工作流程

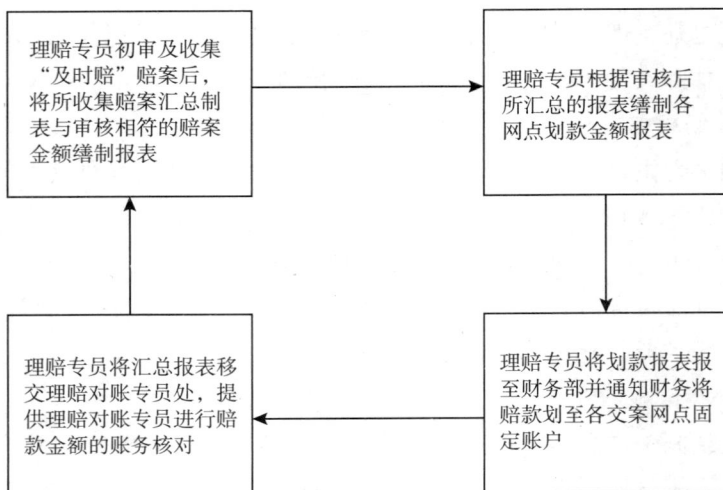

理赔专员初审及收集"及时赔"赔案后，将所收集赔案汇总制表与审核相符的赔案金额缮制报表

理赔专员根据审核后所汇总的报表缮制各网点划款金额报表

理赔专员将汇总报表移交理赔对账专员处，提供理赔对账专员进行赔款金额的账务核对

理赔专员将划款报表报至财务部并通知财务将赔款划至各交案网点固定账户

3. 理赔客服工作流程

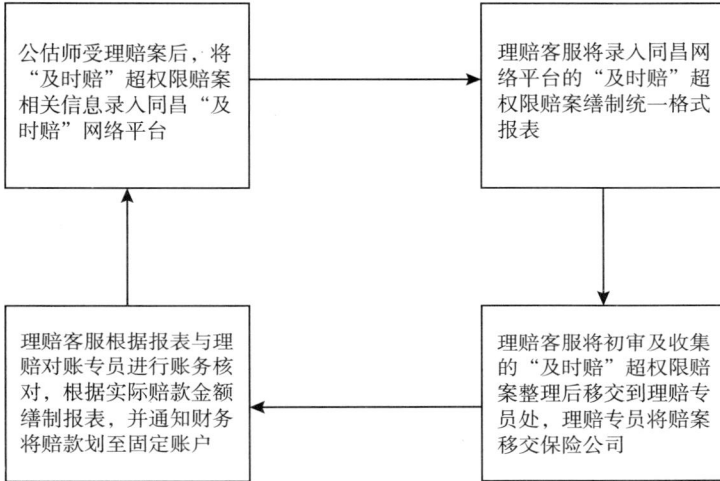

```
┌─────────────────────┐          ┌─────────────────────┐
│ 公估师受理赔案后，将   │          │ 理赔客服将录入同昌网   │
│ "及时赔"超权限赔案    │ ───────→ │ 络平台的"及时赔"超    │
│ 相关信息录入同昌"及    │          │ 权限赔案缮制统一格式   │
│ 时赔"网络平台         │          │ 报表                 │
└─────────────────────┘          └─────────────────────┘
          ↑                                 │
          │                                 ↓
┌─────────────────────┐          ┌─────────────────────┐
│ 理赔客服根据报表与理   │          │ 理赔客服将初审及收集   │
│ 赔对账专员进行账务核   │          │ 的"及时赔"超权限赔    │
│ 对，根据实际赔款金额   │ ←─────── │ 案整理后移交到理赔专   │
│ 缮制报表，并通知财务   │          │ 员处，理赔专员将赔案   │
│ 将赔款划至固定账户     │          │ 移交保险公司          │
└─────────────────────┘          └─────────────────────┘
```

4. 理赔对账专员工作流程

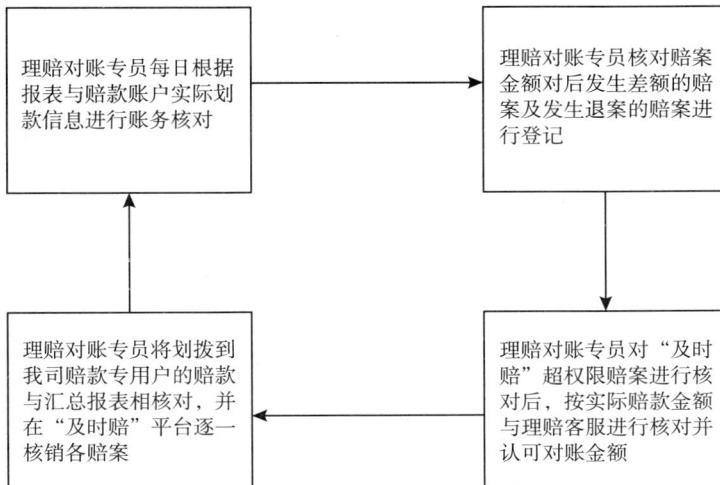

```
┌─────────────────────┐          ┌─────────────────────┐
│ 理赔对账专员每日根据   │          │ 理赔对账专员核对赔案   │
│ 报表与赔款账户实际划   │ ───────→ │ 金额对后发生差额的赔   │
│ 款信息进行账务核对     │          │ 案及发生退案的赔案进   │
│                     │          │ 行登记                │
└─────────────────────┘          └─────────────────────┘
          ↑                                 │
          │                                 ↓
┌─────────────────────┐          ┌─────────────────────┐
│ 理赔对账专员将划拨到   │          │ 理赔对账专员对"及时   │
│ 我司赔款专用户的赔款   │          │ 赔"超权限赔案进行核   │
│ 与汇总报表相核对，并   │ ←─────── │ 对后，按实际赔款金额   │
│ 在"及时赔"平台逐一    │          │ 与理赔客服进行核对并   │
│ 核销各赔案           │          │ 认可对账金额          │
└─────────────────────┘          └─────────────────────┘
```

5. 理赔助理工作流程

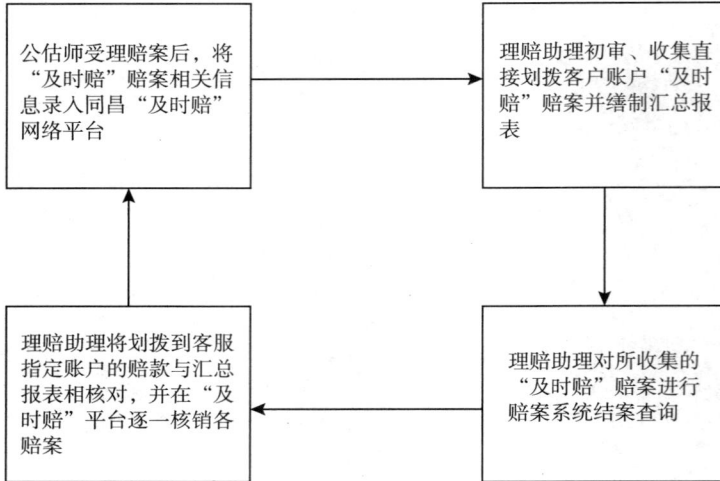

```
┌─────────────────────┐              ┌─────────────────────┐
│ 公估师受理赔案后，将  │              │ 理赔助理初审、收集直 │
│ "及时赔"赔案相关信   │─────────────▶│ 接划拨客户账户"及时  │
│ 息录入同昌"及时赔"   │              │ 赔"赔案并缮制汇总报  │
│ 网络平台             │              │ 表                   │
└─────────────────────┘              └─────────────────────┘
           ▲                                    │
           │                                    ▼
┌─────────────────────┐              ┌─────────────────────┐
│ 理赔助理将划拨到客服  │              │ 理赔助理对所收集的   │
│ 指定账户的赔款与汇总  │◀─────────────│ "及时赔"赔案进行    │
│ 报表相核对，并在"及  │              │ 赔案系统结案查询     │
│ 时赔"平台逐一核销各  │              │                     │
│ 赔案                 │              │                     │
└─────────────────────┘              └─────────────────────┘
```

6. 赔案缮制岗位工作流程

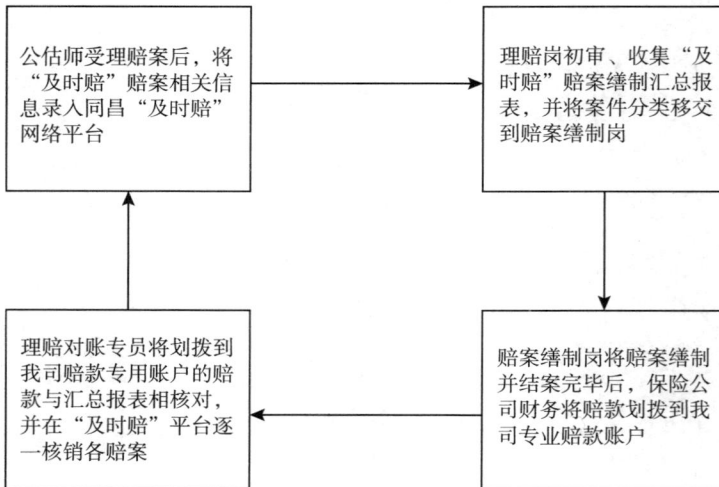

```
┌─────────────────────┐              ┌─────────────────────┐
│ 公估师受理赔案后，将  │              │ 理赔岗初审、收集"及  │
│ "及时赔"赔案相关信   │─────────────▶│ 时赔"赔案缮制汇总报  │
│ 息录入同昌"及时赔"   │              │ 表，并将案件分类移交  │
│ 网络平台             │              │ 到赔案缮制岗         │
└─────────────────────┘              └─────────────────────┘
           ▲                                    │
           │                                    ▼
┌─────────────────────┐              ┌─────────────────────┐
│ 理赔对账专员将划拨到  │              │ 赔案缮制岗将赔案缮制  │
│ 我司赔款专用账户的赔  │◀─────────────│ 并结案完毕后，保险公  │
│ 款与汇总报表相核对，  │              │ 司财务将赔款划拨到我  │
│ 并在"及时赔"平台逐  │              │ 司专业赔款账户       │
│ 一核销各赔案         │              │                     │
└─────────────────────┘              └─────────────────────┘
```

专栏 6-1

车险赔案理算心得

由于之前的工作关系我很早就接触了车险理算的工作，从加入公司后也一直在从事车险理赔的相关工作，可以说从报案、查勘、定损、录入，再到理算赔款这一系列的环节我都比较熟悉。

出于公司对"及时赔"案件的工作考量，两年前我和我的同事进入到太平洋保险公司云南分公司进行车险理算工作。

随着时间的推移，我接触到了一些不同的赔案，不再是简单的单方事故擦到或撞到花台，或是双方或三方追尾全责……渐渐地我负责的赔案变成了一些星级客户，一些损失比较大的案件，通过一段时间的学习，我都能比较熟练地并且在规定的时间内把自己收到的案件正常处理完，也得到了太保理算科领导的肯定。

其实车险赔案的理算说难不难说简单却也不简单，关键在于要对保险公司各项条款的认知和细心，而且这项工作是最能体现保险售后方面的团队配合，从报案—查勘—定损—录入—核损—单证收集—理算—核赔—划款，这些环节其中有一个负责人的拖沓或是不细心都会导致案件的理赔时效无法达成，甚至引起客户的不满而投诉。

理赔其实是整个车险工作的大综合，所有的问题和不足都能从理赔中查出原因：比如客户在投保时由于出单人员的不仔细或是客户隐瞒提供虚假信息，造成车辆投保信息错误，客户信息资料的不正确，车辆不足额投保等都会造成客户在出险后无法正常理赔。所以在理算过程中要仔细地查阅车辆在出险后任何一个环节的准确性，然后认真地检查客户提供的资料是否完整有效，再依据保险公司的条款进行案件的理算工作。而在理算过程中一个比较重要的环节就是正确地录入被保险人提供的账号信息，这关系到案件在结案后是否能顺利划款……所以车险理算难就难在对车辆出险后的每一个环节都得熟练掌握细心查看，发现有任何问题都要及时反馈到出错的环节责任人并及时做出改正保证案件的正常流转……

> 　　理算工作就是每天在保险公司理赔系统中不断地重复动作，重复再重复……把赔案在规定时间内结案划款然后归档……理算的心得无非就是两点：细心＋责任心，工作说得再多也不如把时间留在细心做工作中，工作量再大只要同事之间配合得好有责任心也能事半功倍。
>
> 　　　　　　　　　　　　　　　　　　作者：同昌保险　杨薇

第四节　人力资源管理

　　人力资源部在企业构成和发展中具有至关重要的作用，它以市场营销和社会心理学等知识为基础，以个人和团体的能力为导向，为企业发展输送合格的人才。而人力资源管理的核心在于对人力资源价值链的管理，即对人力资源管理在企业中的价值创造、价值评价和价值分配三个环节进行管理。

　　同昌因企业文化的特点，决定其人力资源管理要站在员工角度去审视，这决定了人力资源部除主要执行正常的职责①外，还要积极配合其他部门的相关工作，并且需要在企业人性化管理方面多作探索。

　　公司的人力资源管理制度如人事管理流程、考勤管理规定、员工假期、薪酬福利、激励体制等均与其他企业大同小异，不再赘述。而在人才招聘和培养方面，同昌颇具特色，下面重点阐述。

一、创新人才招聘渠道

　　人才的招聘与引进是保险中介一个头疼的事，通常有两种解决方式：其一，迎难而上，想尽一切办法解决困难；其二，绕道而行，另辟蹊径。通过对保险行业的现状分析，直接招聘专业人才很困难，因此公司将重心放到了

---

　　①　人力资源部正常职责：对公司中层干部提名建议权，对公司人力资源规划的建议权，对流程规定权限内的审核或审批权，对公司薪酬福利调整的建议权，对员工调动的建议权，对公司员工退岗、退休返聘的建议权，对外联络执行权，对发展新团队的建议权，以及对制度赋予的考核权等。

对人才的内部培养上。同时，也不放过任何从外部直接招收人才的机会。经过长期实践总结，公司在人才招聘方面主要采取以下四种方式：

1. 内部员工推荐

员工推荐这一渠道主要可以招聘到对口的专业性较高的人才。

首先，内部员工因为对公司十分了解，知道什么样的人员最适合公司的发展需求。其次，公司员工一般都具备保险行业工作经历，都有行业内的熟人或朋友；正所谓"物以类聚，人以群分"，即便是职能部门的员工，也或多或少认识自己专业领域内的优秀人才。

所以由内部员工进行引荐，一方面可以节省对新人能力考核的时间和成本，另一方面也提高了招聘的成功率和有效性。

2. 网络招聘

当今网络时代，上网求职的人越来越多。通常，大部分网络求职者都具有两个特点：一是对工作的迫切需要，二是没有其他特殊的求职渠道。他们在招聘网站上一般都根据自身工作能力选择相应职务，然后进行大面积的简历投放。因而通过网络招聘可以吸引到一些需求量大、稳定性不高的常规岗位人员，如业务内勤和业务员，却很难招到专业性高的技术岗位人员。网络招聘主要针对大众化常规性岗位进行招聘，主要对象是有明确意图的求职者。

公司的网络招聘分为两个部分：专业招聘网站招聘和同昌公司网站招聘。

3. 微信招聘

互联网的发展，拉近了人们之间的距离，加快了信息的传递速度，一条时事新闻只需几分钟就能传遍全世界。移动互联网催生的微信，更是迅速成为现代人交往交流和传递信息最重要的工具，一时风头无二风靡全国，已覆盖8亿人群，还在飞速蔓延。

公司采用微信招聘，最看重的在于其信息传递的快速以及传播面积的广度。在微信朋友圈发布招聘信息，以一个人为原点，进行扩散式传播，在此过程中每个人都是一个热点，都能对招聘信息起到扩散作用。

此法区别于网络招聘的最大优势在于它是不具针对性的发散式传播，对象不只包括有意向的求职人员，还涵盖了具有潜在性求职需求的人群，会让公司招到意料之外的"千里马"。除去推广招聘信息之外，微信强大的信息传播功能也不失为自我宣传的一个良好途径，可谓一举两得。

4. 校园招聘

同昌已和云南财经大学结成了长期合作关系，学校每年都会向公司定期推荐应届毕业生前来实习。一方面为国家缓解大学毕业生就业压力作微薄的贡献，另一方面也为公司吸纳有培养价值的毕业生。

通过校园进入公司实习的毕业生都要进行为期3个月的全面实习，用3个月的时间对公司形成一个初步了解。实习结束之后做实习汇报，在公司管理层全体人员对其进行总体评价合格之后，毕业生可以根据自己对本身工作的评价定位和公司管理人员的建议自由选择适合自己的工作岗位。

校园招聘的优势在于：初出茅庐的大学毕业生一旦认同了同昌的文化理念，接受公司的培养教育，今后势必能够成为推动公司发展，具有极高忠诚度和极强专业性的中坚力量；同时从公司的文化理念出发，充分给予每一位新员工以自主选择权，用关怀和引导博得每一位员工对公司文化的认同和好感。

二、合理的内部人才培养机制

1. 老员工厚积薄发

自2006年正式成立起，同昌就有了自己的第一批员工。这批员工经过保险中介行业十年的风雨洗礼，嬗变为名副其实的保险经纪人。要问披荆斩棘靠什么，学习无疑是他们最犀利的武器。由于求知若渴的学习态度以及大量的业务实践机会，这批老员工在极短的时间内就掌握了极其丰富的专业知识，在共同打拼的过程中磨炼了一身过硬的业务技能，并以优质的服务吸引了一批长期合作伙伴。不仅为公司的发展奠定了物质基础，还为公司的未来储备了人才。

公司一路发展壮大至今，这批老员工一直扛着大旗走在前面，支撑着公司的业务发展。学以致用是老员工们身体力行的准则：把所学的保险知识熟练运用、实践到业务开发和服务过程中，深入理解，使之能解决工作中的问题，并通过持续的总结和适时的创新，增强企业的市场竞争力。

正因为有了这批老员工树立的榜样，新员工才有了优秀的传承和学习的目标。

2. 新员工敏而好学

尽管公司元老是笔可贵的财富，但一个企业仅有老员工还不行，如果不及时吸收新鲜血液，企业将难以适应市场变化，难以走向未来。唯有新老结合，方能有方有圆，不乏原则不乏变通，暮气不露朝气蓬勃。同昌深谙薪火相传方可永存不灭的道理，为了公司的长远发展，每一年都在人才的招聘和培养上花费了大量的时间及精力。

保险行业的人才通常都涌入实力雄厚的各大保险公司，保险中介无疑是人才的鸡肋之选。面对人难招、人才难找的困境，保险中介企业只能着重从内部培养入手。良好的内部培养机制不仅能有针对性地培养相关专业人才，同时还能提升员工的忠诚度，在一定程度上保证了员工的稳定性。这也是同昌注重人才内部培养的重要原因。

因此，同昌在招聘新员工时，最优先考虑的是其是否具有积极的学习精神和求知欲，而专业技能只是一个参考。公司相信，只要爱学习、会学习，新员工完善自己的知识技能只是时间问题。实践证明，公司所招聘的大部分新员工，都是敏而好学之辈，入司后果然不负众望。

3. 老员工对新员工的口耳相传

同昌具备经验丰富的老员工这一块宝藏，充分运用老员工对新员工进行教育和培养是一种习惯和传统，并且有事半功倍的培训效果。

三、公司的内部培训

1. 入职培训

入职培训是新员工进入公司的基础培训，内容包括：讲解公司的经营方向以及基本结构，宣导公司文化和管理制度。

2. 业务培训

业务技能培训主要针对车险经纪业务员、非车险经纪业务员和内勤，目的在于提升业务团队的专业知识及业务技能，及时掌握保险公司核保政策等。

3. 管理培训

管理培训主要针对企业内中层以上的管理人员进行培训教育，目的在于提升管理人员的管理能力，及时对企业管理中出现的问题进行汇总和讨论解决。

4. 考证辅导

为严格执行保险行业的相关规定，公司通过各种方式鼓励员工考取保险经纪人从业资格证、保险公估人从业资格证、保险高管资格考试等，并根据考试时间定期对考试人员进行重点复习指导。目的在于提升在岗员工的从业素质，夯实他们的基础知识素养，提高整体服务质量，配合监管部门的合规管理。

授课老师既有公司内部从业经验丰富的老员工，也有外聘的专业讲师，还有合作保险公司专家前辈、业内权威人士等，所授课程各具特色，相互补充。

特别是老员工对新员工的口耳相传这一内部培养模式，是目前同昌最适合、最高效的员工培训手段。内部老员工的亲身讲授，不仅能节省外聘讲师的费用，最大限度地合理利用公司资源，同时还能在极大程度上提高培训效率，因为没有比这些老员工更了解公司发展状况和员工所缺的知识技能，因此针对性极强，传授与接受度较高。

同昌一直花费大量精力坚持内部培训，充分利用拥有的专业技术基础对新员工倾囊相授不断传承。"鬓雪飞来成废料，彩云长在有新天"，希望等到最初一批老员工功成身退之后，能有一批新成长起来的员工承其衣钵，让企业继往开来后继有人。

第七章 同昌文化

　　企业文化对于企业发展的巨大影响，已经超越了技术、资金等其他资源要素的作用。因此，越来越多的企业开始关注文化这只左右企业命运的"无形之手"。企业文化虽然不能直接创造效益，但却能凝聚整合企业力量，发挥出意想不到的能量，让企业焕发出无限活力生机，增强企业的经营能力和核心竞争力。

　　同昌的企业文化是在企业发展中积淀形成，经过不断完善明晰，慢慢为全体员工接受遵行，最后梳理总结而成的。2010年，公司在原有"全员持股制"企业文化基本框架的基础上，开始将企业文化进行进一步提炼，经过广大员工的认真讨论，提出了"公平、透明、和谐、共享"的企业核心价值观、坚持"以感情为基础，以股权为纽带，以价值为核心"的企业文化基础、"诚信立世，合作共赢"的经营理念、"让每位员工拥有自信而有尊严的幸福生活"的企业最高理想。至此，公司企业文化正式成型，包括股权文化、兄弟文化、创新文化、诚信文化、幸福文化、学习文化以及社会责任等。

第一节 股权文化

　　公司的管理理念中"以股权为纽带"，这是同昌一路成长的原动力之一。公司企业核心价值观"公平、透明、和谐、共享"，公司对员工内部信息透明、竭力创造公平、倡导效益共创利益共享，希望公司的经营成果能为每位员工所分享，从而形成了和谐的企业氛围。公司发展的实践证明，"权股文化"符合大多数人的利益和愿望，是企业做大做强的力量源泉。

一、条件与要求

同昌倡导全员持股，鼓励大家积极入股，以分享公司的经营成果。但并不是所有员工都能成为股东，原因是公司对入股有规定和要求，另外是否入股还要尊重员工自己的愿意。

1. 入股条件

公司规定，凡公司员工，司龄满两年的，都可以按规定的限额入股。根据员工贡献大小确定入股限额，这是为了让所有员工都有机会入股。另外，入股自愿，退股自由。

2. 对股东要求

员工一旦入股，便是公司股东。公司对股东有比一股员工更严格的要求，所谓有权利便有义务，有更大权利当然要承担更多的义务。作为股东，要以更高的标准要求自己，带头践行公司的各项规章制度，自觉维护公司的社会形象，在日常生活和工作中的一言一行都不能有损公司利益，各方面必须起到模范带头作用。一旦有违规或工作上的失职行为，公司有权对当事股东加倍处罚，包括当事股东丧失股东资格、放弃股东的一切权益等。

二、股权制度

同昌的股权制度有一般股权制度的一切特点，公司的董事长、董事及监事都是股东大会按正规程序严格选举产生的，他们根据自身岗位按相关程序履行着各自的应尽职责，并参与公司的重大决策。每年年底，根据公司的经营情况，净利润留一部分作经营费用，另一部分股东按入股比例享受分红，至于利润留多少分多少，以股东大会的决议为准。

三、意义

同昌实施全员持股制，是跟公司最高理想密不可分的。公司的最高理想是"让每位员工拥有自信而有尊严的幸福生活"，在当今社会，要有自信，首先至少得吃饱穿暖，让家人丰衣足食，而幸福虽然有千百种，最基本的条件也是有饭吃有衣穿。公司认为，要达到"自信而有尊严的幸福生活"，必须得多增加员工收入，提高员工待遇，首先让员工能多挣钱。

另外，通过全员持股，员工个个是主人，人人是老板，企业的经营好坏与每个人息息相关，此举激发了员工的创业热情和主动性，充分调动了每位员工的积极性，挖掘了员工潜能，有效整合了企业资源，有利于促进公司的企业经营和效益创造。

第二节　兄弟文化

"以感情为基础，以股权为纽带，以价值为核心"，同昌崇尚兄弟文化。具体表现为员工间感情真挚自然，互爱互助，工作上有上下级之分，生活中却只有兄弟姊妹。公司在工作中通过多种方式，增进大家交流，引导员工互助互帮，建立深情厚谊，逐渐形成同昌一家亲的企业情感氛围。在这样的氛围中，员工能以良好的状态高效工作，快乐生活。

一、工作互帮互助

公司的非车险经纪员工，大部分都是与同昌生死与共的"老革命"，他们展业经验丰富，对公司感情深厚。每有新员工加入，老员工们总是不厌其烦地帮扶传带：教新员工业务流程，谈判技巧；教新员工制定费率，做标书；带着新员工跑业务，言传身教；当新员工业务中遇到难题时帮助解决。老员工之间的互助互帮是不必说的，因为大家如同多年一起扛过枪打过仗的战友，虽非亲兄弟却早如亲兄弟。

相比而言，公司车险业务板块的互帮互助要做得稍差。因为车险业务部门员工较多，进出频繁，不利于感情的培养。为此，公司特意把各个团队配对结盟，互相取长补短，经常进行交流，这样，既提升了业务水平，也增进了员工间的感情。管理上，鼓励员工间交流互助，打击不顾大局自私自利的行为，并时常表扬做得好的员工。通过管控，逐步形成了良好的同昌氛围：既要业务，也要感情，互助光荣，自私可耻。

偶尔也有车险经纪和非车经纪的交流，因为侧重点不同，大家专业专长不一样，查缺补漏，互相取长补短，有利于提高员工的综合素养，其间也增进了了解，不知不觉间建立了感情。

公估部门工作特殊，平时公估师们都奔波于各出险现场，很难把大家集中到一起。同昌的做法是，在平时多组织培训交流，或是开会聚餐，让大家彼此认识。谈工作体会、话生活情感、交流经验、分享案例，这样既提高了工作水平，也加深了同事间的感情。谁遇到到疑难案件，自己无法解决，大家帮忙一起解决。有做询问笔录的，有调查取证的，有查询价格的；偶尔谁有事了，同片区上的同事马上抵上；谁一时接的案子多了，忙不过来时，同事来支援；遇到不懂的条款和疑难案件，向同事请教，总是有问有答，有求必应……凡此种种，既提高了大家的工作效率，也在工作交流中增进了感情，让员工成为名副其实的兄弟。

公司职能部门也一样，各个部门忙的时间不同，比如财务部，总是年头年尾和月尾比较忙，有时本部门的人员根本无法完成如山的工作。这时，其他部门会主动来帮忙，做力所能及的单证整理之类的非专业活；还有行政部，管理全公司后勤，事情比较杂，也有抓打不开的时候，这时"幸福办"或是人力资源部的同事会来帮忙，因为大家办公室毗邻；IT部负责全公司电脑、系统和网络，加上地州分支机构，工作多人员少，有时遇到出差，公司本部便没人管了，这时，人力资源部或是行政部的电脑高手就会自觉出来帮忙……在公司的办公室里，这样互相帮助的事很多，无法一一详述。这样的互助很重要，同事之间就在这样的过程中完成了感情的建立。

同昌的窗口部门，指的是出单中心、南（北）"及时赔"服务点、客服部等，这些部门虽然分工不同，各自承担的工作不同，但同样承袭了同昌的兄弟文化，员工之间互相帮助的传统、部门之间互相交流协调的习惯，常在窗口部门中闪现，成为同昌对外形象的一道亮丽风景。

二、生活相互关心

同昌公司内双职工的夫妻不少，大部分都是进公司后组建的家庭。公司不但在工作上有互相帮助的风气，生活中也有。一个人，只有他心安了，才能更好地投入工作。公估部门的公估师，因为工作忙时间无规律，节假日经常不能休息，有时还要值夜班，所以年轻人基本上没时间谈恋爱。像公估的雷庆和夏杰，都是公司领导关心、其他同事撮合而成就的美好姻缘，在公司这样经过同事们帮助结合的夫妻还有很多，他们小日子过得幸福和睦，同事们经常跟他们开玩笑说要猪头猪尾巴呢①！

生活中，大家难免遇到经济困难的时候。特别像要结婚、买房、家中亲人生病或是遇到点意外之类的，同事们总是能及时伸出援手帮助解决；有同事结婚和生孩子，公司领导和同事都会以各种方式祝贺；有同事家中亲人离世，公司领导和同事都会以各种方式进行慰问！公司幸福办专司此职。就是这些在同事间汩汩流淌的温情，滋养着同昌的"兄弟文化"。

三、业余活动情深

同昌的最高理想是"让每位员工拥有自信而有尊严的幸福生活"！这从来就不仅仅是一句口号，自从公司成立那天开始就一直在为之而努力。一直以来，公司坚持组织各种文体活动，每年组织员工外出旅游，不但强健体魄、陶冶情操、放松身心、开阔眼界，同时也增进感情交流，提高员工的幸福感。

2014 年，公司成立了专门的"幸福办"，通过竞聘赵文晶成为"首席幸福官"。她频频组织健身操比赛、篮球比赛、足球比赛、"同昌好声音"歌唱比赛、同昌幸福家庭评选等一系列活动，既丰富了员工业余文化生活，也通过运动场上挥汗如雨的并肩拼搏、舞台上联袂纵情高歌，还有为家抒发的共同心曲，让同事们熟悉了、心近了，家的概念清晰了。

专栏 7-1

同昌企业名词及相关释义

最高理想：让每位员工拥有自信而有尊严的幸福生活。

（1）对象是员工而非客户、社会及股东：是一个人性化又实实在在的理想，也许这个理想永远无法实现，但同昌存在一天必须努力一天，这其中的发展、挫折等都只是过程而已。

（2）升华了"企业"本质：企业是一个为盈利目标而存在的组织，

---

① 送猪头、猪尾巴：云南本地风俗，通常是感谢媒人的礼节。

但是我们扬弃了这个基础，将企业人性化、具体化，落实到鲜活的个体"人"上。

（3）自信：自我的肯定，独立健全的人格，丰富的思想。

（4）尊严：自由的经济基础，体面的社会地位。

（5）幸福：健康的身体、和睦的家庭、良好的心态。

（6）相对于规模、利润等财务指标，最高理想才是第一位，它贯穿于管理的方方面面、发展的各个阶段，是同昌最高纲领。

核心价值观：公平、透明、和谐、共享

公平：不公平的社会中，在企业创造公平的环境、公平的机会、公平的待遇、公平的地位。

透明：指公司各项制度，员工收入、思想（真实的表露）。

和谐：不但是气氛，也包括工作、生活、人际等其他方方面面。

共享：共享经验成果、胜利、投资、资源等，多种渠道、多种方式共享。

管理理念：以感情为基础，以股权为纽带，以价值为核心。

公司内部强调感情，同事之情和朋友之情，以感情作为公司的基础；强调股权，凡是公司员工，符合入股条件的，公司鼓励员工入股，成为公司股东，共同分享公司发展壮大的成果，共同为公司经营发展贡献力量；以创造价值为一切工作之导向，努力创造集体的公司价值和个人的人生价值为核心。

资料来源：根据同昌内部资料整理。

第三节　创新文化

无论何种行业，创新历来很重要，也必不可少。如果事事皆入前人窠臼，时时随人亦步亦趋，将没有自己的个性和创造，难逃被无情淘汰的结局。尤其在万众创新的今天，创新从未显得过如此重要。

同昌保险能从几人的小团队发展到今天几百人的规模，绝非运气和侥幸，而自有其深层次的内因，其中很重要的一条就是企业一直以来所具有的创新精神。公司管理制度中明确规定对"有重大发明、创新或对公司经营有显著成效"的员工给予奖励，从制度层面鼓励创新。

公司领导层在带领大家看书学习的过程中，提醒大家：尽信书不如无书，希望员工不能被书牵着鼻子走，而从每个人独特的思维角度阐发新意，形成自己的东西。范吉智在这方面堪称楷模，他最爱看书学习，却从不囿于书本，被书本所缚，而是批判地看待书中的观点，形成自己独特的见解，其见识观点常常让人耳目一新、豁然开朗。同昌的许多战略性调整和创新业务，如"及时赔"等，跟同昌领导层这种特质有直接的关系。"纸上得来终觉浅，绝知此事要躬行。"学习的目的在于运用，只有创造性地吸收运用，方能有创新可言。同昌的创新有：

一、制度方面

（一）员工制

保险中介领域的传统是业务员"代理制"。特别是当保险市场价格战硝烟弥漫、拼费用拼点位激战正酣之际，代理制更是竞争的不二法宝。然而同昌却不走寻常路，实行"员工制"。代理制的特点是：只要你的政策好，业务就容易做进来；弊端是业务不稳定，服务缺乏持续性，业务员缺乏责任心，误导客户现象时有发生。而"员工制"要负担员工的薪酬福利等，企业必须为此支付高昂的成本，但员工能与企业同舟共济，服务、业务比较稳定。

公司实行"员工制"，还与自己的企业文化有关。公司反对保险业打价格战，造成市场恶性循环，行业风气败坏；倡导着眼于企业内部治理、企业文化、品牌建设，夯实企业基础厚积薄发。

（二）经纪人服务模式

公司是云南省第一家首创车辆保险专属经纪人服务模式的公司。只要选择同昌投保，即享有专属经纪人，由其全权代办投保、咨询、索赔等，提供方便、快捷、省心的"一条龙"服务，省去客户关于保险投保及理赔的诸多烦恼。经纪人服务模式在公司车险服务管理制度中明确作了规定。

二、营销模式

互联网的核心理念之一就是"去中介化"。如果保险中介无法通过改变销售模式和盈利模式应对互联网的冲击，必将面临被兼并或被淘汰的风险。同昌早在 2014 年底就开始探索"互联网+同昌保险"的发展模式，计划在 2015~2016 年内完成"同昌及时赔网络销售服务网站"和"同昌及时赔投保/理赔移动客户端 APP"的开发，同时探索在销售端搭建 B2C 营销平台、在售后服务端完善 O2O 用户体验，争取在三年内形成较大规模的线上销售和线下服务相结合的客户群体，提升公司盈利能力。2015 年 2 月 3 日，中国保监会正式发布《关于深化商业车险条款费率管理制度改革的意见》。公司在此背景下，突破传统保险中介的行业"瓶颈"，在车险费率市场化改革中利用互联网科技和保险行业大数据进行车险产品的研发，逐步增加技术投入和相关人才的引进。

三、业务方面

同昌业务方面的创新，"及时赔"就是代表，前面已有论述，此处不再重复。

在领导的影响带动下，各部门各岗位逐渐形成了力求创新的良好氛围。每天重复几乎一样的工作，但公司员工时常会思考：是否有更新更好的工作方法？并不断在一切事物和环境中寻找创新的灵感。

公司领导们经常和大家分享创新的心得体会，引导培养员工的创造性思维习惯。每逢开会，广大员工、各部门、分公司负责人会把自己在岗位中的创新经验拿出来与大家分享。2015 年终会上，有分公司经理就跟大家分享了她新颖的展业方式和营销手段，如在客户保险到期前三个月内回访并赠送精美礼品；实行承保回访制度，通过回访推广公司客户"手拉手"活动，从而带动客户二次销售；通过同昌办理保险后享受当地范围星级酒店、餐饮、名牌服装、美容等享受贵宾折扣服务等让其他业务员同事脑洞大开，扩宽了展业思路。

同昌有创新的传统，有创新的保障制度，有创新的氛围，还有创新的坚持，更有创新的文化。

第四节　诚信文化

"索物于暗室者，莫良于火；索道于当世者，莫良于诚。"这是同昌办公楼上悬挂多年的横幅。公司电话彩铃"诚信立世，合作共赢"，人无信不立，企业同样如此。同昌视诚信如生命，公司处处可见诚信。公司在多年的企业经营中，践行诚信，并逐步完善了自己的诚信文化。

一、对广大客户的诚信

面对广大客户，同昌历来是重合同、守信用单位。保险几大原则中有一个是"最大诚信原则"，保险合同本是最大诚信合同，由于信息的不对称，保险客户往往处于弱势地位。保险经纪人本就是代表被保险人利益的一方，这就要求利用好自身专业资源，最大限度地维护被保险人的合法权益。

同昌对于自己失误造成的客户损失，一贯自行承担赔偿责任。有一个例子：一客户的奔驰车购买了"及时赔"车险，后来出险了，到4S店修车，定损后损失近20000元，理赔时才发现：未足额投保，按比例赔付有6000元左右的损失得不到赔偿。经公司调查了解，是由于经办业务员的失误造成的，根据实事求是的原则，最后同昌赔付了客户6000多元的赔款差额，并自垫保费帮客户作了保险批改：足额投保了车损险，客户最后满意而归。这样的例子还有很多，一次次的诚信处事，合理、公平、公正地维护客户利益，同昌慢慢赢得了众多客户的信赖。

二、对合作伙伴的诚信

同昌合作过的保险公司前后超过十家，不管是合作业务多少，公司总是恪守诚信，严守职业道德。有协议的严格按签订的合作协议执行，没协议的个别保险公司，只偶尔委托过零星的非车公估案件的，公司严格遵守公估人的职业道德及要求，实事求是、合理、公平公正、客观地按相关规定处理。车险公估业务，合作协议详尽规定了方方面面的情况以及相关的违规的处罚措施。但车险案件情况复杂，再怎样详细也不可能囊括所有的情况，偶尔还是会有特殊情况出现。保险公司委托的每一个案件，无论有多远多难，公司总是尽心尽力做好，严格把控案件质量，为保险公司做好售后服务。销售端与保险公司签订的销售任务，不管竞争如何激烈，市场风云如何变幻，公司总是竭尽所能去完成。多年来，同昌在云南保险界深受各保险主体的信赖和好评。

三、平常待人接物的诚信

同昌领导层认为，"诚信，首先是诚，即不讲假话；其次是信，即遵守承诺。"公司最忌讳讲假话，倡导员工说实话办实事，一诺千金、坦诚相待。孔子曾有言："知之为知之，不知为不知，是知也。"在同昌也倡导这种精神，什么事能做就做，不能做就直说，早说明白好早想办法。

公司内部员工之间要求不讲假话，同样对广大客户和外部人员也要讲真话。这方面同昌领导带头作了表率。同昌发展情况不错，业内知名度越来越高，有一次范吉智去北京，邂逅了几位权威人士，有保险公司的老总，有金融方面的专家，也有玩转资本市场的老手，可谓大腕云集。大家对同昌很感兴趣，询问企业的经营情况如何，范吉智未加思索，把公司实际情况和盘托出。大家惊呼：同昌几亿元的业务规模，怎么净利润才几百万元？他进一步解释：同昌公估连年亏损，因为要服务公司的"及时赔"业务，要铺设分支机构，下血本打造服务团队；车险业务因为展业成本高，实行的又是员工制，加上业务员薪酬福利等，基本上持平，有时甚至亏损；只有非车经纪业务赚钱比较多，但冲抵另外两块后，公司整体盈利幅度不高。大家听后频频点头赞许，被范吉智的坦率实诚所折服，都说见过无数做保险的，没见过像他这样实在的！

公司内部有个员工沟通能力很强，但做人不够踏实，平时爱说假话，自然本职工作也做得不好。被公司领导层多次警告仍不悔改，最后被作为待岗处理。同昌人普遍认可的一句话是，1个谎言需要10个谎言来圆谎。讲诚信从经济学上讲，可以减少交易成本，反之讲假话会增加沟通成本，让人与人之间缺乏信任。对于保险中介从业人员而言，职业不允许；对同昌来说，企业文化不允许；就做人来说，基本道德不允许。

同昌于 2015 年 12 月 9 日在新三板成功挂牌，已属公众公司，将面对广大的投资者，诚信才是赢得公众信任的基础，也是对上市公司的硬性要求。

第五节　幸福文化

追求幸福是人类的终极目标，是人类的共同追求。企业员工的幸福也是企业持续发展的原动力！企业幸福价值观的培养已经越来越重要，种瓜得瓜，种豆得豆，所以同昌"首席幸福官"的任务是负责以积极的方式提升企业员工的总体幸福。

生活与工作是人类生命的两大板块。所以员工们的幸福感很重要的来源之一，就是职场幸福感。然而，目前中国大多数的企事业单位还没有这样的意识，尤其是缺少采用"专业"服务来关怀和提升工作人员的心理健康，个别先进的有意识的组织也没有系统的可持续的人文关怀和心理疏导能力，急需专业心理服务的介入来提供员工心理健康素质建设，帮助提升员工的幸福感，打造卓越幸福的企业文化。另外，职场如战场，竞争激烈，企业之间的人才竞争已经白热化，职场员工的幸福感直接决定了人才的去留，企业家们陷入了如何才能留住人才和发挥好人才的最大潜质的深层思考。

"以人为本"的管理哲学已经被许多发达国家的成功企业所验证。同昌的最高理想是"让每位员工拥有自信而有尊严的幸福生活"，所以有关幸福的事，对于公司来说都是大事。不管公司如何发展，如何变化经营方式，如何调整管理体制，如何去拼搏奋进，最终都要达到让每位员工幸福生活这个根本点上。可以说，公司的其他文化最终都是为幸福文化服务的。同昌的幸福文化由来已久，也必须坚持到最后。如何达到幸福？公司有些具体做法。

一、增加员工收入和福利

同昌认为，幸福是实实在在的东西，不是一句空话，要达到幸福有些必要条件，其中之一就是要有一定的收入。当今社会，时时谈钱，处处要用钱，没有钱又遑论幸福？所以自从同昌成立那天起，企业拼命发展创造利润，目的都是让员工增加收入，向幸福生活迈进。根据员工不同的表现，本着尊重知识尊重人才，激励先进鞭策后进，根据实际工作业绩，公司会定期或不定期地对员工的薪酬福利进行调整。目的是尽最大可能增加员工收入，让每位员工能幸福生活。同昌领导层认为：没有钱，又谈什么幸福？所以要力争让同昌的员工拥有高于同行的收入。

福利方面：公司根据员工司龄，每年都给予员工一定工休假，让员工休养生息；中秋节、春节发放一定的过节费，并按国家规定进行放假；每年年底根据公司的经营情况发放一定的年终奖；同昌还为员工车辆购买保险和车船税，以减轻员工负担，让其安心工作；为员工免费提供午餐；等等。

二、不拘形式的关怀慰问

奔着让员工幸福的主题，公司领导对员工的关心可谓无微不至，形式多样。

在公司领导层的关心下，同昌逐渐形成了一个制度：员工生日问候制。每逢员工生日，就会收到公司发放的一束鲜花、一个生日蛋糕加一张生日贺卡，贺卡是手写的，都是温馨溢美的祝福语。后来虽然生日的祝福形式有了改变，蛋糕换成了充值的蛋糕卡，但公司生日对员工送礼物送祝福的制度一直没变，延续至今。

要及时为员工送上生日问候，必须掌握每位员工的生日具体日期。每位员工入司时，所填资料其中一项便是生日，公司有专人管理。每月有哪些员工过生日，随时被关注，所以到员工的生日才能做到及时问候、及时发放礼物。这虽然是小事一件，但让员工内心充满感动和温暖！觉得自己被关心被重视，工作也就更努力了。

每到年末岁初，中国人传统的春节。公司领导都会以各种形式向员工问候，言语的祝福自然是少不了的。此外，带大家聚餐，带大家去泡温泉，带大家去疗养院。最值得称道的是给员工的孩子发压岁钱，有一个孩子的发一个压岁包，有两个孩子的发两个压岁包，这让员工感觉非常温暖和幸福！

每年的六一儿童节，是孩子们最高兴的日子。同昌规定，凡属 18 岁以下的员工子女，公司都给予发放过节费。钱虽然不多，孩子可高兴了，员工心里也很舒服，也深感公司对大家无微不至的关怀。

三、成立"幸福办"

追求幸福是同昌每位员工的理想，并且是同昌企业的最高理想。同昌为将最高理想落到实处，专门为此成立了专司幸福的管理部门——"幸福办"，真心实意帮助每位员工获得幸福！

同昌制定出一套具有同昌特色的幸福指标，并将此指标纳入对部门、团队、分支机构的考核中，希望员工的幸福感能伴随着规模、业绩共同增长。

（一）初衷

人们的渴求在被得到满足或部分得到满足时的感觉，是一种精神上的愉悦。对幸福的追求和向往是人的天然本性，每个人都有自己不同于别人的渴求。同昌以"让每位员工拥有自信而有尊严的幸福生活"为最高理想，随时在追求幸福的路上。因此，成立一个专管幸福的部门显得格外必要，"幸福办"在这样的背景下诞生了。

（二）首席幸福官

"幸福办"负责人称为"首席幸福官"，通过竞聘形式产生，择优录用。

幸福办专门管理公司员工的幸福事宜、提升员工的幸福感。首席幸福官首先得怀着愉悦的心情投入工作，带给员工们正能量。有时还要充当员工们的"情绪垃圾桶"，真诚耐心地倾听员工们的不满和牢骚，以吸收员工的负能量，疏导员工的不良情绪，针对员工出现的心理问题及时干预治疗，从而让员工能以更好的心态投入工作和生活中。

首席幸福官对公司的最高理想进行分解和再诠释，再把有关最高理想的要素具体细化结合到公司实际工作生活中，提炼出可操作的考核指标，分配到公司各部门团队当中严格执行，以达到提高员工生活质量的目的，从而增加员工的幸福感。

首席幸福官还负责对员工的幸福感进行调查、统计、分析，以作为下一步制订工作计划的依据。

（三）各种活动

公司幸福办成立后已经举办了一系列活动，主题都是围绕"幸福"。并且面对未来制订了一系列工作计划，实实在在为同昌全体员工谋幸福。

（1）健身操比赛。每天中午13:00~13:30，公司健身房，目的是锻炼员工身体，放松心情，调节脑力，提升工作状态，增加幸福感。

（2）篮球比赛。公司专门到外面体育馆定场地，每星期固定时间进行篮球比赛，比赛对象有时是同昌内部员工、有时是有合作关系的保险公司、有时是客户单位。通过篮球比赛，锻炼了员工身体，增进了员工间的交流与感情，为幸福加分。

（3）足球比赛。同昌有个庞大的足球队，其中队员就包括董事长范吉智。只要有时间，他都会参加，亲自带队与其他单位（主要是合作的保险公司等）进行友谊赛。在激烈的拼搏和对抗当中，既锻炼了身体，又拉近了合作伙伴间的关系，还享受了忙里偷闲的乐趣！员工之间的凝聚力也得到了提升。

（4）同昌好声音歌唱比赛。2015年初，"同昌好声音"歌唱比赛拉开帷幕，除了公司内部评委，还专门从外面请了专业评委，经过初赛、复赛、决赛，最后冠军、亚军和季军产生，在"相亲相爱一家人"的歌声中比赛结束，沐浴流光溢彩大家唱着跳着笑着闹着掌声欢呼声汇成一幅欢乐祥和的动画！

（5）幸福家庭评选。奔着幸福的主题，2015年3月，公司组织了"幸福家"的评选活动，员工们踊跃参与，纷纷晒出自己家庭的幸福生活照及视频，并抒发着幸福的感言！一张张幸福甜蜜的图片，一段段和谐温馨的视频，一句句情意绵绵的温言软语，在同昌公司内四处流传，幸福暖流沁人心脾！最后评奖不重要了，大家发现自己原来是那么富有和幸福！

（6）拓展训练。通过此项活动，拉近了员工距离，增进了员工感情，提高了团队作战默契和战斗力。大家关系好了，工作氛围也就轻松了，与幸福更近了。

（7）心理咨询服务。幸福办聘请了专业的心理咨询师，并与之签订合同，随时为公司全体员工提供心理咨询服务。现今服务行业普遍压力较大，同昌此举是通过心理疏导来缓解员工压力、疏导情绪、软化矛盾。保险行业竞争激烈让员工们压力很大，因此会产生焦虑、暴躁、情绪失控等，既影响工作，更影响生活，所以提供心理咨询是贴心之举。

（8）未来福利提升计划。①对同昌双职工提出表彰，在结婚纪念日送上公司祝福与礼物。②员工新婚，公司统一送上公司祝福和贺礼。③员工生育，及时送上公司祝福及礼品。④对公司员工 18 岁以下子女发放教育基金。⑤对患重大疾病的员工发放医疗补助。

（四）创建互助平台

幸福办以公司的名义牵头，全员参与共同创建了一个员工互助平台。在这个平台上，员工工作和生活中遇到任何问题都可以到这里求助，大家建言献策，一起积极想办法解决，抑或是直接提供帮助。这更强化了同昌一家人的概念。

四、建立体检制度

幸福不可或缺的因素，就是健康的身体。不论其他的条件有多好，如果一个人没有了健康，那一切都等于零。所以同昌特别关注员工的健康问题，好多球类活动也正是基于锻炼身体安排的。另外，毕竟人吃五谷杂粮都会头疼脑热会生病，因此，除了锻炼，定时的体检显得非常重要。体检可以提前预知一些身体带病的苗头，及早医治，防患于未然。公司规定每年一次员工体检，平时也组织相关医疗专家到单位坐诊，以掌握员工的身体状况，及时采取措施，或医疗或调整生活习惯，防微杜渐，让身体保持健康，为幸福生活保驾护航。

五、年度旅游制度

同昌每年都组织员工外出旅游，有时在国内，有时到国外，根据每年的经营情况以及员工的意愿而定。外出旅游增长了员工的见闻，开阔了员工的心胸，调节了员工的身心状态，锻炼了员工的体魄，增进了员工间的感情，提升了员工的幸福感。

专栏 7-2

感受同昌的人性化温情

2009 年 7 月我加入到同昌，至今已有五年多的时间。我是公司车险公估部的一名基层员工，工作非常单一，每天第一件事情就是打开邮箱，收取外勤发来的定损照片，然后再根据照片里的单子内容录入到理赔系统中，上传照片提交，最后就是登记外勤工作量的台账，月末查一次结案。虽然工作非常简单，但是所要消耗的时间往往都是一整天，系统有时也会闹一点小情绪，时不时崩溃，时不时传不了照片，这是一个需要耐心等待的过程。有时如果案件较多，系统卡顿，也不一定当天就能完成所有的案件录入，往往这时就要在公司里加班或者就是带回家里接着再录入。因为案件的时效性，每天的案件都必须准确快速地录入，不然就会影响到后面的环节。

公司给予了我们员工很多的福利，比如公司的每一位员工入司两年后，都可以自由选择入股，成为公司的股东，并提出了"以感情为基础，以股权为纽带，以价值为核心"的宗旨，争取做到全员持股。员工过生日时公司会准备一张蛋糕卡给员工，让员工自己买喜欢吃的蛋糕给自己庆生。有生小孩的家庭公司也会做出表示，送上一份礼物作为小孩出生的贺礼。到了六一儿童节时，员工家里有小孩的还能领到过节费等，从这些事情中都体现了公司对于每一位员工的尊重和认可。

2013年6月，我当妈妈了，生了一对双胞胎，别的妈妈只需要照顾一个的时候，我却需要付出双倍的时间和精力去照顾她们。我家的两个小宝宝因为是早产儿的关系，体质比起足月的宝宝要更容易生病，生病都是两个约好一起。夜里哭闹不止，睡不安稳，两个都要我抱我哄，所以经常都要请假在家带她们，有时还要带她们去医院看病，体检，打预防针。记得有一次两个宝宝咳嗽，嘴巴溃疡，牙床出血，还伴有高烧。到医院检查时医生说是急性扁桃体发炎，有点类似于手足口病的一种口腔病变，医生让宝宝每天都来医院报到，打点滴做雾化还要吃药，为期一个星期，否则宝宝的病情还会恶化。当时真是急死我了，一个星期我不去上班，还要请假，公司领导会不会不同意请那么长时间的假，如果不请假宝宝每天又要来医院打针，一个人带宝宝来医院肯定是忙不过来的，我老公又不能请假，怎么办呢？先打电话请假再说吧，所幸公司的领导对我都是特别的照顾，还有就是我的工作也不一定就要在公司处理。我如果有事情不能来公司的时候就可以在家里面处理，只需要跟我的上级领导说一声就可以。公司还有一点是上下班不用打卡，也大大地方便了我，我家里有事也可以早走一会儿。只要我的工作按时完成了，我们领导也不会在这方面追究太多。所以有时想想，我真的很感谢我的领导和我的公司，现在还有公司可以容忍员工经常不在工作岗位上吗，我想是不可能的。还有公司能容忍上下班可以不打卡吗，我不能说是没有，但也已经很少了。

最后我想说，古语云：得人心者得天下！在企业管理中多一点人性味道，有助于赢得员工的忠诚度和对公司的认同感。我认为只有得到了员工的一致认可，公司才能长期地在企业与企业的竞争中取得一定的发展。很高兴我们公司做到了这一点，公司做到了大多数公司所不能做到的事，这就意味着以后公司发展将会有一个质的飞跃。我在这样企业工作，感到很温馨、很幸福。

作者：同昌保险　韦静娟

第六节　学习文化

2000 多年前庄子曾经说过："吾生也有涯，而知也无涯。"联合国教科文组织早在 20 世纪 60 年代就提出"终身学习是 21 世纪的生存概念。"随着知识更新换代越来越快，人人都要坚持不断学习、终身学习，才能应对当今日新月异的社会发展形势。而企业同样如此。很难想象一个不学习的企业，能跟得上社会发展潮流和取得成功。一个不注重学习的企业，必然要落后要被淘汰。荷兰皇家壳牌公司阿瑞·德·盖斯说："我们明白，一个未来公司所拥有的唯一的竞争优势，就是他们的经理们与其竞争对手相比，学习速度更快。"美国公司总裁、通用电气的杰克·威尔奇说："我们的行为是由一个最根本的核心信仰所支配的：一个组织不断地从所有源泉学习的欲望和能力，以及迅速把这种学习转换成行动的做法，是它最终的竞争优势。"① 保险中介在我国是一个新鲜事物，没有现成的模式和经验可供借鉴，同昌自成立起，就不断面对新的领域和未知的挑战，正是因为不断地学习，勤奋学习，才攻克了一个又一个的难题一路走到今天。因此，公司要求每一名员工，不论职位高低，不论工作性质，都要把自己造就成一个热爱学习、善于学习的人，而公司领导层应率先垂范，成为员工勤于学习的榜样。公司把学习作为一种组织文化传统，在不断深化学习的组织氛围中，提高自己的核心竞争力。

一、在工作中学习

公司创业初期，大多数员工对保险行业并不熟悉，那时候是边做边学，边学边做，因为形势逼人，不学习不行。后来准备做保险经纪，对保险经纪也一无所知，加盟江泰后很长一段时间也是现学现用状态。那时的同昌员工非常爱学习，江泰总公司如果有人来云南，用当时员工的话来讲"一个都不会放过"，请过来讨教学习，用如饥似渴来形容一点不为过。公司非车经纪业务做得最多的高速公路和水电站项目，涉及做标书、谈判沟通、做风险评估、做风险管理等，都是现用现学现炒现卖。

公司员工平时也向客户学习，向保险公司学习，向行业内专家能人学习，也向书本学习，更在工作实践中学习。就是这样的不断学习、实践、总结、提高，才让公司老员工们硬是从不懂保险，磨炼成了一个个地地道道的保险经纪人。

范吉智曾在保险公司工作多年，保险相关知识不成问题。用他自己的话讲：他不懂管理，因为历史把他推上了管理岗位，现实逼迫他去学习如何做一个管理者，如何去把握行业动态和社会大势，作为掌舵人，深感自己责任重大。每次年终会，他总会向员工汇报：一年来做了些什么，其中之一就是他看了几本书、跟某某老师学习了什么以及有什么心得体会之类的，堪称全体员工的楷模！

同昌领导层总结了一套学习方法：由于公司忙于业务还难以形成完善的

---

① 彼得·德鲁克. 卓有成效的管理者［M］. 北京：中国人民大学出版社，2006.

培养机制，员工只能主要通过日常工作学习提高。只要拥有强烈的学习欲望，万物皆可为师。公司引进人才注重的是学习能力，只要愿意学习，掌握方法，未来不可限量。具体学习提高途径：①在其位，谋其职。自己身处的位置和所需要完成的工作，是逼迫一个人不断学习成长的潜在动力，要善于从所交之人身上学习优点。②在管理当中学习。要正确管理公司，就必须习惯从各种各样的人身上学习提高，且在学习过程中首先学会听取他人意见，明白自身所缺，再进一步沟通交流，如此才可得到提高。③"学而不思则罔，思而不学则殆。"有效的学习必须将学习和思考结合起来，若光学不思，就无法形成自己的理论体系；若光思不学，最终只会是空谈妄想。公司从不主张大一统思想，就是希望每一位员工都有独立的思想意识，并在此基础上通过不断的沟通交流共同提高，终将有所作为。

二、培训班

在同昌发展过程中，企业领导深感员工素质普遍偏低，要以二流的人才做一流的企业。企业的发展形势和要求，急需提高员工的素质。为此，2012~2013年，公司与云南大学合作，花几十万元开办"云大培训班"，每周利用周末时间，组织广大员工到云南大学上课学习，请专门的保险专家教授讲课，公司领导带头重入教室做学生，认真再学习。

公司内部也定期不定期地组织培训，有非车经纪培训，有车险业务培训，有非车公估培训，有车险公估培训，还有针对各种考试的培训，更有针对公司中层干部的培训。

三、自学

做任何事情，只有自觉自愿效果才最好，也才能积极主动持之以恒。如果说还有一种学习是最有效的，那么一定是"自学"。因为自学方便易行，不受时间地点空间限制，而且是内因外因一并到位，学习效果事半功倍。

不论公司如何重视，花再大的成本和精力，如果员工自己无学习意愿，效果会很糟。就譬如拿一个石头孵小鸡，外面再合适的温度也孵不出小鸡来。所以，只有自觉自愿地学习才是王道。另外，每个人只有自己最了解自己，最清楚自己的具体情况和"短板"，学习起来更加有针对性。公司主要领导都是坚持自学的典范，他们经常鼓励大家自学，对自己做好职业生涯规划和定位，不断全面提升自己。

第七节 企业社会责任

一个不能自觉把自身发展同社会和时代相结合的企业，是一个没有前途的企业。企业根植于社会，如果抓不住时代脉搏，不问民间疾苦，这个企业必定走不远。企业实际上无法回避相应社会责任的履行，否则其正常运作也会受到负面影响。

相较众多大企业有关"企业社会责任"的豪言壮语和铿锵宣言，同昌是默默无闻的，也没有制度化和明晰化的文字表述，更没有做了点好事就大肆渲染宣扬。但却一直在做，在履行社会责任方面做着自己力所能及的事。中国广大的小企业，大都如此。

其实对于一个企业而言，最大的社会责任莫过于遵纪守法合规经营，依法纳税促进就业，为国家创造税收和营造和谐。此外，就同昌保险而言，还有以下几方面：

一、行业使命

每个企业都属于一定的行业，企业的长足发展离不开行业的繁荣与稳定。中国的保险行业发展程度低，在社会上的地位不高，被广大人民群众认可的程度不够。一直以来最被人诟病的，莫过于保险行业的诚信缺失。正如"位卑未敢忘国忧"一样，同昌没有因为自己是个小企业的身份，就忘记自己对于保险行业应该肩负的使命。相反，一直用自己日常的努力和创新，呼唤和重建着行业的诚信。

（一）同昌的心病

"让每位员工拥有自信而有尊严的幸福生活"，何谓"自信"？何谓"尊严"？除去薪酬收入外，还有从业的自豪感！为什么"自信和尊严"会被同昌列入"最高理想"？作为一个保险从业者，薪酬收入相比于从业的自豪感更容易达到。现实情况是，许多保险从业者很多场合、很多时候都不愿意提起自己的职业，也羞于承认自己"做保险"的身份。直白地说，保险在社会上的名声并不好。这也不是说保险有多坏，其实保险是现代社会发展的产物，为现代经济建设和人们的日常生活保驾护航，是个非常好的东西。因为有一小部分保险从业者的不诚信，搅坏了保险"这一锅汤"，导致了人们的种种误会。社会上流行一句话"一人做保险，全家都丢脸"，网上曾有一个女孩子的博客：讲述她在做银行保险时，仅短短半年的银行保险的销售经历，却给她的内心留下了很深的阴影，使她以后都不想再踏入保险行业半步。[①] 看后感觉内心很沉重，很多老百姓现在一听到保险，第一反应是骗人，卖保险的人脸皮厚到家，死缠烂打，让人几乎崩溃。不知道这是不是保险业的一种悲哀?!

一直以来，保险的名声和社会地位是所有保险从业者的痛，这也是同昌的"心病"。公司所确定的企业最高理想，就是渴望通过自己和同行的努力有一天能去除这块"心病"!

（二）同昌的行动

有一句话："保险不会改变我们的生活，但保险会让我们的生活不改变"，可谓保险之真谛! 很形象解释了保险的保障功能。但保险意识在中国市场，还需要一点点地培养，面对考核压力和保险业人员素质参差不齐，也确实有许多销售人员急于促成销售，只讲好处不讲义务，而最终形成目前保险销售人员的口碑很差，社会地位低的不公平局面。保险业的社会形象"冰冻三尺，非一日之寒"，而今要改变保险业的现状，需要每一个保险从业者从日常工作中一点一滴地做起，唯有用水滴石穿的精神方能"精诚所至，金石为开"——迎来人们对保险人的尊重!

同昌，一直胸怀着对保险行业的责任，默默地在用实际行动改变着保险的社会形象，希望有一天，让每一个保险从业者都能自豪地说一句：我是做保险的! 那时，同昌人就达到自己的"最高理想"了。

早在推出"及时赔"之前，范吉智就说过：保险行业长期处于无品牌状态，同昌推出"及时赔"就是想改变这种现状。公司想用自己的实际行

---

① 来源于网络博文。

动改变人们对保险的一些看法。并且在多个场合，范吉智都忧心忡忡地提到，由于保险的诚信缺失，导致人们对保险的不信任，保险业的社会地位不高，同昌想做不一样的保险服务，期望改变人们对保险的偏见。

每一个改变，都是从一个局部开始并逐渐蔓延开来的。"及时赔"推出没过多久，在全国保险行业引起了一阵狠抓理赔之风；而今，全国重视保险理赔已经蔚然成风。有了先行者，必有后来人，榜样的力量是无穷的，相信"星星之火，可以燎原"，今天我们可以看到保险理赔越来越高效，保险的诚信建设越来越受到各大保险公司的重视，越来越多的保险从业者自觉肩负起了对于行业的责任！

保险行业曾经盛行着造假之风，对于假赔案，同昌历来是严词拒绝的。同昌人有所不为有所必为，对于实际发生的赔案，为了客户的利益会与保险公司据理力争。好多客户也因此对同昌肃然起敬，多年来一直与公司合作。

公司售后服务的公估师们，"常在河边走，就是不湿鞋"，廉洁自律，拒绝诱惑，恪守职业道德；查勘定损公平、公正，实事求是，充分体现了公估人的专业性；不畏难苦，热情周到，微笑服务，传递着保险人的正能量。

（三）同昌的痴心

做任何事都要付出代价，做任何事都需要坚持。2014年，国内经济大环境不景气，中小企业资金周转出现严重困难。同昌车险业务本是一周结一次费，困难时期竟延长到一月结一次，也因此流失了不少业务和业务员。尽管如此困难，尽管"及时赔"的赔款备用金需要上百万元，但赔付并未因此受到影响。用公司领导层的话来讲：已向社会承诺过，已向客户承诺过，就是再困难，也不能影响到"及时赔"的赔付。

公司的最高理想，有人曾有过质疑，是否能达到？是否可以作个折中修改？因为其中含有改变整个行业地位的难题，同昌领导层断然否决了上述质疑：最高理想自然是不容易达到的，不然就不叫最高理想了。不过同昌存在一天，就要为之努力一天。真是"历尽苦难痴心不改"！即便是愚公移山也罢，同昌追逐最高理想的脚步不会停止，因为深知自己还肩负着对行业的责任。

专栏 7-3

因为责任，所以坚持

一叶知秋，在此谨通过两个案例，呈现同昌的专业和坚持。

案例一

1. 案件情况

2014 年 5 月 20 日，被保险人龚某通过云南同昌保险经纪有限公司向某保险公司投保了机动车辆保险特种车车辆损失扩展险条款，不久龚某报案称：其驾驶保险车辆在某工地吊装货物时因地质松软导致保险车辆左前支撑脚倾斜后变形受损。

2. 保险公司处理情况

接报后，保险公司派查勘员前往事故车所在地进行查勘。经现场查勘：保险车辆左前支撑脚变形，但具体受损情况经过不明，现场未见保险车辆倾斜，不能确定事故原因，保险公司查勘员做出该案件不予受理的决定。

3. 同昌公估查勘情况

该案件通过同昌经纪人向同昌公估客服部反映，经过与保险公司的沟通后，由云南同昌保险公估有限公司派公估师前往事故地点走访调查取证。同昌公估师通过对当事驾驶人的询问，结合工地施工人员的询问了解得以证实：被保险车辆凌晨 2 时许在该工地吊装货物时，因地面松软导致左前支撑脚减弱支撑造成车体失去重心，因施工需要对地面进行平整处理后继续吊装，未第一时间向保险公司报案，而是移动位置后等待天亮后客户才向保险公司报案。通过复勘调查，该施工场地确定有平整的新痕迹和车轮印与标的车车轮相符，调取标的车电脑记录仪确有施工记录存在，左前支撑脚的变形痕迹非常新，无碰撞现象，与支撑减弱造成的变形相似，由此可以确认导致左前支撑脚扭伤变形的事故属实。

4. 同昌公估人结论

该案件通过人证、物证的调查结合机动车辆损失保险条款附加特种车辆损失扩展险条款规定符合赔偿原则，并得到了保险公司的认可。该案通过同昌公平、公正、客观的调查工作，既维护了被保险人的合法权益，赢得了客户的心，也维护了保险人的市场声誉。

案例二

1. 案件情况

龙某于2014年5月通过云南同昌保险经纪有限公司在某保险公司投保了同昌"及时赔"机动车辆损失保险、第三者责任险和附加险不计免赔等，投保后同年7月7日向保险公司报案称：其驾驶被保险车辆在某工地施工时因水泥搅拌车泵管爆裂，其管内混凝土喷洒导致路边停放的车辆受损，并波及到附近一夜宵店食品和附近楼房墙体污损的事故。

2. 保险公司处理意见

接报案后保险公司经过现场查勘，给出需提供安监证明材料或交通警察事故责任认定书的初步处理意见，但因此类案件未涉及人身伤亡也不属于道路交通事故，安监和交警两部门都未出具相关证明材料，但客户已报辖区公安机关备案调解并出具责任认定材料。保险公司依然做出以不属于道路交通事故为由，不能受理此案的处理决定。

3. 保险公估人查勘情况

本着实事求是原则，为保证该案件的合法性、合理性，云南同昌保险经纪有限公司委托云南同昌保险公估有限公司前往查勘，通过调查案件情况与当事驾驶人叙述一致，并已报辖区公安机关立案证明（其出具证明材料），当事驾驶人负此次事故的全部责任。

4. 公估人结论

通过调查，结合《保险法》、《机动车交通事故责任强制保险条例》、《机动车辆第三者责任保险条款》及相关法律法规：保险机动车在被保险人或其允许的合法驾驶人在使用保险机动车辆过程中发生意外事故导致第三者财产直接损失，对被保险人依法应支付的经济赔偿保险人应给予承担。所谓"被保险人或其允许的合法驾驶人在使用保险车辆过程中"，是指"保险车辆"作为一种工具被合法驾驶员使用的整个过程，包括行驶和停放，例如：吊车固定车轮后进行吊卸作业等，可称

"使用保险车辆过程"。据此同昌公估向保险主体公司提出该案件应当给予赔偿的请求，保险公司经过核实讨论后，最后同意同昌公估的处理意见并给予正常赔付处理。最终，龙某获得了保险公司数万元的赔偿。

通过以上两案例，充分见证了同昌的专业性和公正性，充分体现了保险中介机构实事求是、客观公正的一贯作风，以及为肃清保险行业歪风所做的努力，充分维护了被保险人的合法权益，提升了客户对保险的信心和好印象，同时也为保险主体赢得了声誉，促进了保险市场的健康发展。

资料来源：同昌内部资料。

二、企业责任

一个企业最直接的责任就是创造价值，造福员工，特别是作为民营企业更是如此。同昌实行全员持股制，让员工最大限度分享企业的利润，同时也最大限度激发了员工的积极性，大家都是企业的主人，企业的发展与每位员工休戚相关。

（一）对员工

员工最关心的事，就是每个月的工资和福利。同昌自成立以来，工资及固定福利的发放是最准时的，这得益于企业良好的经营状况。即便有时企业资金出现短暂困难，公司就算借钱也要保证员工工资的按时发放。

公司多年以来能保持良好经营，首先得益于主要负责人领导有方，对行业动态预判准确，果断决策；公司全体员工齐心协力，共同奋斗。即使偶有困难，工资及福利的发放也没拖延过。

此外，公司还为了员工的幸福做了很多事（前文中曾有论述，此略）。

（二）对股东

股东是公司的投资经营者，同昌股东大部分是员工。对公司的经营负责，也就是对股东负责。

在保险行业竞争日益激烈的今天，处于行业链末端的保险中介，要生存发展谈何容易。企业内部管控制度、团队竞争力、企业经营发展方向等，一个都不能少。作为拥有众多股东的同昌，公司领导一刻未停止过思考，未忘记过自己肩上的责任，努力经营以保持盈利，只有这样才能对广大员工和股东负责。

（三）对伙伴

同昌的合作伙伴有保险公司、客户、修理厂等。

公司业务部门对保险公司的责任包括：按照年初签订的合作协议，足额分配各保险公司业务量，并把好源头，把好业务质量关，让好的优质业务做进来；公司的公估部门，则忠于保险公司所托，运用自身专业，公平公正处理案件，即为保险公司把好关，又给客户以良好的服务体验，让各方都皆大欢喜。虽然在"及时赔"过程当中出现了多赔未追回赔款的现象，但公司自己消化，没有给合作伙伴造成损失。公司成立 10 年来，从未拖欠过保险公司一分保费，此做法获得了各保险公司的高度认同。

经纪人本就站在客户角度考虑问题，代表客户利益办理保险业务，同昌往往根据不同的客户群体，以客户的实际风险情况为依据制订承保方案，既要保障全面，又要费用最省。没必要的险种坚决剔除，不像有的保险中介纯以赚取客户保费为目的，保险费越高越好。

三、企业的爱心

同昌是民营企业，却从来不乏爱心。自成立以来，哪里有大灾大难，哪里就有"同昌人"的身影。"一方有难、八方支援"本是中华民族的传统美德，面对同胞罹难，同昌人踊跃捐钱捐物，有时甚至停下发展业务的脚步，组织人员亲自上阵帮忙救灾。但因为都是随心而发，当时没多想，也没有留下太多的记录和影像。

2008 年 5 月 12 日，四川汶川发生 8.0 级大地震，数万同胞罹难，举国同悲。同昌员工第一时间行动起来，虽然公司当时只有 30 余人，但却在短时间内捐款 2 万多元，以表达守望相助的同胞情谊。

另外能收集到梗概的还有：

（一）"转龙镇以代块办事处中心小学" 学习用品捐赠活动

云南地处祖国西南边陲，本就是欠发达省份，省内有很多贫穷落后地区，人民生活极其贫困，孩子上学都成问题，云南省禄劝县转龙镇就是这样一个地区。在得悉转龙镇以代块办事处中心小学学习用品匮乏的情况后，同昌公司副总陈亚刚带队，组织公司部分员工，不畏坎坷泥泞的乡村道路，驱车 100 多千米，将购置的书包、教材、文具盒、铅笔等学习用品等送到学生手中，当看着那一副副纯朴幼稚的面孔露出幸福而纯真的笑容时，大家旅途的劳顿一扫而光，心里幸福而愉快！

（二）昭通鲁甸地震救灾

2014 年 8 月 3 日 16:30，云南昭通鲁甸县发生 6.5 级地震，震源深度 12 千米，造成大量人员伤亡和财产损失。灾害发生后，全国人民迅速行动起来，支援灾区。同昌作为本地企业，更是责无旁贷。同昌昭通分公司经理陈志强第一时间组织人员代表同昌，带着救灾物资赶往鲁甸灾区，印有"及时赔"的救灾车辆很快出现在鲁甸灾区，为灾区人民送去了公司的温暖和问候。随后同昌广大员工为此次地震灾害踊跃捐款，让自己的一份份爱心汇集到鲁甸灾区。

专栏 7-4

灾害面前，同昌在行动

8 月 3 日 16:30，云南省昭通市鲁甸县（北纬 27.1 度，东经 103.3 度）发生 6.5 级地震，震源深度 12 千米。地震给鲁甸县、巧家县人民群众生命财产造成重大损失。

灾难发生时，云南同昌保险经纪股份有限公司昭通分公司第一时间投入抗震救灾。8 月 3 日地震过后，紧急安排员工到超市采购救灾物资，8 月 4 日一早各位员工便积极主动地把私车开到公司门口装运救灾物资，紧急送往灾区。当天前往灾区的车辆很多，道路异常拥堵，只能从渝昆高速路绕行到鲁甸县城。到达县城后，为保障救灾部队能第一时间进入灾区抢救伤员，必须有抗震指挥部的通行证才能前往灾区，由于我们没有通行证不能进入到龙头山重灾区。在等通行证的这段时间我们就组织志愿者背负救灾物资徒步进入重灾区龙头山镇参与救灾。从鲁甸县城到龙头山镇有 20 多千米，我们从 8 月 4 日下午 7:00 多走到第二天

早上7:00多才到，我们到龙头山以后就找到指挥部，向他们说明：我们是云南同昌保险经纪股份有限公司的员工来到灾区请你们安排工作。随后我们就和我们组织的志愿者们一起，有的洗菜做饭、有的搬运伤员等，各尽所能，能做的都抢着做，尽量为灾区人民出一份力。我们在灾区抗战了两天，6日返回。返回的时候实在走不动了，又累又饿，体力已经透支完了。幸好搭乘上一辆好心人的车才到鲁甸县城，然后再开上我们自己的车回昭通。

为了灾区人民我们再累也是心甘情愿的。我们同昌保险公司作为一家本土企业，自始至终都是本着为民谋利，奉献家乡人民的理念。不但为灾区人民尽心尽力，其他哪里有需要，我们就到哪里。

作者：同昌保险昭通分公司　谢泽琴

（三）其他几次送爱心活动

同昌的爱心公益活动很多：

2014年9月，同昌为昭通市威信县荒田苗寨的小朋友送去图书和学习用品，得到了威信县委的好评和赞扬。

2014年10月，同昌组织昭通的一些企业共同为贫困县大关县悦乐镇第一中学捐赠50000元现金和价值20000元的羽绒服，得到全校师生的欢迎和好评……

企业大事记

2002 年 7 月，公司团队正式加盟江泰保险经纪公司，成立"江泰保险经纪有限公司云南客户服务六部"。

2002 年 8 月，客服六部第一笔业务"鸡—石、通—建"高速公路建工险业务成功做入，保费 180 万元。

2003 年 1 月，在江泰保险经纪有限公司年会上，云南客户服务六部在全国 30 家分公司业务评比中名列第八，在新成立的分公司中排名第一。

2003 年伊始，客服六部得到云南联通的委托，为其全省超过 30 亿元的固定资产类提供保险经纪服务。

2003 年 8 月，经江泰总公司批准，客服六部正式升级为"江泰保险经纪有限公司昆明分公司"。

2003 年 11 月 1 日，"江泰保险经纪有限公司昆明分公司"举行成立典礼。

2004 年，昆明分公司连续得到水麻高速、小磨高速、永武高速的经纪委托，为公司的业务发展注入了强心针。

2006 年 8 月，"云南同昌保险经纪有限公司"正式成立。

2006 年 8 月，中国联通云南分公司与同昌签订保险经纪服务委托协议，该客户一直由同昌服务至今。

2007 年 1 月，同昌保险成功并购"云南长江保险代理有限公司"和"云南天一保险公估有限公司"。

2007 年 6 月，同昌大客户瑞丽江梯级电站项目正式签约承保，当年保费收入 900 多万元，该项目一直由同昌服务至今。

2007 年 11 月，同昌与安晋高速公路项目部签订保险经纪服务委托协议。

2009年6月，同昌公估正式与华安保险公司合作，处理其委托案件。

2010年1月，同昌与昆明西北绕城高速公路项目部签订保险经纪服务委托协议。

2010年初，同昌公估开始开展非车险公估业务。

2010年，同昌与东方航空昆明新基地项目签订保险经纪服务委托协议。

2010年9月，同昌资本金增资到1000万元。

2010年10月，同昌发起公司战略大讨论，同时举行"及时赔"征文比赛。

2010年11月，同昌与腾冲至陇川二级公路项目部签订保险经纪服务委托协议。

2010年12月，提炼出同昌部分企业文化：提出了"公平、透明、和谐、共享"的企业核心价值观，提出了坚持"以感情为基础，以股权为纽带"的企业管理思想，提出了秉承"诚信立世，合作共赢"的经营理念，提出了"让每位员工拥有自信而有尊严的幸福生活"的企业最高理想。

2010年，同昌经手保费过亿元。

2011年3月，同昌先后与元阳至绿春二级公路项目指挥部、普宣高速公路项目部签订保险经纪服务委托协议。

2011年3月，同昌正式推出酝酿已久的"及时赔"车险服务。

2011年4月，同昌400-6688199服务专线电话正式开通。

2012年初，聘请第三方咨询机构对同昌公司薪酬制度进行了完善。

2012年2月，同昌开始投资开发打造IT系统。

2012年5月，同昌增资扩股到1350万元。

2012年6月，同昌公估变更为同昌经纪法人独资控股，同昌代理变更为同昌经纪法人独资控股。

2012年10月，中国移动通信集团云南有限公司与同昌签订保险经纪服务委托协议，该客户由同昌提供服务至今。

2012年，同昌经手保费超过2亿元。

2012年12月，同昌与龙瑞高速公路项目指挥部签订保险经纪服务委托协议。

2013 年，同昌与云南机场汽车运输服务有限公司签订保险经纪服务委托协议，双方愉快合作至今。

2013 年 4 月，同昌与云南麻昭高速公路 B 合同段签订保险经纪服务委托协议。

2013 年 6 月，同昌和诚泰保险公司签订合作协议。

2013 年，同昌经手保费超过 3 亿元。

2014 年 2 月，同昌与瑞陇高速公路项目指挥部签订保险经纪服务委托协议。

2014 年，同昌成功与云南澜沧民用机场建设项目签订保险经纪服务委托协议。

2014 年 7 月，同昌确定登陆"新三板"的指导思想，随后选定"红塔证券股份有限公司"、"北京大成（昆明）律师事务所"、"信永中和会计师事务所"作为公司挂牌工作的合作机构。

2014 年 12 月，在由都市时报主办的"2014 首届泛亚金融博览会暨第七届云南金融百姓口碑榜评选活动"中，同昌荣获昆滇 2014 年"最佳保险中介机构"奖。

2014 年，同昌上缴税金超过千万元。

2015 年 1 月，同昌股份制改造顺利完成，公司更名为"云南同昌保险经纪股份有限公司"。

2015 年 4 月，由券商和律师收集资料，并组织人员编写《云南同昌保险经纪股份有限公司公开转让说明书》申报稿。

同昌把 2015 年 5 月 31 日确定为新三板申报基准日。

2015 年 7 月，同昌新三板申报材料报请各中介总部内核，并根据中介反馈意见逐一进行整改。

2015 年 8 月 28 日，同昌新三板挂牌申报资料准备就绪，并将材料上报到全国中小企业股份转让公司，接受股转公司审核，并根据反馈意见进行整改。

2015 年 11 月 23 日，收到全国中小企业股份转让系统同意同昌挂牌的函。

2015 年 12 月 9 日，同昌正式在"新三板"挂牌成功。

2015 年，同昌分别与东方航空昆明飞行培训有限公司建设项目、昆明市 2013 年统建住房项目、腾冲机场二期改扩建项目签订保险经纪服务委托协议。

截至 2015 年，同昌分支机构正式成立 86 个，加上正在筹建的已迫近百个。

2016 年 1 月 26 日，全国股转公司为同昌保险等 15 家企业举行挂牌敲钟仪式。

2016 年 1 月，同昌与昭通至大山包一级公路项目部签订保险经纪服务委托协议。

2016 年 4 月，同昌更名为"同昌保险经纪股份有限公司"。

企业荣誉榜

2010 年，鉴于作为一名优秀保险经纪人在项目服务中的突出表现，云南保监局授予同昌员工邓星"保险新星"荣誉称号。

2011 年，云南保监局授予同昌员工陈瑞文和吕国策"保险双星"荣誉称号。

2011 年 12 月，在"2011 首届春城金融博览会"评选中，同昌荣获 2011 年度最佳保险中介品牌奖。

2012 年 12 月，在"2012 第二届春城金融博览会"评选中，同昌荣获"2012 年云南省最佳保险中介奖"和"2012 年度云南省保险业高效理赔服务奖"。

2013 年 12 月，在"2013 第三届春城金融博览会"评选中，同昌荣获"2013 年云南省最佳保险中介奖"。

2014 年 12 月，在"2014 第四届春城金融博览会"评选中，同昌荣获"2014 年云南省最佳保险中介奖"和"保险服务创新奖"。

2014 年 12 月，在"首届泛亚金博会—第七届金融百姓口碑榜"评选中，同昌荣获"2014 年最佳保险中介奖"。

2015 年 12 月，同昌保险再获殊荣，独家斩获"2015 年云南省保险业车险服务满意度奖"和"2015 年云南省保险行业品牌大奖"。